戦略的福利厚生の進化
（ **S**trategic **E**mployee **B**enefit **S**ystem ）

～コロナ禍の衝撃、そして人的資本経営への途～

西久保浩二

日 本 生 産 性 本 部
生産性労働情報センター

序　本書の刊行にあたって

　福利厚生なるものに関心を持ち、研究を始めて早や40年近い時間が経過した。

　自身のテーマとして意識して研究を始めた頃は、好景気に沸いたバブル期の後だった。バブル期には豪華で、華やかな福利厚生施策を日本企業が競って導入していた時期であった。やはり今日と同様に、深刻な人手不足であったため各社が人材争奪戦の手段として福利厚生の活用に熱心に取り組んでいた。働く人々には魅力的な存在であることを、自らの会社人体験も含めて実感した。

　しかしやがて、バブルが弾け、後年、平成不況、失われた20年などと呼称された時代に変わると、福利厚生は冬の時代ともいえる時期を迎えた。折しも、少子高齢化が本格的に進み始め、社会保障制度の維持のために法定福利費が膨張し始めた時期とも重なった。さらに、不況期での低金利政策の影響を受けた確定給付型の退職給付制度での未積立債務問題が顕在化し、追加的な企業負担に迫られた。労使の合意によって任意に支出される法定外福利費は、総額人件費管理のなかで、これら隣接費用と見なされる法定福利費や退職給付費用の膨張に圧迫され、従業員にとっては魅力的なものであったにもかかわらず縮小を余儀なくされた。

　これは福利厚生という存在が企業にとってそれらより優先度、強制性において劣後するものであると認識されている事を顕著に示す現象と受け止めざるを得なかった。この時期に総合的な福利厚生アウトソーシング産業が勃興したのは、企業が先のような厳しい状況下でマネジメントの合理化、そして法定外福利費の抑制を余儀なくされたことと同期した現象といえる。

　また、この時期にはアカデミアの世界では「企業福祉不要論」が登場し、大いに論議を呼んだ。旧来から固着化していた中小企業と大企業での賃金以上に大きな法定外福利費の格差が、労働者間での福祉的な差別的環境をもたらし、不公平感を惹起するが故に不要であるとの主張には

説得力もあり、支持する者も少なくなかった。一部だが法定外福利費に替わって現金給与を選択できる制度の導入を図った企業や、その大半の制度廃止と賃金化を行う企業も現れた。こうした動きの契機ともなった「企業福祉の終焉__格差の時代にどう対応すべきか（2005年）」を上梓された経済学者である橘木俊詔氏（京都大学:当時）は、筆者が当時、在籍していた（財）生命保険文化センター研究室において共同研究や数理的解析の指導をいただいていた恩師の一人であったことからも、必要性を主張する筆者と議論が白熱した記憶が今も懐かしく残っている。しかし、この不要論、ある意味では福利厚生悪玉論の登場は、福利厚生とは企業や従業員にとって何なのか、本当に必要なのか。筆者にその本質、存在価値を長く考えつづけさせてくれる良き動機ともなった。

　福利厚生の本質とは何か、そして企業経営のなかでいかにあるべきか。この掴みどころのない問いを折りにつけ考え始めてから、かなりの時間が経過したように思う。

　わが師である藤田至孝先生、桐木逸朗先生が残された数々の福利厚生に対する想いを述べた言葉をしばし思い出す。また日本的経営を語ったJ.アベグレンやロナルド・P・ドーアなどの著作に登場する彼らの日本の福利厚生に対する驚き、自国企業との違和感、異なる視点からも多くを学ばせてもらった。彼らはfringe benefit、perquisiteなどと呼称し、福利厚生を賃金という主たる報酬の付属的、付加的存在としか見ていなかった。しかし、その強さを世界に誇った日本的経営モデルのなかに、福利厚生が大きな存在感を示していた事実に驚きの目を向けたのである。

　さらに日々の研究活動のなかで折々のデータ分析の成果を見て、そして様々な事例に出会い、そこで情熱的に取り組む多くの経営者、担当者のお話を聴く度に、この問いの答えの一片が見つかったように何度も思った。

　人類の生産活動が産業革命以降、大規模産業化し、働き方が激変する過程で生成された近代型の福利厚生の生成過程の必然性、合理性は理解できる。また、本書内でも改めて紹介している篠原恒氏が指摘した他の

労務管理制度と企業福祉との本質的な違いにも頓悟され学ばせていただいた。福利厚生はなぜ企業経営において必要なのか、独自の機能体としていかにあるべきなのか、常にこの問いへの、経営学者としての自分なりの答えを形として、ロジックとして残したいと思いつづけてきた。

筆者はこれまで、「日本型福利厚生の再構築－転換期の諸課題と将来展望－（1998年）」「戦略的福利厚生－経営的効果とその戦略貢献性の検証－（2004年）」「戦略的福利厚生の新展開－人材投資としての福利厚生、その本質と管理－（2013年）」とほぼ三十年の経過のなかで著した三部作を通じて、一貫して企業経営における福利厚生のあり方を考えてきた。

前三作までは、福利厚生は企業が生存と成長のための環境変化への適応過程のなかで策定する「戦略」への明確な貢献を目指すべきであり、企業成長に直接的であれ、間接的であれ、意図的に関与すべきと主張してきた。それが「戦略的福利厚生」である。

この主張には企業が自社の福利厚生を静態的なものとせず、環境変化、そして企業戦略の変更への高い適応性を有する動態的で、柔軟に機能を発揮できる構造体へと変革すべきとの主張を含んでいる。コロナ禍の衝撃、そしてテレワークの急拡大によって、旧来の福利厚生施策の多くが一時的に機能不全に陥ったが、こうした変化にも柔軟に適応し、進化が求められるのである。コロナ禍はこの柔軟な適応性がいかに重要かを改めて我々に知らしめた。

また、「戦略的福利厚生」という論理を成立させるためには福利厚生が企業にもたらす経営的諸効果の存在を検証し、確認することが不可欠であった。筆者が、この福利厚生の経営的効果の検証を長く研究テーマとしてきたのは、「戦略的福利厚生」を成立させる論理において最も核となる部分であったためである。これまでの数多くの企業、従業員に対する定量調査、事例研究での検証から、この「経営的効果が存在する」という結論は断言できる。この点は藤田至孝先生からのご期待に応えられたことと嬉しく思う。

本書においても、この経営的効果を新たな体系として整理したが、福

利厚生には企業経営に対して有益な「経営効果」が間違いなく実在する。しかも、その「経営効果」は実に多様なものである。加えて、従業員生活に対する様々な支援を通じて彼らの良好な生活の確立、維持に寄与する「生活効果」が先行的にもたらされる。福利厚生がもつ働く者に対して発せられる強いメッセージ性は、この好ましい「生活効果」を受け手となる働く者が感受するからである。

そして重要な点は、この「生活効果」が「経営効果」をもたらす根源となる点である。心身共に健康な従業員たちが和気藹々と活躍できる職場が高い労働生産性を生むのである。一方で、十分な「経営効果」が得られたことによって、企業は従業員達の生活をさらに良好、安寧なものとするための「生活効果」を提供する余力を得ることになる。この好循環構造が維持されることで強い人材基盤、組織基盤が形成されるのである。

換言すれば、企業と従業員は福利厚生という存在を介して互恵的、相乗的、相互依存の関係性を持つことができる、今日的な表現をすれば、両者はWin-Winの関係性を構築できることになる。

これは福利厚生の本質からもたらされた関係性である。すなわち、組織と個人、企業と従業員、仕事と生活という本来ならば互いに相容れ難い、葛藤を生みやすい異質な、異次元の２つの存在にとっての貴重な結節点となり、両者を融和、結合させる。それが福利厚生の存在価値であり、本質的機能である。

そして今日、人的資本経営がわが国に新たな視角、潮流として登場した。

これは市場が求める企業価値の向上を持続的に実現するために、人的資本への積極的な投資を促すものである。そして市場との対話のために投資行動の開示が求められ、適否が評価される。市場とは投資家達であり、やがて株主となって企業の所有者となる可能性をも有する者達でもあり、企業価値は最終的に彼らが決定する。この文脈において、本書は福利厚生が人的資本投資において独自の有効性をもつ手段たりえること

を主張し、検証するものである。

　福利厚生は企業価値の高揚を求める彼らにいかに貢献するのか。これまでの企業と従業員との二者間での閉じられた互恵的関係のなかに、新たに市場という存在が介入してきたとみることができる。本書内で詳細な検討を行っているので、ここでは検証成果の詳細は割愛するが、結論的には、これまでの企業と従業員に、さらに市場という存在を加えた三者においても、福利厚生の本質的機能によって新たな三者による互恵的、相乗的関係性を構築することができると確信するに至った。福利厚生は高い価値創造力をもった人的資本形成に寄与できるからである。

　市場からの評価を得るべく目指すべき効果を人的資本の形成に貢献するということで、新たな経営的効果の1つとして「資本効果」と名付け、付け加えた。福利厚生による投資によって強い人的資本、そしてその有機的な集合体としての社会関係資本の形成が実現される。

　この追加によって福利厚生の経営的効果とは、これら「経営効果」「生活効果」そして「資本効果」の三つの効果をもって成立する体系となった。

　これは「戦略的福利厚生」のさらなる進化ではあるまいか。

謝　辞

　本書の刊行に辿り着けたのは、多くの方々のご指導やご助言、また、ご協力に依るところが大きく、ここに改めて感謝の言葉を表させていただきたい。

　まず、寺本義也先生に深謝申し上げます。筑波大学社会人大学院での二年間に研究・調査に対する基本的姿勢、経営学の面白さをご教示いただけた幸運は何物にも代え難いものです。卒業から既に多くの時間が経過しましたが、今なお、研究活動を継続することができているのはご指導の賜という他ありません。また、この社会人大学院の期間を含め（財）生命保険文化センター研究室在籍中、変わらぬ厚い支援をいただいた故西澤芳雄氏に感謝いたします。

　また、福利厚生研究の産学のメンバーが集うギルド研究会（日本福利

厚生研究会）の方々に心から謝意を表したいと思います。日頃の研究会での多様で、活発な議論からいつも刺激や発想を得ることができました。とりわけ、当研究会を命名、創設された故藤田至孝先生（亜細亜大学、平成国際大学）、故桐木逸朗先生（中央学院大学、企業福祉・共済総合研究所）に厚く御礼申し上げます。未だ初学者であり、研究経験も数少ない時期に、多大なるご支援をいただきました。福利厚生研究、当初のご指導により得られたものは計り知れません。また、現在も同研究会の運営の労をお執りいただいている東北福祉大学の園田洋一先生には、日頃より常に暖かいご支援と励ましのお言葉をいただいてまいりました。改めて衷心より感謝申し上げる次第です。この研究会にも若い世代の方々の参加も増えてきており、今後の発展が楽しみです。

「旬刊福利厚生」誌を長年に渡り発刊されてきた労務研究所の近江谷栄樹氏には三十年近くの連載期間の間、編集の労をお取りいただき感謝いたします。大学勤務以前から執筆の機会をいただき、暖かく静かに見守っていただいた事が長く福利厚生研究に専念できた大きな糧となりました。同研究所の現在の可児俊信所長、編集部の明星大輔氏には今も連載を支えていただいており、感謝いたします。今回の出版にたどり着けたのは本誌での連載において自由に論考、発想し、それを形として蓄積できたおかげに他なりません。

また産労総合研究所が発刊されてきた労働雑誌である「企業福祉」「人事実務」「人事の地図」において連載や執筆テーマで福利厚生を考える様々な視点と機会を長年に渡り、与えていただきました。改めて歴代の編集部の福岡健一氏、三浦貴子氏、重山紀子氏、そして現在の「人事の地図」編集長の黒田正浩氏に深く感謝申し上げます。

さらに本書の出版だけではなく、先の1998年、2004年、2013年の著作の刊行においてもお世話になり、今回も厳しい出版事情の中、ご承諾いただいた日本生産性本部生産性労働情報センター、そして編集の労をおとりいただいた皆様に心より感謝申し上げます。大倉英二氏をはじめ、今回ご対応いただいた下村暢氏、松井恵美子氏に改めて感謝と、遅れ遅れの対応のお詫びを申し上げなければなりません。

自身の研究成果を世に問うための執筆の機会を与えていただいた皆様のおかけで、まさに「編集者が研究者を育てる」という幸運を実体験させていただいたと実感する次第です。

　最後に、本書の執筆を宣言した数年前の頃から家族が増える嬉しい時期となりました。貴将、瑛浩、早那の三人の子供達、その伴侶となってくれた宏子、美帆、さらに新しい命として日々楽しませてくれる壱輝、志依、千莉。そして、子育て、孫育て支援に追われながらも長年にわたり常に笑顔で私を支えてくれた妻かほりに心から感謝したい。この家族あってこそ研究という世界で長く一つのテーマを楽しみながら追求できたのだと思う。

　2024年9月

西久保浩二

目　次

序　本書の刊行にあたって

第1章　コロナ禍の衝撃と福利厚生

1－1．福利厚生の現状　**13**

1－1－1．法定外福利費の動き　**13**

1－1－2．変化の背景　**15**

1－2．コロナ禍が福利厚生に何をもたらしたのか　**17**

1－2－1．コロナ禍での働き方の実態と課題　**17**

1－2－2．企業形態論からみた「三密」回避のインパクト　**20**

1－2－3．SECIモデルの危機　**22**

1－2－4．労働生産性への影響　**24**

1－2－5．テレワーク下での福利厚生　**28**

1－2－6．変わる従業員の意識と行動　**30**

1－2－7．懸念された満足度の動き　**33**

1－3．With＆Afterコロナ時代の福利厚生

　　　〜コロナ禍がもたらす変革へのインパクト〜　**34**

1－3－1．「住宅」という大黒柱…住宅施策の行方　**34**

1－3－2．迫られる「ハコもの」施策の見直し　**39**

1－3－3．変わる給食支援のあり方　**41**

1－3－4．両立支援の再考　**42**

1－3－5．求められる新たな生活設計支援　**46**

1－3－6．自己啓発の好機到来か　**47**

1－3－7．ワーケーションなる世界の可能性　**50**

１－４．Withコロナの中での、注目したい動き（事例）　*56*

　　１－４－１．どこでもオフィス：Yahoo! JAPAN（現：LINEヤフー）
　　　　　　　　社　*56*

　　１－４－２．びずめし：ジャパネットホールディングス社　*59*

　　１－４－３．「おごり」自動販売機：サントリー食品インターナショナル
　　　　　　　　社・コクヨ社　*62*

１－５．見すえるべきWith＆Afterコロナの世界とは　*64*

　　１－５－１．働き方の柔軟化への適応：ハイブリッド・ワークをいかに
　　　　　　　　支えるか　*64*

　　１－５―２．コロナ禍で表出した福利厚生ニーズ　*68*

　　１－５－３．多様な働き方を支える福利厚生へ　*70*

　　１－５－４．人的資本投資への始動　*72*

第２章　人的資本経営と福利厚生

２－１．人的資本経営のインパクト　*77*

　　２－１－１．人的資本経営という新しい流れ　*77*

　　２－１－２．人的資本経営論への疑問と本質　*85*

２－２．人的資本可視化指針にみる福利厚生　*92*

　　２－２－１．可視化項目分類に異議あり　*92*

　　２－２－２．価値創造の短期・長期戦略としての福利厚生　*99*

２－３．人的資本経営に活かすべき福利厚生の特性　*105*

２－４．人的資本経営とエンゲージメント　*123*

　　２－４－１．エンゲージメントとは何か　*123*

　　２－４－２．人的資本経営での位置づけ…目標概念として　*127*

２－５．福利厚生投資が産み出すもう一つの貴重な資本
　　　　社会関係資本　*132*

　　２－５－１．社会関係資本とは何か　*132*

　　２－５－２．社会関係資本の三つの要素と福利厚生　*135*

２－６．人的資本経営における福利厚生の役割　*141*

第3章　経営的効果の検証、その理論的背景と運用

３－１．福利厚生は「福祉」か、「投資」か　*149*

　３－１－１．福利厚生に対する現在の目的意識　*150*

３－２．経営的効果は実在するのか　*152*

　３－２－１．採用力を強める福利厚生、その実態と背景　*152*

　３－２－２．定着性の維持・向上における福利厚生の有効性　*160*

　３－２－３．新たなモチベーション機能の発揮　*165*

　３－２－４．注目されるエンゲージメントの確立のために　*179*

　３－２－５．チーム力を高める心理的安全性と福利厚生　*190*

　３－２－６．社会関係資本形成効果　*194*

　３－２－７．注目されるファイナンシャル・ウェルビーイング　*196*

　３－２－８．福利厚生は人的資本投資にとって有効なのか　*205*

　３－２－９．効果の体系…多様な経営的効果と生活効果　*211*

第4章　戦略的福利厚生の実現のために

４－１．近未来の福利厚生…進化の方向性　*217*

４－２．多重的な構造体への進化　*217*

４－３．多様な働き方を受容するオープンシステムへ　*222*

４－４．わが社の戦略的福利厚生の実現のために　*224*

　４－４－１．Ｐ＝Ａ・Ｒ・Ｃモデル（労働生産性積算モデル）とは　*224*

　４－４－２．採用力の強化（①吸引：Attraction）　*228*

　４－４－３．定着性の向上のために（②定着：Retention）　*229*

　４－４－４．貢献意欲、貢献力を高める（③貢献：Contribution）　*232*

第1章

コロナ禍の衝撃と福利厚生

＜この章のポイント＞
・まずは、コロナ禍が福利厚生にもたらしたインパクトとは何か、また、その対応としての動きを概観しておきたい。
・コロナ禍は、固着し、変革を阻んできた日本的経営における働き方、雇用慣行を創造的に破壊する契機、好機となったのではないか。
・コロナ禍は、福利厚生という存在の働き方への従属性を再認識させた。仮に働き方が劇的に変化するとすれば、それへの適応が求められてくる。
・同時に、コロナ禍によって発生した一時的な不適応、機能不全から福利厚生が働き方を支え、アウトプットとしての労働生産性や組織活力に貢献していたことを改めて、われわれに明確に認識させた。
・いずれにしても、このインパクトを、価値創造力の向上が求められている日本企業がいかに受けとめ、変革の好機とできるか。新たな強さを産み出せるかが問われることになった。
・コロナ禍をまさに"災い転じて福と成す"のとおり、脅威ではあったが、それを千載一遇の好機として変革と飛躍の出発点ととらえることが、福利厚生の大きな進化をもたらすインパクトとなりうること。そしてその進化、変革が、今、求められている人的資本経営への実現を支えるものとして進化できること確認したい。

1－1．福利厚生の現状

1－1－1．法定外福利費の動き

　まず、図表1－1をご覧いただきたい。これは、現金給与以外の福利厚生関連費用としての法定外福利費、法定福利費、そして退職給付費用の近年の推移をみたものである。

　数値は従業員1人当たり実額であるが、労使が任意に導入・展開するための法定外福利費の縮小傾向が著しい。2006年に9,555円であった法定外福利費が、2021年には4,882円にまでほぼ半減している。この縮小の大きな要因の一つがグラフ内にある法定福利費の膨張である。事業主の社会保険料等の負担は少子高齢化の進展とともに着実に増加し、それが強い予算制約となってきた。しかし、この法定外福利費の減少傾向は各年の対前回調査での減少率の動きが－25.2、－41.3、－48.9と加速度的なものとなってきており、法定福利費からの圧迫要因だけが原因とは考えづらい。

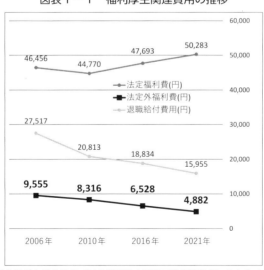

図表1－1　福利厚生関連費用の推移

就労条件総合調査結果（厚生労働省大臣官房統計情報部）より作成
従業常用労働者30人以上を雇用する民営企業／従業員1人当たり月額の推移

では何が、このような法定外福利費の急速な縮小をもたらしているのか。

　そのヒントが図表１－２にある。これは企業規模別に分解した法定外福利費の推移である。注目したいのは「1000人以上」の大企業層の推移である。2006年には13,670円であったものが、直近では5,639円となっている、実に６割近い大幅な減少となる。これまで長く「福利厚生は中小企業と大企業との格差が大きい」「大企業は充実し、中小企業は乏しい」との定説ともいうべき実態が長くあった。しかし、直近の実態をみる限りでは、既に格差は軽微なものでしかない。最小規模層（30〜99人）との比較倍率が、2.4倍から1.28倍にまで縮小している。

　一般に転居転勤の少ない中小企業では「住宅支援」に関わる費用の必要性が低いことを勘案すれば、実質的に格差は解消したと言ってもよかろう。これは中小企業にとっては朗報といえよう。賃金以上に、大企業との格差が大きかった福利厚生での格差が解消したとすれば、採用力で

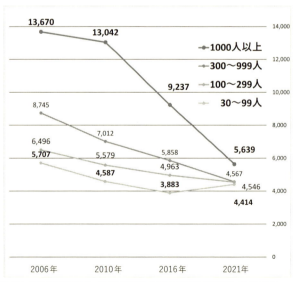

図表１－２　法定外福利費の企業規模別推移

就労条件総合調査結果（厚生労働省大臣官房統計情報部）より作成
従業常用労働者30人以上を雇用する民営企業／従業員１人当たり月額の推移

の劣位性は緩和される可能性が高まる。最近の新卒労働市場では福利厚生への注目度が高まっており、働きやすさ、働き続けやすさ、良好な職場の雰囲気を支える福利厚生を開発・導入、運用できれば採用戦略上、有効なアピールとなる。

1－1－2．変化の背景

しかしなぜ、規模間格差がこれほど急速に消失したのか。

図表1－2を見る限りでは、一方的に大企業層での急速な縮小によって解消していることは明白である。先の格差の定説が大企業側の一方的な変化によって雲散霧消したのはなぜなのか。

筆者が推定している答え、要因は複合的なものである。同時にその要因群はこれからのわが国の福利厚生のあり方を大きく変容させるものでもあると考えている。

まず、最大の短期的原因は間違いなくコロナ禍である。

最初の緊急事態宣言が発出されたのは2020年4月である。したがって、当該最新調査の2021年1月の調査時点においてはコロナ禍対応のテレワークが広く普及した時期であった。内閣府調査によれば全業種平均で都内では7割近い企業が何らかのテレワークを実施する状況であった。特に大企業層では実施率の高さが顕著であった。つまり、大企業層での働き方が劇的に変化した時期である。

働き方が変わる。つまり、企業内の職場から家庭へ、企業外のワークスペースへと空間が変化し、社員が広く空間的に分散することで、伝統的な福利厚生制度の多くが機能不全に陥った。社員食堂、スポーツ、レクリエーション、休憩室、住宅等々、「社内あるいは施設で」「社員が集まり」「対話しながら」という条件下で成立し、機能していた制度・施策が「三密回避」の号令の下で機能停止せざるを得なくなった。

これによって法定外福利費のうちの変動費部分（利用度に応じて発生する費用）が激減したのである。

一方で、コロナ禍という予期せぬ緊急事態で急減した法定外福利費だが、実はそれ以前からも長期的な傾向として明確な減少傾向を見せてい

たこともこの調査が示す事実である。この傾向は企業規模を問わず見られる。では、底流としてあった法定外福利費を縮小させる要因は何だったのか。

まず第一はやはり、先述の企業によって隣接費用とみなされる事が多い法定福利費、つまり事業主による社会保険等々での公的負担の影響である。図表1－1でも示したとおり修正型保険方式を採用する年金、医療保険制度を中心に少子高齢化の進展とともに継続的に料率が引き上げられ、事業主負担が長期に渡り増加しつづけ、経営を圧迫し続けている。隣接費用として法定福利費が急速に膨張するなかで、法定外福利費に圧縮が求められてくるのは当然であろう。もちろん、法定福利費の増分は、法定外福利費の節約によって賄えることができないほど大幅なものではあるが、当然、影響を強く受けることになる。

そして第二の長期的減少要因が従業員ニーズの基本的な変化、多様化であると考えられる。

現在の福利厚生の原形が形成されたのは戦後の復興期であった。貧しい生活を強いられた多くの労働者に対して「衣・食・住・遊」の生活支援型の福利厚生は、まさに彼らの求めるものであった。特に、荒廃した焦土のなかに建設され、提供された社宅・独身寮の「住宅支援」は福利厚生の大きな柱となった。加えて、社員食堂、保養所、体育施設などの「ハコもの（施設付帯型施策）」が大いに歓迎されたのである。

しかし、今日、社有社宅の空室率の高止まりに象徴されるように「衣・食・住・遊」という基本的な生活に対する画一的な支援を求める従業員は減少した。

替わって彼らのニーズは筆者が「ヒトもの」と名付けた領域、すなわち、健康、自己啓発、生活保障、資産形成など従業員個人の長い職業生活、キャリアにとってのリスクや不安の解消・軽減の支援に軸足が移り、前者の「ハコもの」の廃止・縮小が進んだ。これで施設系の固定費部分の負担が軽減され、法定外福利費全体の縮小をもたらした。

そして第三の要因がアウトソーシングの普及である。90年代末期頃から始まった総合的に福利厚生サービスを提供する企業群の登場によっ

て、自前主義、内製主義を標榜していた企業が外部化によって効率化を図った。全国展開する大企業層でのこの動きが先行的に拡がったのは当然である。本社周辺に配置された「ハコもの」を中心とする福利厚生サービスの地理的な偏在による不公平感が強かったからである。このアウトソーシング導入も提供企業間の価格競争とWeb化などの効率化も相まって法定外福利費のコストダウンをもたらした。

　以上、近年の法定外福利費の縮小とその背景について述べた。費用としての支出が縮小したが、福利厚生の相対的価値、特に企業にとっての人材戦略上の価値が後退したわけではなかろう。むしろ、よりコスト・パフォーマンスに優れた対応が求められていると考えるべきだろう。

１－２．コロナ禍が福利厚生に何をもたらしたのか

　2019年に始まった新型ウィルスの世界的な蔓延、すなわちコロナ禍は、わが国の個人生活、企業経営、そして日本経済、世界経済を大きく揺るがした。これほどの深刻な脅威になろうとは、筆者も含めて当初は誰もが予期できなかったのではなかろうか。近年では、リーマンショックや東日本大震災という大きな社会的・経済的衝撃を経験したわが国だが、それを上回る深刻な事態となった。

　この大きな災禍が働き方、そしてこれからの福利厚生のあり方にどのようなインパクトをもたらしたのか、そしてWith & Afterコロナの時代にどう適応すべきか、という点について考えてみたい。

１－２－１．コロナ禍での働き方の実態と課題

　2021年７月に、日本労働研究・研修機構より「新型コロナウイルス感染症の感染拡大下における労働者の働き方の実態に関する調査」が発表された。この調査は同年２月に実施された労働者調査と企業調査で、それぞれ労働者20,000人（正規及び非正規）、企業7,935社（従業員10人以上）の有効回答を得た代表性に優れた大規模なもので、当時のコロナ禍での働き方の変化の実態を広範囲に捉えていた。

　この調査結果の公式レポートの冒頭でコメントされているが、新型コ

ロナ感染拡大下における労働者を取り巻く環境において、感染リスクを感じた労働者の割合が業種毎に分析されており、リスクと直面している状況が捉えられた。「医療業」で実に8割弱、「社会保険・社会福祉・介護事業」でも7割強、「生活関連サービス業」で7割弱、「小売業」「宿泊・飲食サービス業」で6割程度が「リスクを感じた」と回答していた。やはり、感染症の治療に直接対応する医療分野をはじめ、対面業務が一般的な業種で切実に厳しい状況にあったことが示された。最も低い「製造業（43.9％）」と比較するとその差は大きい。

　職務中の緊張感を高めるこうした感染リスクに直面している従業員を物理的に、そして何より心理的にいかに支援するか、感染症共存時代となるであろうこれからの福利厚生としての新たなテーマともなった。

　感染リスクとあわせて憂慮されたのは「感染拡大期の迷惑行為」の問題である。

　企業調査では緊急事態宣言下の2020年において事業所に対して「いやがらせ、SNSなどでの誹謗・中傷などの不当な差別や偏見に基づく迷惑行為」を受けた経験があったと回答した企業割合は全体で3.4％であった。業種別には「宿泊・飲食サービス業」が9.7％と最も高く、次いで、「生活関連サービス業（7.8％）」「医療業（5.2％）」「社会保険・社会福祉・介護事業（3.2％）」などが相対的に高い。その迷惑行為をもたらした相手は「事業所のある地域の住民」が45.9％と最も高く、次いで「事業所の利用者」（36.8％）、「従業員の関係者」（15.7％）となっていた。

　労働者調査でもこの点は確認されている。「いやがらせ、いじめ、SNSなどでの誹謗・中傷など、不当な差別や偏見に基づく迷惑行為を受けた経験」「生活関連サービス（家事、育児サービスなど）を拒否された経験」が労働者自身やその家族や親族で確認されていた。「自身の迷惑行為の経験がある」割合は4.2％となっており、業種別にはやはり「医療業（7.4％）」、「生活関連サービス業（7.4％）」、「社会保険・社会福祉・介護事業（5.4％）」で相対的に高くなっていた。

　また、「家族への迷惑行為の経験がある」割合は全体で2.7％、「生活関連サービスを拒否された経験がある」割合は1.9％となっていた。迷

惑行為を与えられた相手については、やはり「顧客や利用者」が46.3％と最も多く、ほぼ半数を占めていた。「勤め先の地域住民」「自宅の地域住民」も多く、それぞれ31.9％、20.1％となっていた。

　近隣住民や顧客層との間で発生しているこのようなハラスメント問題は従業員には予期しなかった大きな精神的負担となっていたと考えられる。社内でのハラスメントではなく、外部とのそれであるだけに社内のような調停的な処理がなされることも期待できず、一方的な被害者感情が残る可能性が高いとも懸念された。

　今回のコロナ禍では、社内での対面業務回避への要請が強まり、リモート勤務のために一気にテレワークに傾斜したが、一方でリモートでの業務が困難な対面型ビジネスに従事する労働者たち、例えば、「エッセンシャルワーカー（essential worker）」というカテゴリーに分類される者たちがいた。このessentialは「必要不可欠な」と訳されるとおり、パンデミックという異常な社会環境にあっても、感染リスクの高いなかで業務の遂行が求められる人々である。彼らの労働の実情は調査的に正確には捉えられてこなかったが、今回の調査で嫌がらせ問題等々も含めて、深刻な状況にある実情が明らかとなった。

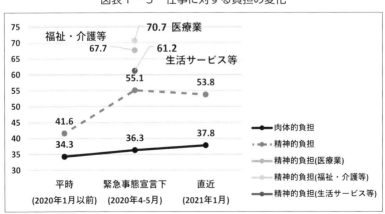

図表１－３　仕事に対する負担の変化

独立行政法人労働政策研究・研修機構「新型コロナウイルス感染症の感染拡大下における労働者の働き方の実態に関する調査」より

第１章　コロナ禍の衝撃と福利厚生

図表１－３は、この調査で測定されたコロナ禍以前の平時、緊急事態宣言下、直近の三時点での労働者の「肉体的負担」と「精神的負担」が「大きい」と回答した割合の推移である（折れ線）。また、緊急事態宣言下の一時点ではあるがエッセンシャルワーカーの医療、福祉・介護、生活関連サービスに従事する労働者の割合も点描している。20,000サンプルの労働者全体でみても、肉体的負担では３割水準で顕著な上昇傾向があり、精神的負担に関してはさらに５割という高水準に至り、推移した。そしてさらに医療、福祉・介護、生活関連サービスでは、極めて高い割合で精神的負担を感じていたことがわかる。

１－２－２．企業形態論からみた「三密」回避のインパクト

　コロナ禍の働き方に対する影響を論じるには、まずは、いわゆる「三密」という新語、キーワードであろう。このキーワードを事業形態と働き方の関係から改めて考えたい。

　いわゆる「密閉」「密集」「密接」、すなわち、密閉された空間、人間が密集している場所、密接した近距離での会話などの回避が強く求められた。

　この「三密」という時空間を回避せよ、という社会的合意であり圧力が高まったわけだが、経営学の長い歴史からみると、生産活動、企業活動は、いかにして「三密」を実現するか、という視点、方向性が長く重視されてきた経緯がある。

　つまり、これまでの長い産業労働の歴史のなかで、効率的、生産的に働くということ。つまり、生産性を高めることが、「密」によって成立してきたといえる。この流れは企業形態論、経営形態論として事業形態の発達経過の歴史的な推移を次の通り、解説している。

　まず、世界共通の事業形態の最初の形は、「家内制手工業（cottage industry）」という形態であり、人類最初の働き方は、この事業形態の下で始まった。これは、「家内」という文字どおり、労働者の自宅で、蒸気機関や電力なども使わず、彼ら自身の手業（てわざ）によって、こつこつと生産活動に励むスタイルの働き方である。現在でも民芸品など

の伝統的な製品では、こうした形態での生産活動、働き方が残存しているが、もはや産業遺産的なものと位置づけられている。

この家内制手工業の時代は、実は先の「三密問題」とは無縁の働き方であった。朝の満員電車という恐ろしいまでの三密空間での通勤も無く、朝、寝間から起きて、茶の間で朝食を取り、終われば、土間に面した仕事場に入って生産に従事する。この間、家族以外の他者と接することはほとんどなく、面倒な会議もなく、営業活動もない。いわば、「密」ならぬ「孤」の世界で仕事が完結できた。

しかし、その後、時代は進展し、「問屋制家内工業」「工場制手工業」という二つの形態を経過するなかで「孤」から脱し、徐々に「密」に向かい始める。そして、産業革命が実現され、現在の主流である工場制機械工業（factory-based industry）に到達する。この事業形態の進化の過程では、最終的に機械との協働化が進み、いわゆるマン－マシン・システムが形成されることで労働生産性が飛躍的に伸長した。

ここまでの進化の本質は、人材、資本、空間、時間の「集約」であり、「集中」である。また、その結果として事業所の大規模化がなされた。この規模を得ることで効率的な対面型の「分業・協業システム」が構築されることになる。かつて、国富論を記したアダム・スミスは、裁縫用の待ち針を作る製造業の例をあげ、工場で熟練技術者が効果的な分業を行えば、非熟練者の個人作業（家内制手工業）に比べて4,800倍の生産性を得ることができると述べた。それでも彼は、今日のカンバン方式のような極限的にまで効率的な大規模生産方式に至るとは想像できなかったであろう。恐らく現在までに、家内制手工業の時代の数万倍の生産性向上が実現されてきたのである。

ともあれ、「集約」「集中」そして「分業・協業」とは、表現を変えれば労働者を核として様々な生産要素の「三密」を高めることにほかならない。「密」がそれらの相乗効果、相互作用を高め、低コスト化、付加価値生産性の飛躍的向上を実現させた。

そして、その事業形態の進化に適応する働き方が決定された。なぜ、苦しい満員電車に長時間、揺られて事業所まで通勤しなければならな

かったのか。それは「密」によって実現した高い労働生産性を得るためなのである。

しかしコロナ禍によって、その「三密」の回避が強く求められた。

結果、遅々として進まなかったテレワークが爆発的に拡がった。そして、筆者のような "にわかテレワーカー" が大量に出現することになった。

ホワイトカラーを中心にテレワーク、在宅勤務が否応なく一気に拡大し、互いに離れた距離からしかコミュニケーションをとれなくなる。会議や出張なども全てリモートで、といった流れとなったのである。

販売現場でも営業マンによる訪問型営業は、拒絶されるか、よくても来訪者、訪問頻度を最小限にと、顧客から求められた。銀行など金融機関では渉外担当は訪問営業ができないために、ほとんど電話営業となった。来店待ち型ビジネスはさらに深刻で、繁盛店ほど忌避されるという深刻な事態も生じた。顧客接点を重視してきた第三次産業を中心に危機的な経営状態に陥ったわけである。

コロナ禍が契機となって、事業形態も、働き方も大きな転換点を迎えることになった。

空間と時間そして、そこに人材や顧客を「集約」することで実現しようとした高い労働生産性、価値創造のあり方が、根底から揺さぶられたわけである。

1−2−3．SECIモデルの危機

こうした「三密」型の働き方の否定が、労働生産性を阻害する論拠となる生産性モデルとして野中・竹内（1995）らがナレッジマネジメント（知識創造論）のなかで提唱した「SECIモデル」である。組織的な知識創造に着目した枠組みを示すもので世界的評価がなされた理論モデルである。改めて概観しながらコロナ禍の影響の深層を考えてみたい。

これは個人が持つコツや勘、といった表現が難しい知識である「暗黙知」と、文字や図形等で明確に、客観的に表現できる「形式知」との相互作用が、組織全体としての知的能力を更新・向上させるという理論仮

説である。いわば付加価値性を高めるための労働生産性のメカニズムを解説したモデルともいえる。野中・梅本（2001）では「企業は経営資源を基盤として経営活動を行っているが、物的資源、金融資源などと比べて人的資源が担っている知的資源が最も陳腐化しやすく、常に新たな知識創造を維持しなければ、やがて競争力が劣化する」と説いた。

　SECIモデルは、この継続的な知識創造のための枠組みを四つの要素から成るプロセスとして示した世界で初めてのモデルである。その四要素であるSECIとは、①「共同化」(Socialization)、②「表出化」(Externalization)、③「連結化」(Combination)、④「内面化」(Internalization) という四つの変換プロセスである。

　最初の「共同化」とはベテランや匠と呼ばれる高技能者の経験知を若手などと時間と空間を共有するなかで“コツ”や”勘”といった表現が難しい、だが貴重な知識（暗黙知）を共有、共感、そして創造する段階である。弟子が師匠の手元をみて自分なりにコツや勘を掴んでいく段階でもあり、弟子なりの創意工夫も思いつく段階でもある。二つ目の「表出化」は、その暗黙知を形式知に変換する段階。文字、図形などを用いて誰でも「見える」「わかる」ように知識を変換する。そして、三つ目の「連結化」は、各所で「表出化」段階を経た形式知の多くが組み合わされ、体系化される段階となる。例えば、各部門で作成されたマニュアルが、一冊として統合されると、重複や不足、新たな形式知の必要性も知覚され、包括的な知識体系へと進化する。そして、最後の「内面化」の段階では、その包括的な形式知を現場で再び学び、試行するなかで「自分のものにする（体化）」という、ある種の咀嚼、消化によって再び、個人の暗黙知として更新、再生される。

　日本企業は、こうした従業員たちが個として、そして組織としての知的能力を更新し続けることで、製造業が誇る世界に冠たる高品質、あるいはサービス業で実現された“おもてなし”と呼ばれる最高のサービス品質が実現されてきた。つまり、高付加価値を得る生産性向上のメカニズムといってよい。

　しかし、仮にこのSECIモデルが日本企業の生産性の原点として仮定

第1章　コロナ禍の衝撃と福利厚生　●　*23*

した上で、改めて、コロナ禍で批判され、回避される「三密」という視点からみると、そのプロセスに支障をきたす可能性が見えてくる。

すなわち、この組織学習の最も重要な始点となる「共同化」は、従業員、経営者が時空間を密接に共有するなかで、観察、体験、議論が活発になされる段階、つまり極めて「三密」を要する段階である。果たして空間的に分散されたリモート空間でのワークスタイルで「共同化」という暗黙知の共有・伝達・創造が再現できているのか。これは大いに疑問である。テレワークでのコミュニケーション不足を多くの企業が痛感したはずである。

1－2－4．労働生産性への影響

新たな働き方、テレワーク、ハイブリッド・ワークがコロナ禍への対応として常態化し始めたなかで、労働の現場で、そして従業員に何が起こったのか注視されることとなった。

まずは、やはり生産性の動きが気になる。

図表1－4は、2020年に日本生産性本部、内閣府が実施した従業員調査の結果である。これら双方ともにはテレワーク時の生産性について従業員自身の主観的判断を問うている。「自宅での勤務で効率は上がったか」「仕事の効率性や生産性はどのように変化したか」というそれぞれ調査での設問に対して「効率は下がった（66.2%）」「減少した（47.7%）」との反応となっている。多くのケースで生産性低下の可能性が示された。

図表1－4　生産性の変化

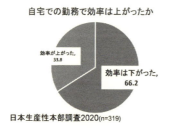
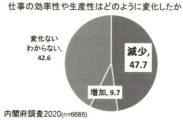

両調査データに基づき筆者作成

もちろん、当初は不慣れなテレワークで戸惑う従業員も少なくなかったであろうし、自宅ネット環境等の不具合、業務資料の共有の難しさなどの点で様々な支障が生じたと推測される。また、これらの反応はあくまで従業員自身の生産性に対する主観的判断に基づくもので、確立された労働生産性定義に照らして測定されたものではない。だが、コロナ禍以前と比較しての実感としての状況判断である以上、一定の信憑性はあるとも考えられる。ならば恐らく企業としての全体的な生産性にも低下現象が生じたとみることが妥当であろう。

　なぜ、テレワーク、ハイブリット・ワークで労働生産性が低下したのか。そして、その生産性低下という事態に対して福利厚生として何か有効な対応策を取れないのだろうか。
　個人の生産性と、所属する組織・集団の生産性は、別次元のものだが、やはり不可分であり、両面から考えることが重要である。先の個人の生産性に対する回答は、前者（個人）であるが、実は企業全体にも反映されている可能性が高い。この関係性も含めて、まずは、労働生産性が低下の要因を明らかにすることが必要である。
　やはり、テレワークという今の実態から想定されるのは、理論的にも、実態的にも「コミュニケーション」の問題があると推論できる。従業員間、上司−部下の間、取引先、営業先等々とのコミュニケーションが量的に減少し、質的にも低下している可能性が高い。

・プロセス損失の発生
　こうしたコロナ禍に伴う、三密回避、テレワーク浸透のなかでの労働生産性の低下の原因をコミュニケーションの視点から理論的な側面を考えてみる。
　労働生産性との関係でコミュニケーション問題を取り扱った先行研究としては「協働（collaboration）」に関する研究分野に数多くある。ここで前提となる問題意識として近年の仕事の「専門化」「分業化」の進展が心理的な"壁"となり従業員間でのコミュニケーションの不足を拡

大させているとされており、そのことが生産性の低下をもたらす原因として指摘されていた。古くは、Steiner（1972）が、この生産性低下現象を「プロセス損失（process losses）」と名付けた。これは以下の算式に示される「実際の生産性」は、本来の最大値である「潜在的生産性」から、その「プロセス損失」が差し引かれた結果であって、その分が減耗しているとした。

実際の生産性（出現値）＝ 潜在的生産性（最大値）－ プロセス損失

ここで取り上げられているのは個人の生産性ではなく、組織としての「集団生産性（group productivity）」であるから、まさにコロナ禍において懸念された状況に当てはまる。仮に、テレワークで在宅ではしっかり仕事ができたとしても、彼が所属する組織、集団としての生産性はどうなるか、という点を考える必要がある。

これまでの研究成果では、このロス（loss：生産性の損失）には二種類あるとされる。

まず第一種が、チームメンバーの間での作業等の相互調整が不調となることで生じるロスである。そして第二種が、集団で一つの仕事を遂行しようとする場面で、メンバーのモチベーションの低下によって生じるロスである。これは別称、「社会的手抜き」と呼ばれる現象である。つまり、集団で共同作業を行うと、なぜか一人当たりの遂行量がメンバー数の増加に伴って低下する現象である。リンゲルマン効果、フリーライダー（ただ乗り）現象、社会的怠惰などとも同義である。確かに、三人くらいの最小のチームならやるべきことが明確でサボればすぐばれて非難されるが、30人くらいになると「みんな頑張ってるから、オレくらいテキトウでいいかな」という心理が一部のメンバーで働きやすくなる。大学のグループワークなどでも頻発する現象である。

前者はコミュニケーションの問題だが、後者は集団心理の問題といえよう。前者をベースに考えると、ロスが組織メンバー間でのコミュニケーション不足に起因する協働性の低下である。近年の研究では、中

村・塩見他（2010）がプログラム開発業務を例に、開発パートを分担したケースでの開発者間でのコミュニケーション不足による調整不足で不具合や重複作業が発生して生産性を低下させることを典型例としている。現在のテレワークでも、こうした問題が生じている可能性は高い。

　また、筆者には、リモート時代ならではの「社会的手抜き」も発生しているように思える。第二種によるプロセス損失である。例えば、リアルな対面型の会議なら何か役立つ事を発言しようとプレッシャーがかかり、真剣に考えるが、Zoom会議なら、わざわざ発言するのも面倒なのでカメラも消して聞いているだけになりやすい。特に多人数の場合に顕著であろう。ダラダラ会議が解消してよかったという意見もあるが、実質的な、リッチな議論も損なわれているようにも思う。

・コミュニケーション不足と福利厚生
　まずは、第一種のコミュニケーション不足について対応を考えてみよう。

　社内コミュニケーション活性化への福利厚生からの対応は、わが国では高度成長期のような多忙な、長時間労働の時代であっても社内旅行や社内イベントなど熱心に企画、実行されてきた歴史的経緯がある。近年でも拡大しつつあるメンタル不全の予防策としてのストレス解消策としても活用されている。さらには、新入社員の早期離職への抑制策としても、ユニークで、奇抜なコミュニケーション施策が数多く、各社競い合って開発・導入されてきていた。

　社内コミュニケーション施策の代表的施策ともいえる社内旅行なども、当初は宴会付き団体温泉旅行として隆盛を誇ったが、さすがに近年では各種ハラスメントのオンパレードになると非難され、徐々に形態を進化させてきた。例えば、プロジェクト単位での有給休暇取得と連動させ、メンバー企画による小規模で自由な宿泊旅行であったり、若手企画の日帰りグルメ・ツアー、焚き火を囲んでのBBQ、キャンプ形式であったりと、少人数で若者たちの参加を促しやすいものへと多様に進化してきた。その表れか、福利厚生費の時系列調査でも「文化・体育・レクリ

第1章　コロナ禍の衝撃と福利厚生　●　27

エーション活動補助費」は近年、順調に伸びてきていた。

　しかし、コロナ禍当時は、「三密回避」「Social Distance」が強く求められ、こうした社内コミュニケーション施策の大半は中止となった。結果、社員間コミュニケーションは沈静化してしまった。特に、新入社員たちは気の毒で、同期入社者間のコミュニケーションすら取れていない状況となった。筆者の大学でも当時のゼミ学生達の関係性は今も希薄である。

　いずれにしても、公式、非公式を問わず、従業員間でのコミュニケーションが縮小、沈静化することの経営的リスクは大きく、With & Afterコロナ時代の新たなコミュニケーション活性化を考える必要性が高まったことを意味している。

１－２－５．テレワーク下での福利厚生

　こうした生産性の低下現象の背景の一つとして、筆者は現在の福利厚生のあり方が間違いなく大きな影響を与えたと考えている。この考え方に確信をもったのは、当時、ある米国のニュースサイトで報じられた米グーグル社での騒動に関する報道である。

　日本以上に深刻なコロナ禍に急速に直面した米国では、ビジネス界にテレワークが強く求められ、米グーグルは、いち早く在宅勤務ができる従業員には、2020年末まで継続させることを発表した。当然の対応であろうし、従業員たちも歓迎していると想像されたのだが、ある従業員がHacker Newsというメディアに次のような投稿を行って、話題を集めることになった。

　「生産効率が落ちたよ。家にコーヒーメーカーがないから１マイル（約1.7km）歩いてスターバックスに行くか、朝の眠気と闘うかするしかないからね。そして今は料理や食器洗いとかもしなくちゃいけない。前だったらオフィスのカフェテリアで行なわれていたこと。画面を見る時間を減らすために家にはパソコンを置かないようにしてたから、今は小さな13インチのノートパソコンでコードを書

いてる」（FRONTROWサイトより抜粋）

　グーグルといえば、その福利厚生環境の豪華さで世界をリードしてきた。うらやましい限りの施策が何度も報じられてきた。カリフォルニア州マウンテンビューにある本社だけでなく、世界各国のオフィスに、ワークスペースだけでなくエクササイズできる空間やリラックスできる空間が用意され、ヘルシーな日本食まで用意された充実した社員食堂やカフェテリアもあり、食事や軽食、コーヒー、送迎バスなども全て無料という大盤振る舞いで有名であった。

　しかし、先のテレワーク中の同社の従業員の投稿を読むかぎりでは、オフィス内で極めて充実した多様な福利厚生施策を展開してきたグーグル社では、その自慢の福利厚生の多くが機能不全状態にあることを如実に示すこととなった。

　そして、何より投稿内の「生産性が落ちたよ」という最初の言葉に注目したい。この文脈から読むと、少なくともグーグルの数々の福利厚生施策が、従業員たちの生産性の底上げ、向上に寄与していたということだろう。そして、今、それらの福利厚生によって実現されていた高い生産性水準の低下が従業員当人から懸念されたわけである。

　ちなみにこのニュースでの騒動というのは、テレワークが長引いている従業員たちが自宅で仕事をするうえで環境を整えるための家具費用や、ジムの料金、食事などの代金の立て替えをグーグル社に求めたが、さすがにそれは会社側は拒絶した、という話であった。オフィスで利用するからこそ生産性に寄与していたものを自宅で使うからといって、その代金を請求されても会社は困るであろう。しかし、この問題はテレワークの生産性という重大な問題提起として受け止める必要はある。

　わが国でもグーグルほどではないが、大企業、中小企業を問わず、社内での様々な福利厚生制度を充実させ、従業員に活用させようと努めてきた。社員食堂の多元的な活用を筆頭に、レクリエーション施設、スポーツ施設、保育施設、相談室、談話室、ロッカー室、マッサージ・ルーム等々である。そうした「会社にいる」からこそ、効率的に利用で

第1章　コロナ禍の衝撃と福利厚生　◉　29

きる福利厚生、換言すれば生産性に寄与する福利厚生が少なくなかったのが現実である。これらの多くは、いわゆる「ハコもの（施設付帯型施策）」である。健康関連施策などでも「会社にいる」型の福利厚生は重要な役割を果たしてきた。

　筆者が1990年代に渡米して取材したニューヨークに本社を置く投資銀行であるゴールドマン・サックス社では、ハードワークで長時間勤務の従業員たちが多いため、一人一人の嗜好、健康状態に合わせた朝食、昼食、夕食の三食メニューが提供されていて驚いた記憶がある。ベジタリアンやヴィーガン、イスラム、ヒンズゥといった主義・嗜好、宗教によっても食材が制約されることもあって個別のメニュー提供が必要でもあった。世界中からタレントをスカウトする同社であるがための否応なき多様性への対応でもあった。

　しかし、三食個別メニュー提供は、それらすべての多様で有能な従業員たちが良好な健康状態で活躍できる、つまり生産性の高い従業員基盤を維持するための投資であった。わが国でも、健康経営への注力のなかで、ヘルシーメニューの開発や健康啓発セミナーの開催など「新ハコもの」としての多様な活用の現場として社員食堂の運用に注力する企業が増えていた矢先であった。

　そして、こうした対応も「会社にいる」ことが前提での有効な福利厚生施策であったといってよいだろう。このように「会社にいる」という、以前では何も疑問視されることもなかった、当たり前であった就業環境が大きく変容することで、これまで生産性に寄与していた有効な福利厚生施策の多くが、その機能を大きく低下させたのがコロナ禍のインパクトである。しかし、逆に潜在的であった福利厚生の効果を改めて明確に認知する機会ともなった。

１－２－６．変わる従業員の意識と行動

　先の内閣府調査では、「家族と仕事」への意識の変化も捉えていた。

　ここでは「家族の重要性を、より意識するようになった」と回答した割合が全体で49.9％と半数に及んでいた。他の「家族以外の重要性を、

より意識するようになった」とする対置された選択肢は8.8%に過ぎなかったことと対照的である。そして、この背景には「仕事以外の重要性を、より意識するようになった」という反応も31.5%と多くなり、「仕事から家族へ」という大きな意識の重心の変化が示された。

　確かに、コロナ禍以前ならば会社への通勤で平日に家庭内で長く居ることなど、ほとんどなかった労働者が大半であっただろう。そこで、配偶者や子供、両親などと長い時間、身近に生活を共にすることで、より詳細に家族を観察し、家族と対話し、一緒に食事を取るという時間を過ごしたわけである。日本人ビジネスマンはかつて、会社人間、企業戦士、果ては社畜などと呼ばれるほど"カイシャ"なる存在への心理的関与、時間的関与が強かった。

　こうしたワークスタイルは海外からもワーカホリック（workaholic）と病的なものだとまで揶揄されてきたのである。それが、コロナ禍を契機に大きく変わり始めた可能性が高い。

　こうした意識の変化の裏付けとして、「今回の感染症の影響下において、家事・育児に関する夫婦間の役割分担に変化がありましたか？」という質問に対して、「夫の役割が増えた」とする割合が26.4%と最も多くなり、なかでも夫の働き方に変化あり、とした層ではさらに多く31.7%となった。わが国では共働き世帯での男性従業員側の家事時間の短さが批判されてきたわけだが、かなり是正されたようである。そして、「家事・育児について、夫婦間の役割分担のやり方を工夫するようになりましたか（例えば、固定的な役割分担の柔軟化、夫婦間のより丁寧な相談等）？」という問いにも「感染症拡大前よりも工夫するようになった」とする回答が34.1%と三人に一人と目立った。

　これらの意識と行動の変化は、コロナ禍のなかでのテレワークという環境下で覚醒され、加速されたものでコロナ禍収束後も維持されていくのではなかろうか。

　福利厚生の観点から、このような従業員たちの状況には二つの見方ができる。

　かつての高度成長期などに代表されるように、福利厚生は家族、家

第1章　コロナ禍の衝撃と福利厚生　　*31*

事、生活設計などから従業員を時間的、心理的に開放し、その結果として会社や業務に心身ともに専念、集中できる環境づくりのための施策として位置づけた時期がある。通勤を軽減すべく事業所にほど近い社宅・独身寮を建設し、職場内の社員食堂を利用させて手軽にすませ、社内理容施設や各種のレクリエーション施策・施設など生活の雑事を軽減、肩代わりするような対応を生活支援として幅広く展開した。まさに先の企業戦士、会社人間を支える社内支援サービスとしての福利厚生である。

　となれば、一つの見方は、今日の家庭回帰の動きはこれまでの長い福利厚生への投資、蓄積を無駄のものとするともいえる。会社に出勤すれば、専念、集中させる環境を構築したはずなのに、在宅となればそうした環境投資が活かされないからである。

　一方、もう一つの見方は近年のワーク・ライフ・バランス志向、ダイバーシティ志向などの新しい流れのなかで働き方や、その評価のあり方を進化させていこうとする企業側の方向性からみたときに、「仕事から生活へ」という従業員側の心理や行動の変化は整合的なものと捉えることができる。そして、仕事と生活のバランスを従業員が自律的に維持できるようになることで、心身の健康を保ち、長く健全な労働力としての貢献が期待できる可能性もある。

　また、このようなワーク・ライフ・バランスに対する従業員の自律的なマネジメント力の向上のなかで、長年の宿題であった「組織としての多様性・創造性」が高まることも期待される。女性、若者、高齢者、育児中、介護中、疾病治療中、兼業・副業といった、様々な性、年齢、生活課題、働き方志向を持つ人々が会社という組織内で活躍の場を得ることができるためである。テレワーク自体が時間と空間という強い制約を劇的に軽減するなかで、このような人材としての多様性はこれからの日本企業の成長の原動力とすべきイノベーション力のための豊かな土壌を形成する可能性を高める。

　この方向性は、筆者はこれからの福利厚生が大きな、新しい役割を果たす世界になると考えている。生活雑事からの解放による業務への専念・集中という家事代行のような役割に留まるだけではなく、多様な生

活事情を抱える多様な人材たちを受け容れ、最大限の貢献を引き出す、かつて「創造性支援システム（西久保（2004））」と名付けた福利厚生の重要な役割を果せる時代となる。

1－2－7．懸念された満足度の動き

しかし、この調査には気がかりな点もあった。それは生活全体の満足度や仕事への満足度が顕著に低下していた点である。10点評価法で満足度を測定しているが、生活全体でコロナ感染拡大以前から1.48ポイント下がり、4.48。仕事の満足度も同様に5.85から4.81へと低下した。このほかにも「社会とのつながりの満足度（－1.75ポイント）」、「生活の楽しさ、面白さの満足度（－1.95ポイント）」なども大幅に下げている。

他の満足度指標も同様の傾向で「社会とのつながりの満足度（6.07→4.32／－1.75ポイント）」、「生活の楽しさ、面白さの満足度（6.33→4.38／－1.95ポイント）」なども、かなり大幅に下げていた。様々な生活局面おいて概ね、「満足」から「不満」に陥ったとみてよい。（図表1－5）

満足度や幸福感、自己効力感など従業員たちのポジティブな感情のあ

図表1－5　コロナ禍での満足度の低下

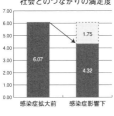

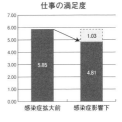 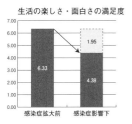

内閣府調査をもとに筆者作成

り様は、彼らの生産性、定着性、モチベーションなどに直結する感情で
あって人的資源管理上、長年重要視されてきた。これがテレワークを余
儀なくされたコロナ禍下で、これほど大きく下落していたことは深刻な
状況、憂慮すべき状況であった。多くのテレワーク経験者がその働き方
の継続を望みながらも、この心理的状態は決して良好なものではない。
当時は急速な環境変化への戸惑いやテレワークへの移行に不慣れな点で
の不安などの影響も考えられるが、恒常的なものとなれば、それは問題
である。

　この問題は福利厚生が新たな対応として取り組む課題の一つと考えら
れる。

　テレワークさらにはワーケーションまで広げた新たな就業環境を想定
して、「仕事への満足度」そして、同時に「生活の満足度」とのバラン
スを維持できる支援が求められている。

　それは「家にいる」「家で仕事をする」というWith & Afterコロナの
就業環境での、福利厚生の新たな役割、機能と何かを検討し、効果を得
ることである。理想的には、「会社にいる」前提の福利厚生で得られて
いた機能・効果が減退した部分を、「家にいる」という時空間で再現、
再生し、さらに上回る進化を目指したいところである。

1－3．With & Afterコロナ時代の福利厚生
〜コロナ禍がもたらす変革へのインパクト〜

　このようにWith & Afterコロナ時代の福利厚生を展望するとき、お
そらく、既存制度の大胆な変革と同時に新たな制度・施策の開発が求め
られてくる。ここからは具体的な制度領域から順次、その対応の可能性
を考えよう。

1－3－1．「住宅」という大黒柱…住宅施策の行方
　まずは、大企業層での法定外福利費の最大支出項目である「住宅」か
ら始めよう。

　これまで日本企業が提供してきた「社宅・独身寮」「住宅手当」など

の施策が、「家にいる」環境が加わったなかで、その必要性や効果がどのように変わるだろうか。まず、企業が直接、提供した現物給付としての「社宅・独身寮」には、いくつかの必然性と効果があったことを確認する。

　高度成長期以降、わが国では土地神話などと呼ばれた地価高騰が長く続き、結果的に従業員にとって「居住費」が家計上最大の圧迫要因となり、福利厚生ニーズとして長く顕在化した。そのニーズに応えるべく大企業を中心に「社宅・独身寮」の建設が進められた。オフィスや工場にできるだけ近接する居住施設を用意することで、通勤疲労などによる生産性低下を軽減することも期待された。

　同時に、全国から募集する新規学卒者の採用力に直結する施策となった。北海道、九州、四国など地方出身学生にとっては、出身地自宅から都心に通勤などできるはずもなく、否応なく地元からの転居を強いられる。そこで、自宅からの通勤なら発生しなかった新たなコスト負担が発生する。これは年功賃金色の根強いわが国では、賃金水準が相対的に低い若年層ほど重い負担となる。例えば、地方の優秀な地元出身学生を東京本社の企業が採用したいと考えたときに、仮に独身寮や住宅手当を給付することなく、彼らを必要十分に採用できるだろうか。現在の初任給水準で税・社会保険料を支払ったうえで首都圏でのそれなりの住まいの賃貸費用を支払うとなれば、かなり生活は厳しくなる。となれば応募者も減り、内定辞退者も続出したのではなかろうか。地元企業に勤めた方が、余裕のある暮らしができると判断するからである。初任給は社内最低水準であるから当然である。

　それ故に、コロナ禍以前には採用戦略の一貫として、独身寮の拡充やリニューアルを急いできたわけである。転勤族も同様の話になる。転勤先に現在の住居から、通勤が困難であるがために、会社都合の転居なのだからと業務用社宅を用意することに迫られたわけである。

　もちろん、都市部での居住コストの高騰により、その経済的恩恵の大きさから、既存従業員の定着性にも大いに寄与する施策となった。いわゆる、サイドベット（side-bet）効果である。仮に転職によって、社宅・

独身寮など住宅支援がなければ家計負担は大きくなるためである。

　さて、こうした日本の福利厚生の大黒柱ともいうべき「住宅」が、With & Afterコロナの下でテレワークが一般化するとなれば、どう適応すべきなのか。変化が典型的なケースでまずは考えてみよう。

　まず、コロナ禍当時、しばし報道されたトピックスとして都心でのオフィス需要の後退がある。テレワークで在宅化して通勤しなくなった従業員によって、閑散としたオフィスの様子が映し出された。そこで経営者や担当者は口を揃えて「都心で立地する必要性が後退した」「今のオフィス空間は広すぎて、削減すれば家賃の節約効果が大きい」といった発言である。長らく都心志向でオフィス立地戦略を考えていた企業の一部が、発想を転換し始めた。

　これはわが国の福利厚生の「住宅」施策にとっては決定的な変化となろう。

　「（都市部にある）会社に社員全員が集まる」という前提があったからこそ、高コストだが、できるだけ都心部に広いオフィスが必要であった。そして、それ故にその本社を中心とする放射円上に社宅・独身寮を建設・借上して従業員全体での通勤時間の短縮・平準化を図ってきたわけである。

　しかし、仮にコストの高い都市部に必ずしもオフィスを置く必要性がないとなれば、あるいは従業員全員が対面方式で一堂に会する機会が極端に少なくなるとすれば、事業所の立地対象となる地域は地方、全国へと広がる。郊外でも、極端にいえばリゾート地でもよいわけである。つまり、主たる仕事場が従業員たちの自宅となれば、オフィスは会議や式典、顧客や取引先の応接などの限られた用途となる可能性がある。これらの用途ですらテレワークで実現されたように、いよいよ「従業員が集まる場」としてのオフィスの必要性は後退する。この予測の前提に立てば本社など主たる就業拠点の放射線上に配置した現物給付施策である「社宅・独身寮」の存在意義や効果も大きく後退することになる。

　一方、自宅が主たる仕事場となったとき、ワークスペースとして自宅の機能高度化が否応なく求められる。ハード、ソフト両面である。ま

ず、インターネット環境、PC系デバイス環境の整備は生産性に直結するものであり、言うまでもない。加えて、家庭内でのセキュリティ環境、業務に集中できる執務環境なども従業員任せというわけにはいかなくなる。米国では、腰痛防止のために高額なオフィスチェアの提供なども行われていた。

また、これまではできるだけ都心部、つまり本社に近い立地で持家計画を考えていた従業員にとっても、オフィス同様、郊外、地方都市、リゾート地なども候補地となってくる。ならば、比較的若年層から持家志向も高まる可能性もある。より快適な自宅就業環境を得たいならば、賃貸では限界があるからである。生涯、テレワーク環境の整った企業にしか転職しないと決めたとすれば、海の見える沿岸地や冷涼な山間部などに居を構えて、通勤苦など気にせずに快適に暮らしたいと考える従業員が出てくるだろう。本書事例でも後ほど紹介するがYahoo! JAPAN（現：LINEヤフー）社の「どこでもオフィス」などが先進例となっており、採用力の向上を実証している。

近年の売り手優位の労働市場のなかで採用戦略の一貫として、独身寮の整備を進めてきた企業にも戦略の見直しが迫られることになるだろう。平日通勤が難しい地方都市から学生を採用したいがために独身寮を整備したわけだが、月二、三回程度の出社でよいとなれば、独身寮入居を希望しないようになる可能性が高い。特急・新幹線手当を見直して拡充すればよい。

また、テレワーク前提となれば、会社負担での自宅改修費用補助なども、あらたな「住宅」施策として浮上するのではなかろうか。Wi-Fi環境、業務部屋の個室化などが必要と訴える従業員は出てくるだろう。確かに、従業員所有の家屋の一部の執務室として会社が借りている形態となるわけで、従業員から会社に家賃請求があってもおかしくない。つまり、住宅手当の意味が、貸主借主関係が180°変わることになる。

こうして「住宅」の必然性、必要性が、コロナ禍によるテレワークの急拡大によって、大きく変わった。仕事も、会議も、なかには営業活動

まで、リモートで行われた。やれば、できるという実感も拡がっただろう。「ハンコ出勤」といった不毛な話も電子印章や電子サインに替わろうとしている。さらには、ワーケーション（Workcation）のような、以前ならば、注目すらされなかった働き方もリアリティをもって検討されるようになった。

　通勤不可能な遠隔地の出身者であっても、テレワークをフル活用すれば、大規模な独身寮など必要なく採用できる。

　テレワークについては働く側からみた魅力度を、企業として十分に認識する必要があろう。幼少の頃から慣れ親しんだ地方の親元で、中学、高校の同窓生たちと共に暮らしながら都心本社の大企業で勤務できるようになる。わざわざ人口密度の高い東京などに居住しなくてよいのである。厄介なメンタル不全の問題の多くも、その発生を抑止し、解消する可能性があるのではなかろうか。地方転勤も同様である。普段は地方支社の現地採用スタッフとの間でテレワークでやりとりし、必要な際にのみ自宅から出張すればよい。

　従業員にとっても自宅は都心近郊でなくてよい。海釣りが好きな方ならば、海まで歩いていける漁村に住んでもいいし、スキーが好きならば、白馬や苗場あたりもいいではないか。社宅・独身寮という最も費用かかる福利厚生施策が不要となれば、在宅勤務手当なども大いに拡充できるはずである。

　こう考えてくると、これまでの住宅施策では現物給付としての事業所近接型の「社宅・独身寮」で費用の大半が占められており、持家取得補助はその10分の１以下であったが（「福利厚生費調査（日本経団連）」より）、これを逆転させた方が合理的となる。快適な居住環境であり、同時に集中できる効率的な在宅での執務環境が重要となるからである。若い時期からテレワークを前提に、居住用不動産を求める従業員達への支援が歓迎されるようになるだろう。

　大企業層での福利厚生費の全体構成をみると、「住宅」が2019年度（当該調査の最終年度）でも４割以上を占めている。実は、こんな歪な構造の法定外福利費をもつ国はわが国以外にはない。つまり、世界標準

図表１－６　これまでの「住宅」費用の推移

年度	住宅	持家援助	比率
1997年度	14,167	964	52.3
1998年度	14,401	1,047	54.4
1999年度	14,447	1,002	54.4
2000年度	13,864	940	53.3
2001年度	13,674	852	53.0
2002年度	13,491	964	51.3
2003年度	13,272	969	50.9
2004年度	13,374	875	50.4
2005年度	13,197	765	49.4
2006年度	12,744	752	47.6
2007年度	12,717	756	48.1
2008年度	12,499	712	47.7
2009年度	12,059	595	48.7
2010年度	11,865	578	48.6
2011年度	11,969	598	49.2
2012年度	11,650	622	48.5
2013年度	11,640	585	48.9
2014年度	11,747	531	49.3
2015年度	11,895	614	49.1
2016年度	11,779	572	49.0
2017年度	10,867	569	48.8
2018年度	11,665	468	47.8
2019年度補正後	11,745	494	48.2

凡例：住宅／持家援助／住宅・持家支援が法定外福利費に占める比率

「福利厚生費調査」（日本経団連）（2019年度で調査は中止される）
※当該団体加入企業、協力企業を対象とした調査。2019年度調査の平均従業員数は4,525人

からみると、これまでが異常な配分だったともいえる。ならば、持家取得支援を拡充させながら、もっとテレワーク時代に求められる新たな支援策に福利厚生費を再配分すべきなのである。

　少子高齢化の進行するなかで膨張する法定福利費に圧迫され続けている現在の法定外福利費では大きな改革をするには、原資を内部調達するしかない。つまり、巨額の「住宅」を圧縮しない限り新しい施策に予算配分することは難しい。この点からもコロナ禍は戦後70年以上できなかった、「住宅偏重」のわが国の歪な福利厚生のあり方に大きな改革の好機をもたらしている。

１－３－２．迫られる「ハコもの」施策の見直し

　Withコロナに影響を受けて変化を迫られる代表格としてわが国の福利厚生制度での大黒柱ともいえる「住宅」に着目して検討を加えた。そ

第１章　コロナ禍の衝撃と福利厚生　　39

のあり方が大きく変わらざるを得ない必然性を確認できた。

　こうしたWith & Afterコロナ時代に激変が予想されるのは「住宅」に限ったことではない。特に住宅同様に「ハコもの」と呼ばれる施設付帯型施策については影響が大きい。一気に拡がったテレワークを想定したときに、固定的な"施設"、「三密」空間となりやすい"施設"というものが、どれほど利用されるか、という稼働率の問題に直面せざるを得ない。「会社に通勤しない」「家にいる（在宅勤務）」「ワーケーション（Workcation）」といった働き方が、拡がることになれば、従業員達の地理的分散が飛躍的に高まるため、集まること自体のコスト、労力も高まる。

　例えば、近年、健康経営へ各社が注力するなかで見直されていたのが社員食堂の新たな役割であった。最新のデジタルタグを食器背面に付着させて、社員一人一人の日々の摂食行動を監視しようとする企業が増えた。毎日の昼食が何カロリーか、塩分、糖分、何グラムといった詳細なデータが蓄積されて、一カ月もたてば、管理栄養士が監修した分析・アドバイスアプリから「君のように、カロリーを取り過ぎてたら太るよ!」「そんなに糖分ばかり、摂取していたらいずれ糖尿病になるぞ‼」（実際はもっと丁寧な表現）といった、実に親切なメールが届くようになっていた。

　しかし、このような最新の健康管理システムといえども毎日、従業員の多くが、デジタルタグの付いた食器上のメニューを食して初めて、助言機能、つまり健康維持機能を発揮できるわけである。コロナ禍で多くの従業員が会社に来なくなってしまえば、無用の長物となってしまう。

　もちろん、健康助言システムだけではない。近年は、採用活動においてもお洒落で、豪華な社員食堂の「見せる化（"見える化"ではなくて）」が応募者に大いにアピールし、内定者の引き止めに効果を発揮していた。地方大学の学生の声などを聴いていると、「先生、すごいお洒落な社員食堂で毎日、ランチが取れます‼」といった感嘆の声が少なからず聞かれていた。

　筆者の持論だが、社員食堂というのは、実は「働く毎日」を好感する

うえで実に効果的な空間なのである。特に、ランチタイムはビジネスパーソンにとって一日の中での最も大事な"癒し"の時間であるだけに、ポジティブな感覚を持っての会社生活と結びつきやすい。さらに、これも持論というか偏見だが、元気のある会社、そして社員を大切にしようという経営理念がある企業ほど、社員食堂が綺麗で、活気があって、メニューも豊富で、そして社内でもよい場所に設置されている。地下階などではない。

　このようにコロナ禍以前には社員食堂の多機能化に力を入れて、様々な効果を期待していたわけだが、緊急事態宣言当時には閑散としていた。当時は、インターンシップからZoom対応が主流となっており、自慢の社員食堂を見せることもできなくなった。

　わが国の福利厚生ではこの「ハコもの」が多いことが世界的な特徴と述べた。他にも、保養施設、仮眠室、休憩室、入浴施設、ロッカー室、喫煙室、相談室、お花・お茶といった習い事の部室、等々、数多くの「三密」空間を社員に提供することで、オフタイムでの密な社員同士のコミュニケーション、共通体験、そこから醸成される一体感や親近感といった感情が高い勤労モラール、そしてモチベーションへと結実してきたわけである。

　コロナ禍以前より、住宅に代表される「ハコもの」の時代ではなく、健康、両立、自己啓発などの「ヒトもの」の時代だ、と筆者は常々発言してきたのだが、これほど急激に「ハコもの」の時代が終焉する可能性が出てくるとは予想できなかった。

1−3−3．変わる給食支援のあり方

　福利厚生において「食」は伝統的に重視されてきた領域であり、大きな柱であった。社員食堂は古くは明治初頭創設の富岡製糸場でも最も重視された施策で、若い工女達の厳しい労働を支えた。しかし、このハコもの施策としての社員食堂は、先述のとおりコロナ禍でその需要は一気に縮小した。短い昼休みの同じ時間帯に全社員が集まって、和気藹々に、つまり飛沫発散状態になる空間は、さすがに辛くて集まりがたい。

というか、まずもってそもそも社員たちが会社に出勤していないのだから社員食堂という場に集まりようもなかった。

近年の外食産業における外食と中・内食との対比が福利厚生施策になかにそのまま投影された。外食としての社員食堂が憂き目を見る一方で、宅配サービスや在宅食費支援が脚光を浴びることとなった。2021年にはすでに地方スーパーマーケット企業では、福利厚生施策として「従業員買い物割引制度の拡充」が行われ自社店舗での食材などの割引率を５％から10％に引き上げた。また、在宅テレワークの従業員達への宅配食サービスも拡がっている。リモート宴会に「酒の肴」宅配まで対応できるサービスも出てきている。必要は発明の母なり、である。

それでも「ハコもの社員食堂」には重要な機能があったわけだが、その機能が新しい宅配型サービスで維持、再現されたか、というとそれは未検証である。福利厚生は福祉、恩恵ではなく、企業の戦略的投資である、という筆者の考え方からすると、コロナ禍対応のこうした新型給食サービスの経営的有効性、投資効果はやはり未知数である。ちなみに、その給食施策の機能とは健全な栄養補給による労働力維持、ヘルシーメニューなど健康食に提供による疾病予防による労働力の長期的維持、そして医療費抑制、さらには健康に対する意識改革効果なども近年、注目されてきていた。さらには、社員食堂という"場"の機能として、社員同士の交流の場として社内コミュニケーションの活性化を図れる。そして新卒市場での応募者に、自社のお洒落で最新の社員食堂を"見せびらかす効果"で応募者の拡大、内定者の実入社率の向上といった採用力への寄与などなど、コロナ禍以前にはハコもの社員食堂は、多様な経営的効果を発揮しようとした矢先だった。今後の社員食堂の方向性はどうなるのか、コロナ禍が与えた影響は大きいものとなった。

１−３−４．両立支援の再考

世界でも類を見ないわが国の少子高齢化の進行のなかで、出産・育児・介護・疾病と仕事との両立問題が、これまでも注目を集めてきた。出産・育児との両立は低迷している出生率を回復させるためにも不可欠

な課題であり、一方で拡大が確実視される老親介護との両立は多くの中高年の中核的社員の流出抑止、労働生産性の維持のために克服しなければならない重大な課題となっていく。

コロナ禍に直面したことによって、この三つの両立問題への対応にどのような変化が生じたのだろうか。With & Afterコロナ時代での方向性を考えてみたい。

出産・育児と仕事との両立問題とは、増えてきていた夫婦ともにフルタイマーのケースなどでの育児、家事に関わる「時間」と「役割」の分配問題である。もちろん、この「フルタイマー（≒正社員）」は、自宅ではなく、会社内という「空間」で所定内労働時間の間、仕事をする、という前提があるため困難な状況となってきた。故に、育児休暇、短時間勤務制度やフレックスタイムのような、そうした労働時間の短縮や裁量性・柔軟性を提供することで、家庭内という「空間」での育児、家事という労働に従事できる余地を提供しようとした。

しかし、在宅型テレワークが拡がったなかで、両立という課題において「時間」「空間」「役割」を巡る基本的状況が大きく変わった。

まず、基本的な時間配分の構造として、通勤時間という「空間」移動のための「時間」が大幅に短縮あるいは消滅、という状況となった。両立問題に、大きな時間的余地が発生した。朝夕の子どもの送り迎えの刻限に間に合わせるために、仕事時間のやり繰りに苦悩することは軽減された。老親介護の場合でもデイケア、ショートステイなどの施設からの送迎対応の時間をあまり気にせずによくなったはずである。

また元々、分離していること自体が制約であった「育児・介護」と「仕事」が、テレワークで在宅することによって空間を共有できるようになった。この環境、つまり在宅での仕事との家庭内兼業が可能となる。つまり、仕事の合間に、育児業、介護業との"兼業・副業"ができる可能性が高まった。先の通勤時間の消滅という面もあり、従来並みの労働時間を確保したとしても、両立のための余裕が出てきている。

加えて、当時の様々なテレワーク実態調査では、労働時間そのものが減少している世帯が多くなっていた。先の内閣府調査（2020年6月「新

型コロナウイルス感染症の影響下における生活意識・行動の変化に関する調査」）では、労働時間が「大幅に減少」が11.7%、「減少」が13.8%、「やや減少」が21.5%となり全て合わせると、就業者のほぼ半数が減少していた。その要因はいくつかある。元々、無駄な、非効率な時間の使い方があったという点。"ダラダラ会議"や残業代目当ての不要不急の"なんとなく残業"、取引先への移動時間等々である。これらがリモート化されることで相当に縮小した。大学内の諸会議でも、ダラダラ型のものが実に多かったが「報告事項は省略（各自資料読む)」となり、審議事項では「発言者・発言量ともに激減」といった具合で、数分の一になった。やればできるじゃないか、という話である。

　こうしてテレワークで発生した余剰時間と空間共有が育児・家事、老親介護、疾病に対応できる余地を相当に提供したと考えられる。

　コロナ禍以前にも、両立問題対応として、こうした時間的余裕を従業員に提供しようする動きはあった。先のフレックスタイム、短時間勤務制などに加えて週休三日制や全社員テレワークといった施策が話題を集めたこともある。そのいずれもが育児・介護との両立を目的の一つに掲げていた。先進的な企業しかできなかったそうした思い切った対応が、コロナ禍によって否応なく、多くの企業で実現されてしまったわけである。

　こうした客観的な状況、時間的な配分、空間共有という点だけをみると、「両立」という、これまで困難視されてきたワーク・ライフ・バランス問題が大きく前進、改善することが期待されることとなった。

　しかし、いくつか新たな課題も見えてきた。

　まずは、育児との両立におけるケアの対象者（子供）も在宅になったという点がある。最初の緊急事態宣言時には学校も一斉休業となったため、就学児の場合は子供達が在宅となった。従業員の住居環境は様々であろうが、子供がずっと在宅することでテレワークが阻害される状況が出てきたといわれている。登校・登園できずに、家の中で騒ぐし、三食の用意も必要となり、なかなかテレワークに集中できないのは当然であ

る。

　また、夫婦間での家事・育児の役割分担にも異変が生じたようだ。先の調査では、夫婦の家事・育児の役割分担において「夫の役割増加」が26.4％、「妻の役割増加」が16.7％となり、夫側の負担が相対的に増えていた。これまで夫の家事時間の短さが世界的にも目立っており、批判されてきたわけだがコロナ禍を契機にかなり是正された。

　一方、要介護者についても外部の介護サービスの利用を控えるべきかを悩むようになっていた。施設入居者は面談もできず、また、デイケア、外部からの在宅支援なども、感染リスクがあり、利用しづらい状況となった。ショートステイなども空室が目立つようになったようである。

　これまでの両立支援制度の基本は時間的な余裕や裁量性の提供であったわけだが、この点はテレワークによってかなり代替されたといってよい。つまり、そうした支援制度としてはほぼ無効化したわけである。

　では、With & Afterコロナ時代の両立支援に何が求められているのか。おそらく、それは時間的な支援ではなく、家庭内での両立も含めたもっと実質的な支援であろう。そこではテレワークの労働生産性を阻害しないという側面も重要になる。

　例えば、先進事例を参考にすると、介護のための住宅リフォーム支援金や外部から有料の家事支援サービスへの補助金などが直接的に有効な支援となろう。また、メンタル面でのフォローも必要になってくる。テレワークの拡がりに伴ってDV（家庭内暴力）の拡大が懸念され、現実化した。コロナ禍で業績悪化した企業や自営業などのケースで経済的な不安を抱えたまま在宅時間が増えることで、そうした事態が多数発生した。老親介護、家事・育児のような両立についても同様の懸念が高まるとも考えられる。在宅で利用できるリモート型のメンタルヘルスケアの導入、拡充を考える必要がある。

　テレワークの生産性という観点からは、在宅での就業環境の整備が改めて求められる。家庭内での介護、育児などの両立対応行動によって阻害されない住宅環境が必要になる。先の「住宅」に関する議論でも述べ

第 1 章　コロナ禍の衝撃と福利厚生　●　45

たが、社宅・独身寮のように現物給付から、持家取得支援へ軸足を移すことが両立という点からも重要になるとも考えられる。介護、育児と分離された就業空間が確保できる住宅が必要なのである。

１－３－５．求められる新たな生活設計支援

ニッセイ基礎研究所が2020年10月に発表した調査では、コロナ禍での生活時間で増加が目立つのは、やはり家の中で過ごす時間だった。９月末で増加層が最も多くなったのが「家族と過ごす時間」（29.5％）であり、次いで「休養・くつろぎ時間」（26.4％）、「家事時間」（24.2％）などとなっていた。こうした行動の変化から、当時は"巣籠もり消費"の恩恵を受ける業界が現れたわけである。出前や家飲み、理美容用家電、家の中で楽しめるゲームや書籍などでの支出額が増えた。

仕事、会社中心の生活であった多くの人々が通勤や残業から解放されて、家族と過ごす時間を多く持てるようになったことは不幸中の幸い、ということなのであろう。しかし、その会社を離れて家族と過ごす時間のなかで、従業員達は決して気楽に過ごしているのではなく、将来への不安感を高めていた。感染の不安は言うまでもないが、それだけではない。生活面、特に中長期的な経済的な不安、キャリア上の不安をもたらしていた。

産業的には、観光、運輸、外食などでは雇用に対する不安が急速に高まった。家計を助けていた配偶者のパート労働でも時短営業、需要減など影響を受けてシフト時間が縮小した。現状、在宅勤務手当まで対応している企業は、ごく一部であったため残業代を当てにしていた家計でもかなりの減収となったはずである。いずれにしても、経済全体での楽観的な見通しが見えなかった中で、収入面での不安感、不安定感、そして老後などに向けた中長期的な資産形成の不透明感などが徐々に強まってきていたと考えられる。

経済面での不安への対応策としての第一の処方箋は、長期的そして自律的な生活設計の再構築である。

福利厚生の世界では、これまでもライフプランセミナー、マネープラ

ンセミナーといった施策によって、従業員に長期的な生活設計を行う事を促してきたわけだが、With & Afterコロナ時代には改めて従業員に生活設計の重要性を啓発すべきだろう。それが彼らの茫漠とした不安感を軽減する手助けになり、衝動的な離職などに対する抑制策さらにはエンゲージメントの向上にもつながると考えられる。第3章で検証するファイナンシャル・ウェルビーイングが重要なテーマとなってくる背景である。従業員にとってもコロナ禍は自身の生活設計を家族と共に真剣に再考する絶好の機会となり、それがこの不安な時代での家族の絆を深めることにもつながったのではないだろうか。

1－3－6. 自己啓発の好機到来か

　生活設計の好機という点では、既にいくつかの現象が確認されていた。2020年5月に発表された日本生産性本部が20歳以上の雇用者1,100名を対象に行った「第1回『働く人の意識調査』」調査のなかで、コロナ禍以降の「自己啓発の開始」について尋ねていた。その結果、8.8%が「始めた」と答え、30.1%が「始めたいと思っている」と回答した。4割近い雇用者が自己啓発に前向きな姿勢を見せ始めた。

　福利厚生担当者ならば、ご存じのとおりだと思うが、これまでは従業員達に自己啓発を勧奨してもなかなか反応が鈍かった。カフェテリアプランなどでも、自己啓発メニューにはポイント消化の恩典を与えて活用を有利にする傾斜配分方式などを行っていたが、取り組もうとする従業員が必ずしも増えて来なかった。レクリエーションや社内製品の割引ばかりカフェテリアプランのポイントが使われる、と嘆いていた大手自動車メーカー担当者の顔を思い出す。

　しかし、である。コロナ禍で通勤時間が消えて、在宅時間が増え、残業もなくなり、実際の労働時間が減少するなかで、「何がやらなければ…」という気分になったようだ。時間的に余裕ができたという環境変化も大きいであろうし、かつ先々の経済的不安、キャリア不安が実感されて動機付けられたのであろう。また、ZoomやTeamsといったコロナ禍以前にはその名前すら知らなかったアプリケーションを否応なく使わな

第1章　コロナ禍の衝撃と福利厚生　　47

ければならず、WiFi、無線LAN、カメラ、マイクなどのPC設定など新しいICT技術に関する能力やスキルの重要性を痛感した従業員も少なくなかった。社内で"情弱"などと呼ばれICT関係業務を若手にまかせっきりだった中高年も自ら学び、使えるということの大切さ実感したはずである。こうしたテレワークという新しい未知の就業環境に直面して自らが対応せねばならなかったことも自己啓発への良き刺激になったのではないだろうか。

　自己啓発とは将来の自分への投資であり、一種の生活設計実現行動である。事実、自己啓発に関する先行研究の多くで、一定のタイムラグをもちながらも将来の所得を高める効果が検証されている。生涯収支を好転させる上で、個人にとって有効な投資行動なのである。

　このように当時の調査から、自己啓発を始めようという従業員たちの気運の高まりが確認されたわけだが、それよりもさらに興味深い点は、その動機面での大きな変化である。

　図表1-7は、コロナ禍以前の2018年と2020年の調査時点を比較したものだが、大きな動機の変化は「現在の仕事に必要な知識・能力を身に付けるため」という動機である。コロナ禍以前（2018年）では85.8％と大半の従業員で共有される動機であったのだが、コロナ禍後の5月では

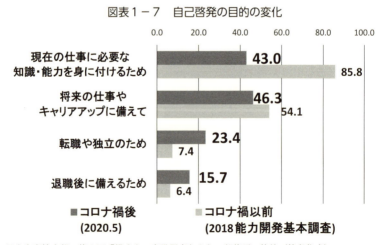

図表1-7　自己啓発の目的の変化

日本生産性本部：第1回「働く人の意識調査」より一部修正・抜粋（筆者作成）

43.0％と実に半減してしまっていた。今の仕事が継続するとの前提での自己啓発、と位置づける従業員が半減したということである。類似の選択肢とも思われる「将来の仕事やキャリアアップに備えて」も54.1％から46.3％に減少している。これは大きな変化である。

一方で、大きく増えた動機が「転職や独立のため」で7.4％から23.4％と実に3倍以上増加した。こちらも離職という前提という点では同様ともいえる「退職後に備えて」も6.4％から15.7％と二倍以上増えている。これらは明らかに「離職」「転職」というものを強く意識した回答である。

このようなコロナ禍に直面してからの自己啓発に対する動機の大きな変化が何を意味するのか。単純に考えると、多くの従業員が、今後、「離職する」「職が変わる」という可能性を想定、予測しているということであろう。それが転職か、配置転換、子会社出向か、はともかく現在、従事している仕事、業務が続けられるのか、不安を抱いているのではないだろうか。しかし、職を変わるということは、生活設計にとって重大な変更となることは間違いない。

これに関連しては内閣府が同時期に行った就業者6,685人での調査で「地方移住への関心」の高まりが観測されていた。「今回の感染症の影響下において、地方移住への関心に変化はありましたか（三大都市圏居住者に質問）」という問いかけに対して、年代別では20歳代、地域別では東京都23区に住む者の地方移住への関心の高まりが指摘されていた。20歳代で22.1％、23区居住者で35.4％が「移住に関心がある」と回答していた。こちらは、人口密度が高く感染リスクが大きい地域から逃れたいという意識の表れもあろうし、テレワークの常態化で、現在の勤務先企業を前提としての移住という発想も当然、含まれているだろう。それでも「移住」つまり、住まいを変える、持家を取得するというライフイベントは生活設計にとって大きな出来事であることは間違いない。

このようにコロナ禍という異常事態のなかにあって、従業員たちはこれまでの生活設計の変更を含めて自らの人生を再考しようとする意識が高まった。また、この生活設計の再考には「離職」という事態も想定し

ている可能性が高い。この点は人事部門は強い関心をもつ必要がある。

１－３－７．ワーケーションなる世界の可能性

　コロナ禍への対応としてテレワークが大きく拡がり、働き方の柱として確立しようとしたなかで、その拡張版、発展形ともいえる、さらに新しい働き方に注目が集まった。

　それがワーケーション（Workcation）である。英語のWork（仕事）とVacation（休暇）の合成語であり、観光地、リゾート地や地方など、普段の会社内の職場、自宅とは異なる場所で働きながら休暇と併用し、滞在先で業務を組み合わせる働き方である。仕事主体のものと休暇主体のもの、二つの概念が存在する。

　一方、観光庁を中心として地方自治体、観光業界が考えるワーケーションとは"新しい旅の形"としての可能性である。こちらは働き方の話は付随的である。コロナ禍で大きな痛手を被った観光業界にとっては国内需要の回復のための希望の光ともいえ、同時に、地方創生を掲げる政府、地方自治体にとっても活性化を担う新たな可能性として注目された。この他、義務化された有給休暇取得の促進やメンタルヘルス対策、ワーク・ライフ・バランス向上など様々な経営課題、社会的課題の解決策の一つとも位置付けられるようになった。

　こうした観光振興、地方活性化という面でも多くの応援団を有する背景を考えると、今後、働き方としてのワーケーションは一定の拡がりを見せるものと予測される。

　当時の観光庁調査では、ワーケーションの経験率はまだ４％程度だが、民間調査などでは「やってみたい」という前向きの意向ありのビジネスパーソンは６割、７割もいた。労働者側のニーズは確実にあるようだ。また、企業調査でも半数程度が関心を持ち始めている。テレワークの経験が働き方の観念的制約を開放したからであろう。

　観光庁のモデル実証実験の分類では、ワーケーションはその形態から五つの種類に整理されている。

　以下、①リゾートワーク（福利厚生）型（旅行の滞在先でテレワーク

等により業務を行う）、②チームビルディング型（企業内の複数職員が同時に滞在し、グループワークや研修等を行う）、③人材育成・課題解決型（複数企業の職員が参加し、多様な主体と交流しながら地域の課題解決に向けた議論等を行う）、④サテライトオフィス型（地方に設置されたサテライトオフィス等で業務を行う）、⑤プレジャー型（出張先等で滞在を延長して余暇を楽しむ）の5形態である。

この分類の最初に「（福利厚生）」と表記があるように、これまで福利厚生での「文化・体育・レクリエーション」の一種としての宿泊施策を活用してのワーケーションである。つまり、ワーケーションとは人事制度の一つである福利厚生施策の新たな活用策であり、それが新しい働き方として脚光を浴びたというわけである。

福利厚生のこれからのあり方、With & Afterコロナの時代の福利厚生を展望するときにも、このワーケーションなる動きにも注目したい。

では、ワーケーションと福利厚生にはどのような接点があり、その相乗的な活用の可能性があるのかを考えてみよう。

まず、上述のとおり、観光地、リゾート地というロケーションといえば福利厚生のレクリエーション施策の中心である宿泊施設が直接的に活用できることになる。今日では自社所有の保養所・寮と呼ばれる施設はかなり減少しており、契約型、アウトソーシング型のサービスと代替されている。社有施設ではどうしても地理的な関係性から不公平感があり、かつ維持コストの高さも問題視され、代替されてきた経緯がある。しかし、この変化によって契約型、アウトソーシング型が主流となってきたことでワーケーションの場としての活用の可能性は拡がった。全国津々浦々の多様なロケーションで"働ける"こととなったからである。したがって、ワーケーションが拡がるとすれば、偏在した自社所有の"ハコもの"としての宿泊施策を一気に、全国型のアウトソーシング型、契約型に移行させる圧力になるとも考えられる。

ただこの場合、通常の福利厚生としての利用と、ワーケーションとしての利用での調整が必要となるだろう。宿泊施設そのものをテレワーク

第1章　コロナ禍の衝撃と福利厚生　●　*51*

型とすると、観光を主目的とする社員には不満が出るであろうし、従来の観光目的の施設のままではワーケーションでの生産性に支障をきたすことも懸念される。

　また、ワーケーションの場合は観光宿泊に比べて、泊数が多くなる可能性もある。連泊型である。先のブレジャー型（出張との混合型）などはその典型である。出張で1泊で、レジャーで2泊となれば、普通に3泊連泊となってしまう。それで、社内の一部のワーケター（ワーケーションする従業員）に独占されれば、また不満が出るであろうし、何より本格的に企業社会にワーケーションが拡がれば、現状の宿泊型施設のキャパシティ、供給量を増やさなければ、需要を満たせなくなる。さらに、チームビルディング型のワーケーションで社内の複数の社員が同時にワーケーションを行うとなれば、キャパシティの問題だけではなく、研修室のような付帯施設の必要性も高まることになる。宿泊サービスのワーケーションへの最適化が必要となってくる。

　ワーケーションには家族同伴での休暇取得も推奨されている。家族サービスの好機となるわけである。ワーク・ライフ・バランスの回復の手段としてのワーケーションである。多忙なビジネスパーソンならば、土日以外で家族と宿泊型の旅行を実現することはなかなか難しい。ワーケーションならば観光地も空いているウィークデイでの旅行が可能となる。自宅でのテレワークで煮詰まってしまった家族関係を風光明媚な観光地で気分転換して、遊び、そして合間に効率よく仕事をこなせば、あるいは新たな環境下で創造的な仕事ができれば家族サービスとストレス解消の一石二鳥というわけである。これはテレワークにはない大いなる利点であろう。

　ワーケーションという未知の働き方が宿泊レクリエーション施策の福利厚生と融合して、新たな知的生産性を高める装置として確立できるとすれば、まさに戦略的福利厚生の実現である。大いに期待したいところである。

筆者らは、独自にこのワーケーションの有効性に関する調査を実施した。以下、この分析結果の一部をご紹介する。

・ワーケーションの効果検証

　山梨大学では、ワーケーションの経営的効果に関する分析・評価のために従業員に対する以下のアンケート調査を実施した。

　調 査 手 法：インターネット定量調査

　調 査 地 域：全国47都道府県

　調 査 対 象：【20〜64歳男女の就業者】かつ【本研究が定義するワーケーション経験者】1,000人、【テレワークのみの経験者】300人、【テレワーク・ワーケーションともに非経験者】300人

　調 査 期 間：2021年3月23日（火）〜29日（月）

　有効回答数：本調査1,600サンプル（スクリーニング回答者76,834ss）

　調 査 機 関：山梨大学（西久保、田中研究室）およびクロス・マーケティング社

・定着性への効果

　まず、三つの働き方経験を説明変数として、設定したところ「定着性」に対してはワーケーションという新しい働き方が正に有意となり、当該働き方が定着性を高める可能性が示された。次に、「勤勉性」では、テレワークやワーケーションの経験がない伝統的な対面型の働き方しか経験がないことが勤勉性を引き下げる関係性となった。一方、「貢献性」という現在の勤務先企業への貢献意欲に対しては、ワーケーションのみが1％未満の有意性という高い信頼性でそれを高める関係性を有することが示された。

　通常のテレワークのみの働き方では、この三種の従業員態度に対していずれも有意な因果性を認めることはできなかった。

図表1－8　働き方と従業員態度

	定着性 現在の勤務先にできるだけ長く勤務したい		勤勉性 現在の勤務先ではできるだけ勤勉に働きたい		貢献性 現在の勤務先にできるだけ貢献したい	
	t-value	有意確率	t-value	有意確率	t-value	有意確率
ワーケーションダミー	-2.064	0.039 **			-5.993	0.000 ***
テレワークダミー						
対面ワークダミー			4.219	0.000 ***		
年齢						
男性ダミー						
管理職ダミー	-1.981	0.048 **				
営業職ダミー			2.561	0.011 **	3.462	0.001 ***
専門職ダミー					2.416	0.016 **
事務職ダミー	-2.958	0.003 ***				
R²	0.009		0.118		0.028	
調整済み R²	0.007		0.014		0.027	
F 値	0.003 ***		0.000 ***		0.000 ***	

・従業員の満足度

　三種の働き方と、現在の従業員の三種の満足度、すなわち「会社・職場への満足度」、「仕事の満足度」、「個人生活・家庭生活の満足度」との因果関係についても検証した。

　まず、「会社・職場への満足度」に対してはワーケーションという新しい働き方が正に有意となり、当該働き方が満足度を高める可能性が示された。テレワークについても同様の影響が確認できるが、因果関係の信頼度は前者の方がより明確である。

図表1－9　働き方と現在の従業員の三種の満足度

	会社・職場満足度 現在の会社や職場に満足している		仕事満足度 現在の仕事に満足している		個人生活・家庭生活満足度 現在の個人生活・家庭生活に満足してい	
	t-value	有意確率	t-value	有意確率	t-value	有意確率
ワーケーションダミー	-5.412	0.000 ***	-4.762	0.000 ***		
テレワークダミー	-2.395	0.017 **			2.203	0.028 **
対面ワークダミー					4.330	0.000 ***
年齢						
男性ダミー	2.360	0.018 **	2.381	0.017 **		
管理職ダミー			-2.005	0.045 **		
営業職ダミー			1.865	0.062 *		
専門職ダミー						
事務職ダミー					-2.944	0.003 ***
R²	0.147		0.156		0.128	
調整済み R²	0.021		0.024		0.016	
F 値	11.676 ***		9.986 ***		8.901 ***	

次に、「仕事の満足度」では、ワーケーションだけが高める関係性があることが確認されている。一方、「個人生活・家庭生活の満足度」ではテレワーク、対面型ともに低下させる可能性が示されている。ワーケーションからの影響は確認されなかった。

・越境学習性への効果

　近似、注目されている「越境学習性」についても、ワーケーションとテレワーク、ワーケーションと非テレワーク（対面型）との間での回答スコアについて平均値の差の検定を行った。結果、ワーケーションとテレワーク、ワーケーションと非テレワーク（対面型）の双方において前者、すなわちワーケーションでの越境学習性が明確に高いことが示された。この新たな空間での勤務が様々な外部との接触機会を提供し、従業員自身がそれらからの刺激を受けることで、未知の経験、知識を得る可能性が高まったと考えられる。

図表1－10　働き方と越境学習性

独立サンプルの検定

これまで社外での経験によって様々な知識や考え方、スキルなどを学習できていると思う。		等分散性のための Levene の検定		2 つの母平均の差の検定				
		平均値	F 値	有意確率	t 値	自由度	有意確率（両側）	平均値の差	差の標準誤差
等分散を仮定する　　ワーケーション経験者	2.62	3.737	0.053	-5.478	1298	0.000	-0.407	0.074
等分散を仮定しない　テレワーク経験者	3.03			-5.459	489.462	0.000	-0.407	0.075
等分散を仮定する　　ワーケーション経験者	2.62	4.133	0.042	-8.136	1298	0.000	-0.600	0.074
等分散を仮定しない　非テレワーク者	3.22			-8.241	501.922	0.000	-0.600	0.073

　以上、ワーケーションという全く新しい働き方の経営的効果という点からの可能性について検証を行った。総論的には、企業にとっても魅力ある働き方といえるのではなかろうか。それは、単に従業員達から歓迎されるという点だけではなく、企業が新たな価値創造の手段として活用できるという可能性が確認されたからである。

1－4．Withコロナの中での、注目したい動き（事例）

　ここでは、コロナ禍のインパクトを受けたなかで、新たな対応を行った事例を紹介しながら、福利厚生のこれからの可能性を考えてみたい。

1－4－1．どこでもオフィス：Yahoo! JAPAN（現：LINEヤフー）社
　まず第一のケースは、Yahoo! JAPAN（現：LINEヤフー）社が新しい人事制度として開始した「どこでもオフィス」である。大きな成果をあげた事例である。

　この「どこでもオフィス」という制度は、単なる一時的な在宅勤務に留まらず、文字どおり、恒久的に働く場所を自由に選択できるテレワークの先進的な制度である。

　制度そのものは既に2014年から開始していたようだか、コロナ禍で対面就業が強く制限されるなかで、2020年には、それまで月5回までだった制限を全面解除した。つまり毎月、何日でもテレワークが従業員自身の判断でできるようになった。また、2022年4月にはさらに拡充を進め、通勤手段の制限を緩和した。つまり、空路や新幹線を利用した出社や、居住地を全国から選択できる、という思い切った拡充を行った。これで飛躍的に働く「空間」の自由度、対象域が拡がったであろう。同時に交通費の片道上限額を撤廃したのである。これも企業としての非課税枠を考慮しないという大きな決断であった。

　加えて、制度の浸透とともに空間的に分散してしまう社員間でのコミュニケーション不足を補うべく、新たな福利厚生施策を開発・展開した。まず、社員間での懇親会等の飲食費用を補助する「懇親会費補助（5,000円／月）」を導入し、既に半数以上の社員が利用していた。また、テレワーク環境でも社食の味を楽しめる「オンライン懇親会セット」も用意された。さらに、自宅等での働く環境を整備するための「どこでもオフィス手当」として、毎月最大1万円の補助金を支給した。

　また、福利厚生ではないが業務上のコミュニケーション対応としても、上司と部下が週に1回程度面談をする「1on1ミーティング」を

制度化している。このあたりに抜かりはない。

　先の情報通信産業を中心にテレワークへの対応は各社、コロナ禍の深刻化とともに拡充の動きを見せてきていたが、ここまでの徹底した自由度、そして福利厚生施策での手厚い支援を含めた総合的な促進策を伴った恒久的なテレワーク制度は珍しい。

　結果として、導入後、半年経過末時点で社員約400人が一都三県以外の地域へ転居した。そのなかで130人以上が空路や新幹線での遠隔地の通勤圏へ移り住んだ。なかなか進まなかった東京一極集中、地方創生への突破口としての貢献になる可能性も示されたわけである。

　このケースで最も注目すべきは採用力の向上効果である。

　同社は、新制度の発表・導入前の2021年と比較すると、中途採用の応募者数が1.6倍に増加したとしている。なかでも一都三県以外の地方からの応募者数がかなり増加し、「これまではYahoo! JAPANで働くことが難しかった地域からの応募増加にもつながっている」と述べている。

　企業にとって採用力という競争力は、人材戦略として、さらには人的資本経営の実現のための基盤的な企業力として位置づけられる。このケースのように充実したテレワーク環境の提供が調達労働市場の拡大（地方人材市場）をもたらした。それは大きなAttraction（魅力度）として認知されたためであり、直接的に応募者数を増大させる効果がもたらされた。

　このテレワークの採用力の向上効果は、市場に大きな影響を与えるものと予想される。

　特に、この中途採用応募者の1.6倍という数字の意味は大きい。単なる量的な変化に留まらず、応募者数の増加は、確実に採用できる人材の質的向上につながる。つまり、より有能な人材を獲得できるようになる。

　同時に、これらの応募者の多くは既存のIT関連企業・業務からの転出を伴っている。これは競争企業の人材力を削ぐ効果をももたらしていることになる。IT業界の中にはソフトウェア系、ハードウェア系、そ

第1章　コロナ禍の衝撃と福利厚生　●　57

して情報処理系の業務を行う企業が数多く存在するが、業界内での人材争奪戦の軸が、テレワークとその支援環境となったともいえよう。

もちろんこれは、IT業界内に限られた人材争奪戦ではないことも明白である。

近似、DXの重要性が叫ばれるなかで、全ての業界で有能なIT系人材を強く欲している。例えば、ものづくり代表的業界としての自動車関連産業においても、EV化、自動運転、安全技術、コネクテッド化などAIやIoTなどの最新のデジタルテクノロジーが今後の競争力を大きく左右することが確実視されている。IT人材が魅力あるクルマづくりには欠かせない。「ものづくり企業だから、テレワークはほどほどに」といった、中途半端な対応では有能なIT人材の獲得は困難になることは間違いない。

さて、こうした動きのなかで、福利厚生のこれからの役割とは何なのか。

まず、このケースを見て再確認できる第一の重要なポイントは、快適なテレワークの実現のためには福利厚生による多様なサポートが不可欠という点である。社内対面型から「全国どこでも自由な場所」に変わっても、従業員にプロダクティブ（Productive）に働いてもらうために、改めて福利厚生は重要な支援施策となっていた。

対面からテレワークに移行したからといって「衣・食・住・遊」の生活支援、健康、自己啓発などの領域での従業員ニーズ、そして企業が求める経営的効果が消失したわけではない。新たな働き方に最適化された提供方式、コンテンツに転換していくことで従業員ニーズを充足させ、採用力、定着性、モチベーションといった経営的効果を確実に獲得することが求められる。外見的な既得権的な形に囚われて、この転換が遅れることは大きな人材戦略上の停滞となると懸念される。

筆者はコロナ禍のインパクトによって、わが国の働き方や雇用のあり方が着実に、そしてかなり劇的に変化し始めている、という印象がある。同時にこうした変化が持続される可能性も高い、しかもそれは不可

逆的な動きと推測している。この動きに合わせて、本ケースのようにわが国の伝統的な福利厚生のあり方も早急な変革を迫られることになるだろう

1－4－2．びずめし：ジャパネットホールディングス社

　次の事例は、福利厚生および近隣飲食店への支援の一環としてGigi株式会社が提供している法人向け社食サービス「びずめし」を全国に先駆けて導入した通信販売大手のジャパネットたかた社などを傘下に置くジャパネットホールディングスである。このケースもWith ＆ Afterコロナ時代の新しい「給食」の形として注目される。

　まず、「びずめし」の概要だが、手軽にごちそうを贈りあえる「ごちめし」から派生したシステムであり、地域と社員においしく、企業も共に支え合う、新たな社食スタイルを提案するサービスである。仕組みとしては、企業があらかじめ任意の金額や回数分の社食チケットを購入し、従業員は地元での提携飲食店での会計時に支給された社食チケット（スマートフォン画面）で精算ができて食事を楽しむことができる。

　同社は「びずめし」導入第一号企業として、法人向けサービスにあたり必要な要件などをGigiと共同開発を進め、実現した。

　ジャパネットホールディングス社では「人生の大部分を占める会社という場所で、社員一人ひとりに心もからだも健康な状態でいきいきと働いてほしい」との企業理念から、これまでリフレッシュ休暇制度や週3日のノー残業デー実施などの「働き方改革」や社員食堂としてタニタ食堂方式の導入など様々な健康経営に取り組んできた。

　そして、さらにコロナ禍のなかで、停滞しがちな社員同士のコミュニケーションを活性化し、オフィス内に食堂がない事業拠点でもバランスのとれた昼食をしっかりとることで心身のリフレッシュにつなげるために同サービスの導入を選んだ。

　同時に、新型コロナウイルス感染拡大に伴い苦境を強いられている事業所近隣の飲食店に対して支援したいという想いから、あえて「びずめし」を導入に踏み切った。この運営企業は元々は福岡でインターネット

サービス事業を運営していたが、このシステムは新たに開発提供したもので、さらに同社との共同開発を行い自社に適合させた。

また、飲食支援だけに留まらず「びずめし」の画面上へ寄付機能を設け、日本ではまだあまり根付いていない寄付文化を広げる対応も行っている。

筆者は、NHK地方局（長崎）からの取材とコメントの依頼があり、同社について詳しい情報もいただき対応させていただいた。これがまさにWith ＆ Afterコロナ時代の新たな給食支援の方向性のヒントを与えてくれるものとなった。

先行き不透明なコロナ禍の時期にあって従業員、企業、地方経済がWin-Win-Winの三重苦ならぬ三重楽となるシステムが実現されていた。

ジャパネットグループは本社だけでなく全国22カ所に事業所があるが、従来型の「ハコもの」方式の社員食堂を提供できていたのは5カ所に過ぎなかった。従業員に不公平感が出やすい状態である。それらの事業所でこのサービスが導入された。

まず、店舗・メニューを指定し、かつチケット制とした。同社の「びずめし」では一ケ月の利用回数を指定できるチケット制を導入し、従業員は会社が指定した複数の店舗・メニューの中からチケットを使って希望の食事を選択できる。企業があらかじめ任意の金額や回数分の社食チケットを購入し、従業員は提携飲食店での会計時に支給された社食チケット（スマートフォン画面）を提示するだけで食事を楽しめる。

これは、会社対従業員という関係性の中で、社員食堂としての利便性を高めると同時に、メニューまで指定することで社員にバランスのとれた健康的な食生活を送ってほしいという健康経営に繋がる想いを両立させていた。さらに、寄付機能を搭載した点は、昼食代金で少し得した分、寄付の形で善意の輪をつなげられるように設けられた。寄付先は子ども食堂やユニセフなど自身で選択できる。わが国でも導入が広がっている社員食堂を活用した途上国支援の枠組みTFT（Table For Two)と同様の発想であり、企業の福利厚生とCSR活動を融合させる開放的、社会貢献的なシステムとなった。筆者が「社会適応システム」と名付け

た福利厚生の機能を体現している。

　この新しい給食システムの利点を考えてみると、チケットを使って地元の同じ飲食店でランチを取る機会が増えることで社員同士、地域の人々とのコミュニケーションを活性化できる。また、オフィス内に社員食堂がない事業所の従業員にとっては不公平感の解消になり、同時にバランスのとれた昼食をしっかりとることで心身のリフレッシュ、健康維持につながる。そして、寄付機能だけではなく、新型コロナウイルス感染拡大に伴い苦境を強いられている地元の飲食店、食材卸業、一次産業に対する大きな支援となり、地域社会との良好な関係性の構築に一役買うことにもなった。

　もちろん、この方式ならばテレワークの従業員にも大きな利点があることはいうまでもない。対面型、リモート型という働き方の違いによって、従業員にとってのメリット、福利厚生の経営的効果に格差が出ないことも重要なポイントであろう。

　コロナ禍対応で在宅勤務の従業員に現金手当を支給する企業も出てきているが、ここはやはり何にでも使える現金ではなく、現物給付としての「食」であり、「食の場」であることの方が、はるかにメッセージ性が強いと考えられる。会社が従業員の食生活、そして健康のことを配慮してくれている。テレワークで増えたであろう生計費のなかで家計負担を少しでも軽減してくれようとしている。さらに、自分が勤務する地元企業が、同じ地域の、おそらく従業員のなかには普段から慣れ親しんだ飲食店もあると思われる飲食店を応援できていることの嬉しさや誇らしさも感じられているのでないだろうか。

　コロナ禍という異常事態のなかで働き方が大きく変容し、戸惑い悩み、孤立化する従業員も少なくなかったのでないだろうか。このようなときに、生活の核となる「食」において、勤務する企業がこうした優れた仕組みをつくり、自分たちばかりではなく、地域社会まで配慮し、支援しようとする姿を示すことが、社内の福利厚生という狭い枠組みを超えて強く彼らを勇気づけたものと推察される。コロナ禍であっても知恵を出せば、"災い転じた福（福利厚生）と為す"はできるという好事例

第1章　コロナ禍の衝撃と福利厚生　●　*61*

である。

　このシステム、さらに、2022年7月には、社食サービス「びずめし」
を活用して従業員に誕生日プレゼントを贈る「ハピめし」も導入されて
いる。

１－４－３.「おごり」自動販売機：サントリー食品インターナショナ
　　　　　　ル社・コクヨ社

　次の事例もユニークなものである。コロナ禍のなかの沈痛な状況のな
かで、サントリー食品インターナショナル社・コクヨ社のコラボ企画か
らユニークな福利厚生施策が発表され、注目を集めた。

　それは、法人向けの自動販売機を活用したものである。社内の休憩や
社員食堂などのスペースなどに置かれているあのマシンである。それが
「社員二人で買えば自販機の飲み物無料」というキャンペーンを始めた
のである。そして、何より注目すべきは、これまで自動販売機には名前
などなかったわけだが、新たに「社長のおごり自販機」と名付けられて
いた。

　社内コミュニケーションが不足しがちなWithコロナの時代に、まさ
に時機を得たり、とばかりのユニークな企画、そしてその名称も実に面
白い。

　このキャンペーンの意図するところは、明確である。単なる給食支援
ではない。これは間違いなく社内コミュニケーション活性化を狙った福
利厚生施策である。同じ会社の社員二名が同時に社員証をマシンにかざ
すことで認証されるものだから、社内の誰かを誘ってのブレイクタイム
にはピッタリである。いつもの同僚でもいいし、ちょっと離れた他部門
の人でもいい。地方から出張で来られた人でもいい。ガチャンと缶飲料
が出てきて互いに無言、ということはないであろう。きっと他愛もない
雑談にしばし耽ることになる。それがまさに当時、求められていたコ
ミュニケーションの活性化であり、再生だったのである。

　それにしても「社長のおごり」というネイミングが秀逸であろう。缶
コーヒー二本程度の恩恵なのだが、気前がいい表現と感じられる。同社

からの解説によればこの名称は色々と変更できるらしい。「工場長のおごり」とか、「部長のおごり」とか。いろいろな事業所で使える。わが大学にも進言してみたいものである。「学長のおごり」とか（ムリだろうけど…）。

福利厚生研究者としてのお節介な解説としては、これは現物給付型の無差別給付施策であって、給食かつレクリエーションに分類されるものである。施策の第一の狙いは上記のとおり、コロナ禍で沈滞化している社内コミュニケーション再生、活性化であるが、実はこの名称に隠された、さらに深い効果があると推測される。

第3章の経営的効果の検証で詳しく述べるが、福利厚生の経営的効果の発生メカニズムを説明する「返報性心理」がこのキャンペーンからもたらされる貴重な従業員心理が期待できる。「社長のおごり」ということは無償の現物提供（缶飲料）であって、従業員にとっては廉価な物品であるが、負担がないことはありがたい、と感じる。ましてや一緒に缶飲料を買った仲間と少しでも仲良くなれたなら従業員にとっては、うれしい時間共有となる。

こうした社員の“ありがたいな”という感情は「自己利益（own benefit）」となる。つまり、自分にとってメリットがあったという実感である。また、会社がわざわざこうしたキャンペーンを企画し、実施してくれたこと。あるいは、新たに自動販売機を導入したとすれば、それなりのコスト、手間暇がかかっているだろうと、従業員は当然推測する。これが「他者コスト（other's cost）」である。勤務する会社が自分たちのために手間暇かけて、と感じてもらえれば高いにコストと認識される。

この二つの変数の影響によって「負債感」が従業員心理に形成される。要するに、“社長に借り（負債）ができた”という感謝、恩義を伴う心理である。実は、これが強力な動機付け要因となる。すなわち、仕事を頑張ろう、というモチベーションを高めたり、転職はしばし思い止まろう、という定着性を高める心理となって現れる。これらが“借り”に対する“お返し”になるからである。「好意を与えてくれた他者にお

返しをしなければならないという義務感」が「心理的負債（indebtedness）」となって返報行動を強く動機付けるわけである。

　こうした従業員たちに歓迎される、ユニークな施策がコロナ禍で沈んでいた職場の雰囲気を良き方向に変えたことが予想される。いずれも福利厚生のもつ自由度、創意性が活かされた好事例である。

1－5．見すえるべきWith ＆ Afterコロナの世界とは

　コロナ禍はわが国の伝統的な働き方、働かせ方に大きな衝撃となった。そして従来の働き方に適応していた福利厚生は一部で機能不全に陥る事態が生じた。

　しかし、この大きなインパクトは伝統的な福利厚生にとって大きな変革のチャンスとしての可能性ともなりうる。では、どのような変革が求められていくのか。

　本節では、この変革の方向性を考えてみる。

1－5－1．働き方の柔軟化への適応：ハイブリッド・ワークをいかに支えるか

　まず、今、起こりつつ働き方の変化を歴史の流れから再認識してみよう。

　近代産業社会がはじまり、そして、戦後の高度成長期において日本的経営という世界的な経営モデルが成立した。そのなかで日本的雇用慣行と呼ばれた働き方モデルが醸成された。それは多くの日本企業において均質的でありながら、世界的にみると独自性の高い働き方をもたらすものであった。終身雇用、年功秩序をベースとしたプロセス重視の評価と処遇、企業内組合、新規学卒一括採用、そして生活の隅々にまで支援の手を伸ばした手厚い福利厚生などである。

　そして、集団主義とも呼ばれたface to faceのコミュニケーションをベースとした強いチーム力の発揮、例えば、ZeroDefects運動などの小集団活動での"カイゼン"と名付けられる品質向上・管理活動などがその代表例であった。従業員同士の日常的な、密なコミュニケーションに

よって持続的な改善がなされ、多くのプロセス・イノベーションを実現してきた。それらが低価格で高品質な製品、気配りが尽くされた"おもてなし"というような国際競争力をもった商品・サービスを実現させた。

　これら伝統的な処遇のあり方、働き方は日本的経営、日本的雇用慣行と呼ばれ、高度成長期のわが国企業の競争力の源泉であったわけだが、その後のグローバル競争の激化や少子高齢化の進展のなかで限界を露呈した。日本経団連（1995）で示されたような当然、弥縫的、漸進的な修正、改革がなされてきた。しかし、その変革の歩みは緩やかなものであり、抜本的な変革とはなりえず、世界市場のなかで後退し始めた日本企業の優位性、「強味」を再生できるものではなかった。

　その典型例がまさにテレワークであろう。

　日本でテレワークが叫ばれ始めたのは、最初に民間導入された1984年であり、実に40年近くも昔である。ある電力企業が育児や介護のためにテレワークを認めたことが契機である。その後、1990年には通産省（当時）に「分散型オフィスの推進委員会」が設置され、翌1991年には現在の「日本テレワーク協会（当時は日本サテライトオフィス協会）」が設立された。

　そこから30年が経過する間、導入企業もテレワーカーも1～2割で、かつ低頻度でずっと推移してきていた。「働き方改革」において政府が目標として掲げた「2020年の企業導入率約35%」の達成も、間違いなく不可能であろう、というのがコロナ禍以前では大方の見方であった。

　しかし、コロナ禍によって状況は一変した。内閣府が2021年6月に実施調査では全国でのテレワーク実施率は34.6%とあっという間に目標達成目前となった。国内ではほぼ5割にまで達した。大学ではおそらく国公立、私学含めて100%近い実施率であっただろう。ともかく劇的に普及し、多くの企業、従業員が貴重な経験値を得た。

　テレワークに関しては、単なる実施率の劇的な変化だけで終わるわけではなかろう。

第1章　コロナ禍の衝撃と福利厚生　●　65

これから長く働く若年層も含めて多くの労働者がこの働き方を受け容れ、そのメリットを享受しており、コロナ禍後も継続を望む声が拡がった。某大手食品メーカーがテレワークの恒常化を宣言したことも頷ける。この宣言からのメッセージ性は採用力にかなりの影響力を与えたであろう。

　テレワークは日本の労働者の仕事に対する意識、働き方に対する考え方そのものを大きく変えてしまった。また、今後の採用活動においても企業のテレワークへの取り組み姿勢が学生人気を左右する可能性も高い。Zoomなどを活用した遠隔マネジメントのノウハウも得られた点も大きい。この動きは、従業員の居住地志向にまで影響を及ぼしている。ある意味で不可逆的な流れを生み出したのではなかろうか。

　コロナ禍が収束した現在、業界間での格差はあるがテレワーク型、リモート型の働き方は働き方の主たる柱の一つとして浸透した。長時間の通勤苦からも開放され、育児や介護との両立にも優しいとして推進されてきた経緯もあるのだから、間違いなく求められていた働き方なのである。そして、従来型の対面方式の働き方も復活しており、結果的に、新しいリモート型と従来からの非リモート型（対面型）が混在、併存する「ハイブリット型の働き方」が普及すると考えられる。このハイブリッド・ワークをこれからの働き方のスタンダードとして捉える必要があるだろう。

　それでも、このハイブリッド・ワークへの適応のためには、より深くテレワークの意味を理解しなければならない。

　テレワークは働き方としての空間的な自由度の高まりを一義的には意味するわけだが、ワーケーションなども含めてみて、空間の自由度の拡がりは、それまでのオフィス、工場等での9時〜5時労働という固定的な時間枠からの解放も同時にもたらすことになる。非生産的な制約時間でしかない通勤時間の消滅と同時に、オフィスという閉鎖空間のもつ暗黙の監視効果が薄らぐ。Zoom会議だけに定刻に参加できれば、他の時間の使い方は従業員にある程度、任される。育児、介護、治療、障害との両立が容易という点で、テレワークが推奨されてきた経緯の背景に

は、空間と合わせて時間の自由度、裁量性が高まるという点も大きかったわけである。

　この労働時間の自由度の高まりは、空間以上に人的資源管理としては大きなインパクトとなる。テレワーク＝サボる、といった旧式な見方は、さすがのこの時世、今回の経験値を得て、少数派となったであろうが、それでも従来からの生産性の維持という点では、疑念をもつ人事関係者は多いだろう。それ故、いかにハイブリット空間のなかで、従業員のモラール、モチベーションを維持し、生産性を確保していくかが、大きな課題である。

　またZoom疲れ、コロナ鬱と呼ばれた新たな健康問題による生産性低下も懸念される。当時も大手企業でZoom利用の労働者での過労死が発生したことが話題になった。企業、上司が時間管理できないために働き過ぎてしまう従業員も発生するのである。日本の労働者ならではの事件かもしれないが、勤勉な人材が過労に陥る危険性は今後もある。

　もちろん、課題という点ではテレワークが持つ新たな可能性の活用というポジティブな課題もある。空間と時間の制約から開放されたことで、様々な新しい機会が生まれている。従来型ならば実現が難しかった国外を含めた遠隔地の優秀な人材とのコラボレーションが容易となり、彼らがもつ能力、才能を大いに活用できるようになる。あるいは、緩和された兼業・副業がより現実的な労働力の調達手段として見直されるのではないだろうか。兼業・副業の経験による異質な知との出会いや、能力開発という側面にも注目される。テレワークから始まる兼業・副業は、今、注目されはじめているジョブ型雇用への移行の後押しにもなるはずである。

　さて、こうしてやや想像力たくましく、色々と考えてみると、新たなハイブリッド・ワークには、様々な問題点とチャンスが混在していることがわかる。福利厚生は、この新しい働き方への創造的な適応を考えなければならない。

第1章　コロナ禍の衝撃と福利厚生　67

１－５－２．コロナ禍で表出した福利厚生ニーズ

・従業員の内向化ニーズ

　コロナ禍の経験によって従業員の福利厚生に対する基本的ニーズに変化が生じたと考えられる。そのニーズに的確に応えていくことが経営的効果を確実に得るためには重要である。

　では、With & Afterコロナ時代は、福利厚生に何を求めているのか。

　一つはテレワークにより「家族、家庭」「個人」というものをより身近に感じることで、これまで以上に、関連したニーズが顕在化するのではなかろうか。

　先のとおり内閣府調査ではテレワークが拡がるなかで「家事・育児の役割分担」が「変化した」とする割合は４割を超え、その内「夫の役割が増えた」とする層は26.4％と多くなり、夫の家事参画が進んだ。また、同調査の第二回（2020年12月）ではこの家事・育児時間で「夫の役割が増加」と回答した世帯で「夫婦関係が良くなった」と回答する層が４割を超えた。家庭内での役割分担が高度化し、協力体制が強化、緊密化されることで現れた歓迎すべき副次的効果であろう。加えて、第二回では、テレワークによって拡大した「現在の家族と過ごす時間を保ちたいと思うか」という質問に対して実に87.5％が「保ちたい」と望んだ。この家族との関係性重視は強まり、その継続を期待している。テレワークがもたらしたこの意識の変化は根強いものであろう。

　わが国では戦後の高度成長を支えた猛烈な働き方として「企業戦士」や「会社人間」といった表現が拡がった時代があった。世界有数の長時間労働が当たり前で、帰宅時には「フロ・メシ・ネル」だけが夫婦の会話であって、再び早朝には戦地（職場）に赴くという、まさに戦士さながらの、家庭生活を犠牲にした仕事偏重の働き方である。社畜などと揶揄されたこともある。そして、こうした働き方を支えたのが、その原形を今も色濃く残す現在の福利厚生ともいえるわけである。

　しかし、コロナ禍でのテレワークの経験は「家庭」「家族」「個人」というものの存在感を従業員に強く認識させることとなり、時間的な、そして特に精神的な仕事偏重、会社偏重からようやく脱する契機を得たの

ではなかろうか。

　今や共働き世帯が1,200万を超え、男性雇用だけの「片働き世帯」の二倍を超えたなかでのテレワークによって、夫婦ともに密接に在宅することによって家族との距離が接近し、家事分担や子育て、介護をより身近な、大切な問題と認識したと推測される。

　そして、この意識の変化は、さらにその延長線上では自身の長期的な生活設計、キャリア設計の重要性を認識するようになっている。先のコロナ禍時期の調査での自己啓発への関心が高まっていたことがその変化を裏付けている。

　また、地方へのより快適な地への転居への関心の高まり、さらにはより働き易い、つまりテレワークベースでワーク・ライフ・バランスの優れた企業への転職まで視野に入ってきている。若い世代を中心に労働市場の流動性が高まる可能性が高い。

　いずれにしても、こうしたニーズの「内向化」ともいえる変化は、福利厚生へのニーズを確実に変えてゆくだろう。社宅・独身寮よりも自身の持家取得、老後に向けた資産形成、自己啓発、家事負担、教育費の支援、そして子育て、介護、疾病などの両立支援をこれまで以上に歓迎することになる。レクリエーション施策なども団体的なものではなく、「家族」とのそれを望むことになろう。「内向化」によって、仕事偏重から、仕事と生活とのバランス志向へとさらに大きくシフトしたのである。

・企業のコミュニケーション再活性化ニーズ

　「内向化」という家族・家庭志向が強まることと対比的に、企業としても関心を持たなければならない課題は社内コミュニケーション問題である。これは従業員ニーズではなく、企業側のニーズとしては既に顕在的で、生産性を左右しかねないハイブリット・ワーク時代の重要な課題となろう。

　ワーク・ライフ・バランスが良好化するテレワークだが、最大の問題点は、従業員間でのコミュニケーションの後退、希薄化である。これま

第1章　コロナ禍の衝撃と福利厚生　●　69

での伝統的な福利厚生は従業員間でのコミュニケーション活性化に大きな役割を果たしてきた。社員食堂しかり、社内クラブ活動しかり、そして様々な社内レクリエーション・イベント、スポーツイベントしかりである。所属・職位を超えて従業員同士が和気藹々と共通の時間を過ごすことで良好なコミュニケーション、そして横断的な人間関係が築かれてきた。それが後退した。私のゼミのコロナ禍当時の卒業生では入社同期間でほとんどコミュニケーションが無いという話を聞いて驚いた。同期入社組は内定式、入社式、そして新人研修、歓迎イベントなどを共通体験するなかで社内での初期の基盤的な人間関係を築く。それが早期離職の有効な抑制装置としても機能してきた。しかし当初からのテレワークで関係形成がうまくできておらず、早期離職も懸念されるところである。

　Afterコロナとなった今、先のような福利厚生施策によるコミュニケーションはある程度、復活するであろうが、ハイブリット・ワークが拡がるとすれば、その水準が低下するだろう。リモート環境でも、最近は技術的には「雑談タイム」「宴会タイム」「オンライン旅行」など様々な面白いシステムが開発、提供されつつあるが、やはり五感を伴ったface-to-faceのコミュニケーションの厚さには及ばない。補完する施策の開発が求められてくる。

１－５－３．多様な働き方を支える福利厚生へ

　以上、Afterコロナ、ハイブリット・ワーク時代のなかでの企業内福利厚生の今後を展望した。新たな従業員ニーズ、企業ニーズ双方の視点から対応すべき方向性は「内向化への適応」であり、「コミュニケーション再生」ではないかと考えられる。これらがコロナ禍の経験によって顕在化した方向性であろう。

　一方、テレワークという新しい働き方が旧来の企業内福利厚生の限界を露呈させたことは残念ではあったが、良き変革の機会を得たともいえる。また、働き方に従属して最適な福利厚生が決定される、柔軟な適応が求められる、という原則も再確認できた。

そして叶うならば、従属、適応するだけではなく、様々な自由度の高い働き方を支え、さらに促進することで生産性の維持・向上に寄与できる福利厚生として進化してもらいたいものである。働き方の自由度は今後、人材調達力や創造性の涵養につながると考えられるからである。これは次章で検討する人的資本経営がまさに求めている世界である。

　時間と空間、そして組織に縛られたBeforeコロナの時代には実現できなかった、個々の労働者が自分らしい自由な働き方が選択できるための支援装置として、福利厚生には大きな可能性と役割がある。

・経営的効果の再検証の必要性

　コロナ禍に伴って急拡大したテレワークに対応して、企業は様々な新たな対応を試みた。先述の事例にもあるとおりZoom宴会や社員食堂替わりにデリバリーサービスや地元飲食店と連携したミールクーポンなどを導入して盛り上げた。テレワークで腰痛に苦しむ従業員に腰痛軽減型の高級椅子を配布したり、在宅でのWiFi環境整備補助金の創設、交通費節約を原資にしての在宅勤務手当を創設した企業も多かった。

　しかし、こうしたコロナ禍緊急対策的な様々な新施策の登場も歓迎だったのだが、やはり対症療法的な印象は拭えない。それは、筆者が長年、注目してきた「福利厚生の経営的効果」という観点からの懸念である。すなわち、緊急的対応的な新たな制度・施策が、本来、福利厚生が経営的効果として期待してきた「採用力」「定着力」「モチベーション」そして、近時、注目される「エンゲージメント」や「心理的安全性」などといった貴重な人事管理効果、良好な従業員態度を十分に得られるものとなっているのか、という点である。

　もちろん、この点はこれからの課題であり、検証努力をすべき点であることは間違いないわけだが、「ハコもの」を含めてこれまで積み上げてきた従来型の福利厚生によって確実に得ていた様々な経営的効果が維持されているのかは懸念される。

　例えば、これまで社員食堂では多くの従業員が隣り合って、和気藹々と活発なコミュニケーションができた。そして、健康経営から始まった

ヘルシーメニューの提供に感謝し、業務時間のなかの唯一の憩いの場、癒しの時間として機能していた。それが、給食デリバリーで代替されているか、という話である。単に食を給付すればよいというものではないのである。福利厚生には、「時間」と「場」と「人」を適時的に、有機的に結合させる機能があるからこそ、制度としての価値、つまり経営的効果を生み出すことができていた。つまり、食の給付そのものだけではなく、そこでの憩いや癒し、感謝といった中間生産物が先のような経営的効果に結びつけてきたのである。

この経営的効果とは福利厚生の存在意義の本質であり、核となる。換言すれば、経営的効果なき制度・施策は放置することなく臨機応変にスクラップすべきと筆者は考える。すなわち、「費用ではなく、投資として」、換言すれば「福祉、恩恵、配分ではなく、適時、求める経営的効果を狙った戦略的投資としての福利厚生」である。

この経営的効果の再検証については、第3章にて最新のデータそして、人的資本経営の潮流のなかで注目され始めた新たな経営的効果についても初めて検証を行う。

1－5－4．人的資本投資への始動

こうしたコロナ禍という予期せぬ事態に直面したことで、長く続いてきたわが国の伝統的な福利厚生は大きく揺らぎ、その脆弱性を露呈させた。

しかし、それは福利厚生の元来有する独自の機能、人的資源管理の方策としての独自の優位性を失わせるものではなかった。むしろ、コロナ禍のような異常事態のなかで苦悩する従業員、生産性の低下に直面した企業にとって福利厚生が衝撃緩和策となり、さらには新たな働き方を持続させ、それを大きな価値を創造するものへと進化させる上で重要な要素となることが示唆された。

それはかつての日本的経営のなかで、終身雇用、年功賃金といった基本要素に加えて手厚い福利厚生という要素とが有機的に結合し、相互補完、相乗性を発揮したことと同様なのであろう。

そして今、わが国おいても人的資本経営という今日的、未来的な環境下において企業価値の最大化を希求すべく新たな経営の在り方、経営モデルの模索が始まろうとしている。

　この人的資本経営という新たな潮流のなかでの福利厚生が果たすべき役割について次章で考えることとする。本章で論じたコロナ禍がもたらした衝撃を、いかに受け止め、消化し、体化させて福利厚生の進化へと繋げるかという文脈の次の到達点として、人的資本経営があるように思われる。

第2章

人的資本経営と福利厚生

＜この章のポイント＞
　コロナ禍と同時期にわが国で「人的資本経営」の潮流が始まった。近年、凋落が囁かれるわが国企業にとって、この新たな潮流を一過性のものとすることなく活かし、再び強い経営、すなわち真の「新・日本的経営」を確立すべきときである。

・福利厚生は、この人的資本経営への流れを好機として実現すべき新しい経営モデルの中で新たな、そして大きな役割を果たすことができると確信する。
・重要視される無形資産形成に基づく企業価値向上を実現すべく、人材、人的資本を最大限活用するため、福利厚生の活用を図るべきである。
・それは、主観的ウェルビーイングを得られる職場環境、生活環境の実現によって、個人の有する発想力、創造力を最大限引き出す。同時にその土壌たるイノベイティブな組織風土を築き、そこで高いエンゲージメントをもって働く者を増やしていくことである。
・同時に、これまで培われてきた日本的な組織力、チーム力が価値創造力として再び発揮される土壌として心理的安全性に優れた自由闊達な、和気藹々とした職場風土を形成し、それを維持することを強化すべきであろう。
・こうした個人の潜在能力の顕在化、組織的活力の高揚において福利厚生が果たす役割は大きく、独自の貢献ができるであろう。いよいよ創造性支援システムとしての福利厚生の実現を目指すときである。

　本章では、第１章でのコロナ禍に伴う新たな変革の可能性を議論を受けて、その変革、進化の方向性としての人的資本経営への福利厚生の可能性、そして貢献のあり方を検討する。

2－1．人的資本経営のインパクト

2－1－1．人的資本経営という新しい流れ

　2020年9月に「持続的な企業価値の向上と人的資本に関する研究会報告書（経済産業省）」（通称：人材版伊藤レポート）が発表された。この研究会の開催趣旨は、第四次産業革命、少子高齢化、そしてコロナ禍の到来、個人のキャリア観の変化などの激しい経営環境変化のなかで、持続的に日本企業の企業価値を高めるべく「人的資本」という新たな視点の重要性を提示するものであり、それへの投資、開示の必要性を論じるものであった。

　この研究会の流れを受けて、2021年6月、東京証券取引所の「コーポレートガバナンス・コード（企業統治指針）」が改訂され、新たに「人的資本」に関する情報開示という項目が追加された。このコード自体の目的としては、上場企業が、株主、顧客、従業員、地域社会など様々なステークホルダー（関与者）との望ましい関係性を維持し、企業を監視する取締役会などの組織のあるべき姿を示すことにある。そのための原則集といってよい。

　そこで「人的資本」との直接的な言及がなされたのは、以下の部分である（下線部分）。原則中の表記が一か所、補充原則で二か所となる（下線部分）。

【原則3－1．情報開示の充実】

　補充原則　3－1③　上場会社は、経営戦略の開示に当たって、自社のサステナビリティについての取組みを適切に開示すべきである。また、人的資本や知的財産への投資等についても、自社の経営戦略・経営課題との整合性を意識しつつ分かりやすく具体的に情報を開示・提供すべきである。

【原則4－2．取締役会の役割・責務(2)】

　補充原則　4－2②　取締役会は、中長期的な企業価値の向上の

観点から、自社のサステナビリティを巡る取組みについて基本的な方針を策定すべきである。また、**人的資本**・知的財産への投資等の重要性に鑑み、これらをはじめとする経営資源の配分や、事業ポートフォリオに関する戦略の実行が、企業の持続的な成長に資するよう、実効的に監督を行うべきである。

【原則５－２．経営戦略や経営計画の策定・公表】

　経営戦略や経営計画の策定・公表に当たっては、自社の資本コストを的確に把握した上で、収益計画や資本政策の基本的な方針を示すとともに、収益力・資本効率等に関する目標を提示し、その実現のために、事業ポートフォリオの見直しや、設備投資・研究開発投資・**人的資本への投資**等を含む経営資源の配分等に関し具体的に何を実行するのかについて、株主に分かりやすい言葉・論理で明確に説明を行うべきである。

『コーポレートガバナンス・コード（企業統治指針）〜会社の持続的な成長と中長期的な企業価値の向上のために〜（東京証券取引所2021年６月11日）』より抜粋

　文脈的には、やはり「投資」と続く表現であり、「経営戦略」「経営資源の配分」という用語とのつながりも顕著に示されている。また、「投資」として並列するものとしてこれまで開示されてきた「研究開発投資」「設備投資」が置かれている。

・はじまった世界的潮流

　わが国のこうした動きに先駆けて、既に国際標準機構（ISO）が2018年末には人的資本を開示するための詳細なガイドラインである「ISO30414」を示していた。そこでは11領域おける人的資本の情報開示基準が提示されていた。

　現状では各社の裁量にゆだねられる形となっているが、おそらくこの先行して開発された「ISO30414」で示された11領域49項目における人的資本の情報開示が一つの参考基準となるものと推測されている。

　その11領域とは、①コンプライアンスと倫理、②コスト、③ダイバー

シティ、④リーダーシップ、⑤組織文化、⑥組織の健康・安全・福祉、⑦生産性、⑧採用・異動・離職、⑨スキルと能力、⑩後継者育成、⑪労働力確保、である。

この項目を見ても、これまで福利厚生の目的や効果とされてきたものも数多くあり、その関連性の強さがうかがえる。

そして2020年8月には米国証券取引委員会（SEC）により人的資本の情報開示が義務化された。いわゆる「レギュレーションS-K」の改訂である。これで米国では上場企業、債券発行企業等は従来からの財務諸表に加えて、「採用」「育成」「リテンション」などに関する人的資本情報の開示が不可欠となった。

わが国では、今回は東京証券取引所からの要請という形で資本市場が情報開示を求めているということで、これは新しい、大きな動きといえる。特に上場企業にとっては実質的にかなりの強制力をもった要請と受け止められた。

・人的資本情報の開示の背景と意味

資本市場が求めているという点で、人的資源管理に関する情報が、投資情報、投資家のための情報と位置づけられることが明白になった。自社の株価、ひいては企業価値が決定される資本市場の要請を無視することは許されない。当然、高い評価を得たいと考えることになる。

しかし、なぜ投資家が民間企業の人材の採用や育成、そして人材戦略といった情報を求め始めたのか。

単純に考えれば、そうした情報が投資の成否を左右する重要な情報となってきたからである。これまで資本市場が企業に求めてきた財務情報とは、企業の収益性や物的資産や金融資産と負債等に関する情報、つまりBS、PL、キャッシュ・フローといった決算関連情報が求める情報の中心であった、しかし、それだけでは企業の将来的な成長性、換言すれば企業価値の中長期的な動向を判断することが難しくなったというわけである。

この東京証券取引所による改訂と同時期、同年6月には政府により成

長戦略の一分野としての「人的資本情報の"見える化"の推進」が閣議決定されている。そこでは2024年までの工程表も示された。

こうして人的資本経営への潮流がわが国においても本格的に始まった。

もちろん、この人的資本の開示を求められる企業は当面は上場企業が中心となるのだろうが、企業価値の持続的な向上を目指すという点は、全ての日本企業にとっての今日的に重要な経営課題である。また、今後の労働市場での人材争奪戦の新たな軸となる可能性も高い。

なぜなら、近時「ゆるい職場」に不安を感じて離職する若者が増えているとの報道がある。若年層を中心に、人的資本としての価値を高める努力に積極的な企業や、生産性の高い効率的な働き方ができる企業への評価が高まるのは必然ではなかろうか。さらには、いずれ銀行などの間接金融機関も融資判断要素のなかに、この人的資本による価値創造力に着目することになっていかざるを得ないとも予想される。

このように幅広に、将来的に考えてみると、この潮流は非上場企業、中小・中堅企業にとっても無視することはできず、追随せざるを得なくなるものと予想される。

・背景としての能力開発投資の後退

人材への明示的な投資という観点では近年、わが国企業は先進国のなかでも低位の状態に陥っていることは事実である。例えば、平成30年（2018年）版の「労働経済の分析（厚生労働省）」の第2節では、「我が国の能力開発をめぐる状況について」と題する部分で能力開発面での国際比較を紹介している。

図表2−1は先進5か国とわが国を比較したGDPに占める企業の能力開発費比率の1995年より2014年までの推移を比較したものである。企業の能力開発費とは「講師・指導員経費、教材費、外部施設使用料、研修参加費及び研修委託費、大学への派遣・留学関連費用、大学・大学院等への自費留学にあたっての授業料の助成等」と定義されており、基本的にはOff-JT関連の費用である。

比較すると、まず水準の格差が歴然としている。同時にわが国の減少傾向が顕著であることもわかる。1995～1999年と2010～2014年を比較すると、ドイツが0.14％ポイント、英国が1.17％ポイントの低下に対して日本が0.31％ポイントと大きく低下している。もはや、米国の20分の1という比べようもないほどの低率である。

図表２－１　GDP（国内総生産）に占める企業の能力開発費の割合の国際比較

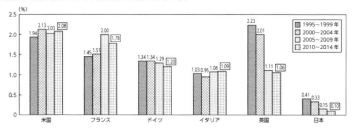

資料出所　内閣府「国民経済計算」、JIPデータベース、INTAN-Invest databaseを利用して学習院大学経済学部宮川努教授が推計したデータをもとに作成
（注）　能力開発費が実質GDPに占める割合の5箇年平均の推移を示している。なお、ここでは能力開発費は企業内外の研修費用等を示すOFF-JTの額を指し、OJTに要する費用は含まない。

平成30年版「労働経済の分析―働き方の多様化に応じた人材育成の在り方について」（厚生労働省）p89より抜粋

こうした、わが国での企業による人材への投資が極めて低調なものとなっている帰結として生じたと考えられる現象が労働者の能力不足である。この点を「平成30年版労働経済の分析」（厚生労働省）では、Manpower Group「Talent Shortage Survey（2014）」に基づく国際比較として示している。これは、「ある業務を遂行するに当たって、労働者の能力不足に直面している企業の割合」である。わが国では81.0％の大半の企業が能力不足を認識しているという結果となった。これは比較された21か国に対して、突出して高い割合である。G7でみてもドイツと米国が40％、イタリアが34％、カナダが31％、フランスが21％、英国が12％といった割合であり、いずれも、わが国を大きく下回る国ばかりとなっていた。

第２章　人的資本経営と福利厚生　●　81

図表2-2 労働者の能力不足に直面している企業割合の国際比較

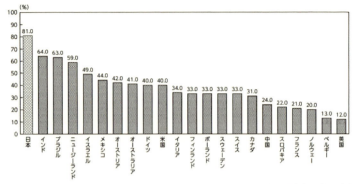

資料出所 OECD "Assessing and Anticipating Changing Skill Needs (2016)" をもとに厚生労働省労働政策担当参事官室にて作成
(注) 1) 労働者の能力不足を課題としている企業の割合を示している。
2) Manpower Group "Talent Shortage Survey (2014)" のデータを用いた2014年の数値を示している。

平成30年版「労働経済の分析―働き方の多様化に応じた人材育成の在り方について」(厚生労働省) p88より抜粋

・投資対象のポテンシャリティ(潜在能力)の高さ
　ここまでの企業による能力開発の状況とその結果としての能力不足問題が大半の企業で生じている実態をみると、わが国の労働者がかつての勤勉で有能な労働力足りえないのか、との悲痛な感想をもってしまうわけだが、これは間違っている。わが国の労働者の潜在的な能力の高さは決して衰えていない。この点には触れておきたい。

　2013年に発表されたOECDのPIAAC調査(Programme for the International Assessment of Adult Competencies)は16～65歳の成人を対象として各国共通の調査票で読解力などのスキルの習熟度を測定している。わが国では「国際成人力調査」と訳されている。スキルだけではなく、その背景となる学歴や現在と過去の就業状況、賃金などに加えて能力開発についても詳しく調べている。例えば、企業のOJTの実施率なども対象になっている。

　この調査をOECDは、2011～2012年に24の加盟国・地域で第一ラウンドのPIAAC調査(Survey of Adult Skills)として実施された。

この調査において16〜65歳を対象として、仕事や日常生活で必要とされる汎用的スキルのうち「読解力」「数的思考力」「ITを活用した問題解決能力」の３分野のスキルの習熟度が直接測定された。

　その結果が図表２−３である。

　結果は、日本は平均得点でみると「読解力」「数的思考力」「ITを活用した問題解決能力」ともに習熟度レベルで１位、つまり世界の三冠王という驚異の結果となった。また、日本の特徴としては、習熟度の中庸レベル（レベル３〜４）の層が厚く、習熟度の上位５％と下位５％の得点差が参加国中で最小となった。つまり、スキル格差が極めて小さく均質的に高い習熟度を保有しており、報告書では日本の場合、高等学校卒業程度の学歴であっても、習熟度レベルの高い層が多いことが特筆された。

　企業による能力開発投資が後退していようとも、人材としてのポテンシャリティが劣化しているわけではない。劣化どころか世界最高水準にあるといってよい。しかし、この調査結果は紹介されることは少ない。厚生労働省も先の報告のなかで、このPIAACの背景調査からわが国のOJTの遅れなどを引用し、指摘しているが、本調査のこの結果を示していない。

　今後の人的資本投資を考えるときに、先の企業による人材投資の顕著な後退と、同時にその投資対象となる労働者での極めて高い「読解力」「数的思考力」といったポテンシャリティ（潜在的能力）を合わせて考慮すべきであろう。

　まず、日本企業は大きく後退してしまった人材投資意欲を一刻も早く回復すべきである。能力不足を嘆くのは自業自得との批判を免れまい。この回復時には能力開発投資において男女差が大きいという問題も当然、是正させる必要がある。

　人的資本投資は単なる開示が迫られるために行うのではなく、自社の中長期的な国際競争力を維持、強化するために必然的な投資なのである。

　しかし、人材投資実績として世界的には周回遅れとなってしまった日

第２章　人的資本経営と福利厚生　●　83

本企業が極めて幸運な点は、投資対象となる労働者層の知的水準が極めて高いという優位性であろう。

　それは換言すれば、投資によって、それが大きなリターンとして還元される可能性が高いということである。いわばローリスク・ハイリターンの投資となるのである。この幸運を活かさないことは避けたいものである。それが今、人的資本経営、人的資本投資が求められている日本企業の幸福な構図といってもよい。

図表2−3　PIAACの分野別結果の各国比較

（　）内は順位

国名	読解力	数的思考力	ITを活用した問題解決能力	
	平均得点	平均得点	レベル2・3の成人の割合	平均得点
OECD平均	273	269	34%	283
オーストラリア	280(4)	268(13)	38%(6)	289(3)
オーストリア	269(17)	275(10)	32%(13)	284(7)
カナダ	273(11)	265(14)	37%(7)	282(12)
チェコ	274(9)	276(9)	33%(12)	283(9)
デンマーク	271(14)	278(7)	39%(5)	283(8)
エストニア	276(7)	273(11)	28%(16)	278(16)
フィンランド	288(2)	282(2)	42%(2)	289(2)
フランス	262(21)	254(20)	m	m
ドイツ	270(15)	272(12)	36%(8)	283(11)
アイルランド	267(20)	256(19)	25%(18)	277(18)
イタリア	250(23)	247(22)	m	m
日本	296(1)	288(1)	35%(10)	294(1)
韓国	273(12)	263(16)	30%(15)	283(10)
オランダ	284(3)	280(4)	42%(3)	286(6)
ノルウェー	278(6)	278(6)	41%(4)	286(5)
ポーランド	267(19)	260(18)	19%(19)	275(19)
スロバキア	274(10)	276(8)	26%(17)	281(13)
スペイン	252(22)	246(23)	m	m
スウェーデン	279(5)	279(5)	44%(1)	288(4)
アメリカ	270(16)	253(21)	31%(14)	277(17)
ベルギー	275(8)	280(3)	35%(11)	281(14)
イギリス	272(13)	262(17)	35%(9)	280(15)
キプロス	269(18)	265(15)	m	m

（注）　ITを活用した問題解決能力の平均得点は、PIAACのデータを元にコンピュータ調査解答者を母数として国立教育政策研究所が算出。
　　　　キプロス、フランス、イタリア、スペインは、ITを活用した問題解決能力分野に参加していない(m=データが得られない)。
　　　　表中の数値が同じであっても順位が異なる場合があるのは、小数点以下の差異による。
　　　　なお、本表にはロシアのデータは記載されていない。

　　　　　　　　　　　　　▢ OECD平均よりも統計的に有意に高い国
　　　　　　　　　　　　　▢ OECD平均と統計的に有意差がない国
　　　　　　　　　　　　　▢ OECD平均よりも統計的に有意に低い国

「OECD国際成人力調査（PIAAC）調査結果の概要」
文部科学省生涯学習政策局政策課／国立教育政策研究　p4より抜粋

2－1－2．人的資本経営論への疑問と本質

・既にある近似した議論

　今、求められる人的資本経営なる考え方に対して、ここでは一度、冷静に、あえて批判的な立場から論評してみたいと思う。

　まず、かなり唐突に人的資本投資とその開示を迫られたわけだが、多くの日本企業は戸惑うばかりであったのではなかろうか。ましてや株式市場からの影響が直接的には届かない非上場の企業、特に中小中堅企業などにとっては、「何がはじまったのか」といった驚き、唐突感があったろうと推察する。違和感というか、他人事感がぬぐえないのではないかとも推察される。

　まず、「人的資本」という言葉自体も経済学者でも、市場関係者ではない、一般のビジネス界にはつい最近まで全く馴染みのないものであった。従来のように「人材」「従業員」「労働者」でよいではないか。あるいは「人的資源」で何の問題があるのか、といったそもそもの疑念がある。ちなみに、経営学でも会計学を除けば、ほとんど「人的資本」という用語は使われていない。

　人的資本経営の推進論では、「人的資源や人材とは、『資源』や『材』であって<u>単純に使用して、費消する対象とみなす発想</u>であり、それでは持続的な企業価値の向上には結びつかず、投資によって価値創造力が高まる『資本』と捉えよ」との主張がなされている。

　人材、人的資源という表現に何やら矛先が向けられているが、これはもう、単に不勉強のなせる技としか思えない。そもそも人事管理、労務管理という用語から人的資源管理に進化した数十年前に既に次のような概念整理がなされていた。

　すなわち、人を働く者、労働者として活躍してもらうためには、その潜在的能力を顕在化させる必要がある。その顕在化の努力が企業に求められるとした。つまり、資源とは原油のような鉱物資源のように砂漠の地下深くに眠っているものであって、それを掘り出し、精製しないと、ガソリンとして車の走行エネルギーとして顕在化できないものなどと例証された。

第2章　人的資本経営と福利厚生　● 85

しかし、この文脈はまさに、今の人的資本投資の発想に酷似する。つまり、いわば既に手垢のついた古い議論なのである。論理を真似て用語だけがリニューアルされたともいえなくもない。人的資本は経済学者が用い、人材、人的資源は主に経営学者、実務界が用いてきたというだけなのである。企業経営はやはり経営学に近いので人的資本という用語を用いなかっただけである。

　一方で、人的資源管理論（HRM）は、既に進化して「戦略的人的資源論（Strategic HRM）」という発想にまで到達してからも久しい。企業戦略論においてPorter（1980）らが主張したポジショニング戦略論が主流であった時代の後に、それと対峙する形で資源ベースの戦略論（RBV）が台頭した（Barney（1991）他）。これは、収益性や競争状態で優位に立てる市場への早期の展開を戦略として採用すべきとする前者に対して、後者は、自社の保有する模倣困難で、価値ある資源に注目し、その資源から成功確率の高い戦略を策定すべきと主張したものである。当時、成熟産業とみなされていた流通業で成長を成し遂げたウォルマートや、アナログ写真市場の消滅という危機にあったにも変わらず優良企業として生存、成長を実現した富士フイルムなどを事例として取り上げ、大いに説得力をもつものとなった。経営資源としての人的資源の重要性、戦略に対する先行性を明確に指摘した戦略論であった。そこでは経営資源の有用性、価値を評価する枠組みとしての「VRIO」まで提示された。この中には、「Inimitability（模倣不可能性）」という要素もあることを忘れてはならないだろう。他社に容易に模倣される資源には競争的価値が低いという評価軸である。

　この「資源に着目して戦略を策定し、企業は生存・成長を目指せ」とする資源ベースの戦略論が派生する形で、上記の戦略的人的資源論が始まった。岩出（2002）に詳細が記されているが、戦略と人的資源管理を有機的に結び付けて成長を図れという主張は、現在の人的資本経営とまさに酷似している。あまりに似ているためか「パーパス」「KPI」といった中間的な変数まで投入して、ロジックを組み立てているが、その基本的な論理に大きな違いはない。つまり、先のガバナンス・コードで

表現されていた人的資本投資と経営戦略、経営資源の配分との因果性、その必要性についての議論は既になされてきたわけである。

　人的資本であれ、人的資源であれ、絶え間なく、その活用を図る。そのために教育訓練・能力開発をはじめ、評価制度、生活支援の福利厚生制度などを適時適所で投資的な対応するという点は不変的な人的資源管理なのである。それらは資金を要するものであり、投資とも捉えることもできるわけで、今更、指摘されるまでもなく既に投資行動をずっと行ってきたともいえる。

　では、もう一点、本当に「人的資源」管理においては費消だけに終始してきたのか、という論点についても考えてみたい。

　伝統的には日本企業では長く「人材の長期的活用」の発想は続いてきていた。

　決して資源大国ではないわが国では「人だけが資源」と言った表現が常套句として使われてきたわけで、「従業員を大切に」「人財が全て」といった表現を企業理念に掲げる企業も少なくない。

　そして、長期雇用を前提とした人材活用のため、職務遂行能力を高めるべくOJT、Off-JT織り交ぜて、積極的に教育訓練、能力開発を推進しつづけきたのが日本企業だった。福利厚生においても自己啓発・能力開発に注力する企業は多数ある。現在でも企業内大学まで設置して多大な投資を行っている企業も少なくない。

　むしろ、株主資本主義にしたがって安易なリストラ（雇用調整）を厭わず、資源、道具とみなして、人材の費消、廃棄を繰り返してきた欧米企業とは一線を画した人事管理、長期雇用の努力を続けてきたのである。

　この人的資本経営なるものが全く新規の経営モデルというわけではなかろう。

　日本企業がこれまで日本的経営と呼ばれた経営モデルのなかで営々と努力を続け、ノウハウを蓄積してきた「人」を中心とした経営、「人を

大切にする」経営を根本から変えるものではあってはならないと筆者は
考える。

　これまでの一般的な呼称、すなわち「人材」「人的資源」などとしていた「人」、つまり「労働者」「従業員」という存在を、資本市場や投資家の世界で多用されてきた「資本」という概念を加えて多面的に捉える、との理解と対応が重要なのであろう。

　その「資本」という観点を加えることで、これまでの人材戦略、人的資源管理を経営戦略、そして企業価値の向上に直結できるものへと進化させる、ということが主旨であり、目的であると理解したい。そして、改めて「資本」としてみたときの実態、可能性、マネジメントの適否を検証する。それを投資家や資本市場に対して開示することで、厳しい投資価値としての判断を求めることによって競争力強化に繋がることが期待されているわけである。

　また、先にみたとおりわが国企業の従業員の能力開発への投資行動が金額ベースでみたときに低迷してしまったことも事実であり、これは早急に効果的なものへと変革しながら回復すべきであろう。

・「開示」の意味とは

　論理が既に近似したものがあるわけだが、人的資本経営の主張が、これまでの人材活用の論理や世界観を拡げる点は「市場に開示せよ」という部分と、「市場から評価される」という二点であり、新しい視点といえる。

　人的資本としての実態と投資行動とその成果を開示せよと求めるのは、資本市場が投資先企業を評価するために、その情報を求めており、従来からの財務情報だけでは企業の将来性、成長性が評価できなくなったので、非財務情報たる人的資本関連情報を希求するという。投資家の論理としては当然、投資に有用な情報は何でも求めるであろう。それは当然である。

　しかし、まず安易に開示すれば、先のBarneyが模倣困難だから価値があるとした資源としての人的資源が、人材育成、つまり人的資本投資

を模倣すれば他社で再現されるリスクが高まることを理解しているのだろうか。投資家はそこまで考えてはいないだろう。

また、彼らが有用だ、とする論拠は先に述べたとおり、企業価値（≒株価時価総額）を左右する資産構造が、有形資産から無形資産へと大きくシフトしていることが、その背景にあると伊藤レポートでは述べられている。ブランド力、ソフトウェア、特許、のれん、など無形の、つまり単純に物財のように外形的に見えないものが企業価値の中心になっていると主張している。

この話も、ある意味では単純すぎる論理である。三次産業、サービス産業が比重を高めてきた、ここ数十年来の産業高度化の経済構造の流れの一部を切り取っただけのようにも思われる。生産技術が陳腐化し、低賃金国が一定の品質で大量生産を実現できる時代、コモディティ化が蔓延する時代となれば、高賃金の先進国はブランド力、ソフトウェア、デザインなどで差別化し、付加価値を高めるしかないのは必然である。しかし、それは物的資産を蔑ろにしてよいという話ではない。

また、このような話では、しばし、高額なiPhoneと他の格安スマホなどが比較されるが、iPhoneが高額で販売できるのは無形資産のおかげだけではなく、製品としての絶対的な機能的品質あっての話である。この機能的な品質維持のためには有形資産に依存するところが大きい。つまり、企業価値の原点たる製品価値は有形と無形が不可欠に融合することで完成度を高め、実現されるのである。無形資産だけに着目してよいわけではない。

有形であれ、無形であれ、いずれもが人材、人的資源、人的資本によって価値を顕在化（商品化）できているわけである。要するに、無形資産の時代だから、人的資本だという論理はやや単純すぎるといわざるを得ない。土地、建物、機械、原材料などの有形資産も人材があってこそ価値を産み出しうるという点では、有形から無形へとシフトしたから、「今こそ人的資本が大事」という話にはならないのではなかろうか。人的資本（人材）は昔も、今もずっと大事で、かつ必要なのである。だから日本企業は大事にして、活用の努力（投資）を絶え間なく続けてき

第2章　人的資本経営と福利厚生　89

たのである。

一つの思いとして近年までは日本企業の人材力は世界的に高く評価されてきたことも事実である。終身雇用、年功処遇のなかでの高い勤勉性と定着性、日々、蓄積される改善活動からのボトムアップ型の創意工夫能力、一致団結して課題に取り組むチーム力など世界が羨望する人材・組織基盤があったはずである。

しかし、伊藤レポートはこの伝統的な人材・組織基盤のぬるま湯に浸かりきっていては、革新的な商品・サービスを世界に送り出すような、つまり高い企業価値を実現できる競争力を得ることが既に困難であることを指摘した。耳の痛い指摘である。しかし、これは間違いなく一部企業、産業では事実なのであろう。創造性であり、その成果としてのイノベーションを持続的に得るための人材マネジメントへの変革が今ほど深刻に求められている時代はないのではなかろうか。人的資本経営というインパクトがその契機となることを願いたいところである。

・そして欠落した視点…人的資本の特性：流動性

人的資本経営を展開するために、人的資本に対していかに効果的、効率的な投資を行うか。そして、その投資が企業戦略、事業戦略の成功として結実し、成果として市場の評価を得て企業価値が高まる、というシナリオを実現したいわけだが、この議論に入る前には、前提として忘れてはならない議論がある。

それは、人的資本への投資、開示も、人的資本（人材）が質・量ともに必要十分に確保できてこそ着手、実現できるという点である。わが国では少子高齢化とともに労働力の国内供給が細り、円安要因が加わって海外人材の調達にも支障をきたし始めており、深刻な人手不足が進行している状況にある。こうしたなかで、人的資本の素材としての人材、労働力をいかに確保するか、厳しい状況にある。この確保という点の議論が十分ではない。

また、仮に人的資本投資に成功し、その結果、企業価値が高まったとして、そのプロセスを市場に開示することになる。こうした状況におい

て、人的資本という資本の特性、特にリスク面を十分に認識できている
だろうか。

　すなわち、人的資本は他の物的資本、金融資本などは決定的な差異が
ある。後者は法的に所有権、使用権が担保できる。つまり、確保が保証
される。しかし、である。人的資本なる資本は常に「流動的」である。
要するに転職されるリスクが常にある。この人的資本の他の資本との決
定的な差異である「流動性」は厄介な特性となる。

　上記のように人的資本投資に成功し、開示するということは、効果的
な投資がなされた人的資本（人材）が形成され、確実にEmployability
(転職力) を高めることを意味している。つまり、人材流出リスクが必
然的に高まることになる。人的資本経営の推進においては、このリスク
への対処を蔑ろにすれば、持続的な経営とはなりえなくなる。

　現在でも特定企業の従業員に対して、企業名指名でのスカウト依頼が
エージェント企業に届いている。それは、その企業での勤務経験、業務
経験が市場から高く評価されているためである。労働市場での際立った
ブランディングが成立しているといってもよい。換言すれば、効果的な
人的資本投資がなされた結果とみることができる。その個々の人的資
本、つまり人材をスカウトしようと市場が熱くなっているわけである。

・人材確保が人的資本経営の第一歩

　このジレンマへの備えとしても、まずは、そして改めて「人材の確
保」、つまり投資の対象たる人的資本、人材の確保が改めて重要となる。
エンゲージメントも、モチベーションも一定期間、確実に確保された人
的資本があってこその話であろう。

　人材の確保とは、すなわち「採用」と「定着」である。

　この実現が人的資本経営に着手するための先決問題である。しかも、
これまで長く慣習的になされてきた「採用」と「定着」の議論とは一線
を画した、「価値ある人的資本」となる人材の確保を実現する必要があ
る。

　この古くて、新しい経営問題に対して福利厚生は、独自の、そして大

第2章　人的資本経営と福利厚生　●　*91*

きな力を発揮できると筆者は考えている。この資本は「ヒト（人間）」という生身の容器のなかにある資本である。だからこそ、福利厚生が大きな意味をもってくるのである。

本書では、この「人材の確保」という課題も含めて、人的資本経営において求められる経営的効果の検証を次章で詳しく紹介する。

２－２．人的資本可視化指針にみる福利厚生

２－２－１．可視化項目分類に異議あり

2022年６月、内閣官房から「人的資本可視化指針（案）」が提示され、パブリックコメントが募集された。その後、８月、非財務情報可視化研究会から「人的資本可視化指針」が示された。この指針について、これまでの人的資源管理の考え方、福利厚生の位置づけなどから検証してみたい。

まず、今回の可視化指針の冒頭には、「１－１．人的資本の可視化へ高まる期待」として、今回の大きな動きの背景について改めて９項目で整理を行っている。この中でまず注目したい点は、「自社の人的資本への投資は、財務会計上その大宗が費用として処理されることから、短期的には利益を押し下げ、資本効率を低下させるものとしてみなされがちであった」とした部分であろうか。確かに、欧米企業では短期的な利益を確保するために、リストラ（人員削減）を常套手段として使ってきた。近年も米国大手の投資銀行が数千人の従業員削減を打ち出して大きなニュースとなっていたように、いわゆる人件費は損益計算上のコストであって、直接的に利益を減じる存在として扱われている。

わが国でも不況となれば役員報酬を減らし、賞与を減らし、法定外福利費を節約する、といった対応をとる企業は少なくない。これは単に株主利益の確保だけではなく、雇用維持、倒産回避といった切実な事情が背景にあることもしばしばである。費用であるという事実は当然、認めるしかない。特に短期的には。ただし、これは人件費、つまり人的資本への投資に限ったことではない。設備投資や原材料調達など物的資本であっても、費用（減価償却費も含めて）として短期的には利益を減じる

点では同様である。しかし、需要がある限り、つまり売上が見込める限りでは、原材料等の調達を抑制することない。しかし、指針では「足下の利益を確保するために人的資本への投資は抑制されたり、後回しにされたりしやすい」と指摘している。先の能力開発費の国際比較の結果を論拠としているのであろうか。

では、この「物的資本への投資（費用）」と「人的資本への投資（費用）」に対する企業行動の違いの原因は何なのか。いくつか決定的な違いがあると考えられる。

まず、設備や原材料にはリユース市場があり、いつでも現金化して一定の減価率で資金回収が容易である。しかし、人的資本ではそれが難しい。確かに転職市場はあるが企業が人件費を回収できるわけではない。人身売買はありえないので当然である。それどころか教育訓練投資分を持ち逃げされる。そして何より転職によって、投資した資本がライバル他社に自律的、企業にとってアンコントローラブルに逃避してしまうリスクを常に抱えることになる。先述の流動性という特性である。だから、従業員に使った費用はサンクコスト（埋没費用）となってしまいやすい。となれば、企業が投資を躊躇するのは頷ける。

次の相違点は、投資した時点から最終的な利益を得るまでの時間、リードタイムが予測困難な点である。物的資本ならば、設備が稼働し、原材料が加工され、商品として市場で出れば、一定の販売期間を見込んで売上、そして利益となる。この予測は比較的容易である。しかし、人的資本への投資が売上、利益として回収される時間の予測は難しい。特に、追加的な投資を行った際の物的資本と人的資本での回収期間、回収効率での不透明感の較差は大きいだろう。福利厚生についても当然、このことはいえる。

例えば、法定外福利費として計上して、健康経営のために社員食堂で新たにヘルシーメニュー開発に費用をかける、自己啓発の利便性を高めるべくe-Learningサービスを導入するといった費用の支出、つまり、これらの投資を行ったときに、その費用がいつ回収できるのか。いつその費用を上回るリターン（売上、利益）を得ることができるのか。これは

第2章　人的資本経営と福利厚生　●　93

なかなか予測しがたいのである。

悩ましい表現になってしまうが、リストラすればすぐに費用として減るが、投資をしてもいつリターンが得られるか定かではない、という特性が人的資本なのである。日本企業の多くが終身雇用、年功賃金という処遇を採用し、成功したのは、かつてLazear（1981）が指摘したように長い投資回収期間（長期勤続）を確保しておいて、初期投資はできるだけ少なくする（若年期の低賃金）という、人的資本の厄介な特性を上手く受入れた仕組みだったからである。

・物的資本と人的資本との投資の違いとは

さらにもう一つ、物的資本にはない厄介な特性が人的資本にはある。

人的資本という資本は、ある共通の容器に入っているという特性がある。それは「人間」という容器である。

まず、この容器には「感情」がある。そしてこの「感情」によって中身に入った資本の活用効率が大きく左右されてしまう。労働研究界の古い諺に"Happy worker is a productive worker"というものがあるが、まさにこれ、である。逆にいえば、Unhappy worker is not productiveということになるわけで、このproductiveを、今、われわれが求めている価値の生産性だとすれば、物的資本への投資のように費用を支払えば、ほぼ一定の投資効果（価値創造）が見込めるのとは違い、常にHappyでいてもらわなければならないわけである。この面倒さは、人間という容器に封入されているから避けられない。しかし、前夜に夫婦喧嘩した従業員がご機嫌であるはずもなかろう。アンコントローラブルなのである。

実はこの容器の厄介な点は「感情」だけではない。「健康」もしかりである。設備や原材料ならば企業が正しい管理、貯蔵を行えば大丈夫であるが、いくら健康経営に注力したからといって、私生活で暴飲暴食を続ければ、すぐに健康は損なわれてしまう。

また、この容器には「人権」があるので、健康的な行動・習慣を無理に強制することは当然、できない。わが国でも益々、労働者保護法制が

整備、進展している。中小企業まで対象としたパワハラ防止法（略称：労働施策総合推進法）が施行されたことに象徴されるように容器である人間を合法的に守ることが強く求められている。大事なことではあるが、投資・回収として考えるとなかなかに面倒な特性ともいえるだろう。

さて、このように人的資本への投資が、物的資本などの他の資本への投資とは様相が異なる状況があることが確認できたわけだが、いかに良き投資を行うことが困難か、悩ましいことがおわかりいただけたのではなかろうか。

・「リスク」と「価値創造」の矛盾

今回、示された可視化指針のなかの文面全体には「福利厚生」というワードは残念ながらそれほど多くは見当たらないが、二カ所で記載がある。

まず第一は、コラムという位置づけでの「FRCの人的資本に関する報告書の活用－1（p14）」という題目のなかで、2020年1月に英国財務報告評議会（FRC）が公表した従業員に関する企業報告についての報告書（Workforce-related corporate reporting –where to next?–）を参考とするなかで記載されている。

この先行するFRC報告書では、従業員に関する情報開示に対する投資家のニーズと、ニーズを満たすために企業に説明が推奨される事項について、「ガバナンスと経営」、「ビジネスモデルと戦略」、「リスク管理」、「指標と目標」という四つの大項目に沿って解説しているのだが、福利厚生が登場するのは四番目の「指標と目標」とされた分類内において、企業に説明が推奨される事項として「報酬やその他福利厚生の説明、検収・能力開発、昇進に関する統計」として記載されている。この表記が福利厚生をどのように位置づけているかと考えると、指標と目標として企業が導入し、実施している福利厚生制度の実態（法定外福利費、制度数・種類、利用者数など）や効果に関して継続的に計測できる情報を示すものとしている。これが「投資家の理解深化のために求めているこ

第2章　人的資本経営と福利厚生　●　95

と」とされ、財務情報（売上や利益など）に影響を与える情報（financially-relevant information）と見なしているのである。つまり、福利厚生の運用実態の如何が、やがて企業価値に直結する売上や利益といった財務情報を左右する要因と位置づけている。

そしてもう一つの記載部分は「【参考】ダイバーシティに関する開示事項（例）p23」としてまとめられた表内に「正社員・非正規社員等の福利厚生の差」という項目で登場する。ここでの表記はおそらく、従業員の多様性を促進しているか、あるいは抑制しているか、という点を判断材料として、正社員と非正社員等との福利厚生の適用上の差が大きいのか、そうではないのかを示せという意図であろう。当然、多様性の拡大がイノベーションの基盤、ひいては無形資産の増大、企業価値の向上に繋がると見られているわけで、正社員以外の様々な雇用形態、就業形態の従業員への福利厚生の開放が求められていることになる。わが国では、いわゆる同一労働・同一処遇（賃金）として働き方改革などでも推進が図られてきたテーマである。わが国では長らく男性・正社員・新卒という単一の中核人材モデルによって人材の調達、育成、運用を行ってきた経緯から、福利厚生制度の対象者もこのモデルを想定して形作られてきた。そのため拡大している非正規雇用層への適用拡大は重要な課題となっているが、これからの雇用においてはジョブ型雇用の拡大も進み、優秀なフリーランスとのコラボレーション、そしてさらなる非正社員の基幹化、戦力化もさらに進めさせざるを得なくなってきている。今回の人的資本開示の動きのなかで、この難題にも抜本的に取り組む必要性が高まってきたといえるだろう。

指針の文中での記載は以上だが、もう一点、図表のなかにも登場している。それは「開示事項の階層（イメージ）」と題された図（図表2－4）のなかに登場する。

この部分の指針の主張は開示事項の選定には「価値向上」と「リスク」マネジメントの二つの観点、特性があるとするもので、二つの観点の強弱はあれ、多面的に捉えるべきとしている。そして開示事項の階層

は上位 7 分類に合わせ、下位に19の事項が列挙されている。おそらく、これらの事項は、ISO（国際標準化機構）、WEF（世界経済フォーラム）、GRI（グローバル・レポーティング・イニシアティブ）、SASB（サステナビリティ会計基準審査会）などで既に提示された様々な開示事項から抜粋されているものだろう。

　印象的には、分類、事項ともにその表記に統一感はなく、多様な、多次元の概念が乱立させられている。また、分類と事項との関係にもいくつか疑問が残る。例えば、福利厚生は分類の「労働慣行」内に置かれているが、福利厚生は労使交渉を経て導入、運営される制度であって、慣行ではない。慣行への投資は難しい。加えて、事項として重ねて労働慣行があることにも違和感がある。分類「健康・安全」のなかの健康がなぜか「精神的」と「身体的」に二分されている。開示事項とするならば健康経営、ヘルスケアなどとすべきだろう。さらに、分類として「流動性」と表現されて下位事項に、採用と維持が含まれるが、表現としてこれも違和感が強い。ここは本来ならば「調達、定着」あるいは「定着性」ではなかろうか。企業が人的資源管理において流動性を目指すのは経営不振時の人員整理などの特殊な場合だけで、価値創造ならば人的資本の「調達」「定着」となろう。ただ、産業レベルでの流動性の必要性ならば否定するものではない。が、この図はあくまで企業に向けた提案であるはずだ。

　これら表現の細部については漠然とした"イメージ"を示す意図ならば、よしとするが、一番の疑問は「価値向上」と「リスク」マネジメントという二つの観点からの比重的性格付けが混乱を招くのではないか、という点である。

図表2−4 「可視化指針」での福利厚生の位置づけ

開示事項の階層（イメージ）

育成			エンゲージメント	流動性			ダイバーシティ			健康・安全			労働慣行						コンプライアンス／倫理
リーダーシップ	育成	スキル/経験		採用	維持	サクセッション	ダイバーシティ	非差別	育児休業	精神的健康	身体的健康	安全	労働慣行	児童労働/強制労働	賃金の公正性	福利厚生	組合との関係		

「価値向上」の観点 　　福利厚生はここに!!　　「リスク」マネジメントの観点

非財務情報可視化研究会（2022）「人的資本可視化指針」p28より抜粋

　まずは、やはり福利厚生の位置づけが大いに疑問である。ここでの福利厚生はほぼ「リスク」マネジメントのための事項という位置にあり、「価値向上」とは遠い場所に置かれている。

　福利厚生は採用力、定着性、勤勉性、モチベーションなどの経営的効果が確認されており、まさに「価値向上」に直結する効果をもたらすものであって「リスク」回避策だけではない。もちろん、両立支援や健康予防など従業員の勤続、キャリア形成、能力形成にとってのリスク、すなわち価値創造上のリスクの回避を支援する施策も福利厚生にはあるが、決してそれだけではない。

　人的資源管理の諸対応というものは、それほど単純な分類ができるものではない。積極的な価値創造を意図した新制度が、ハラスメントの温床となることもある。

　例えば、具体例として述べると19項目のなかで最も「価値創造」色の強い位置づけをされた「リーダーシップ」があるが、これも「リスク」マネジメントとして必要となることがしばしある。古い理論だがPM理論などでは、Mを表すMaintenance（組織の良好な維持）志向のタイプは、リーダーが組織、チームの個々のメンバーの諸事情に配慮した細やかなサポートを行うことで、組織力、チーム力を高めようとするリーダーシップとして存在している。わが国の企業で多いタイプのリーダーシップである。これは先の組織内でのハラスメント、軋轢を排する上で

98

有効に機能するリーダーシップであるわけで、まさに「リスク」をマネジメントできるわけである。近時でのリーダーシップ論でもPMのMの発展形として「サーバント・リーダーシップ」などが注目されている。これも、「傾聴」「共感」「癒し」「気付き」「説得」といった特性をもつものでメンバーの良好な状態の維持を志向する。当然、上位分類の「育成」そのものである。

このように「リスク」と「価値創造」は表裏をなす一体のものであるが故に、制度や慣行によって明確に区分できるものではない。

2−2−2．価値創造の短期・長期戦略としての福利厚生
・長期（醸成・創造）と短期（顕在化）のバランス

結論的には「価値向上」と「リスク」という二分法での開示事項の性格付けには無理があり、企業がこれまでの実績、実態から開示情報を策定する上で混乱、萎縮を招くように思われ、懸念される。

筆者は、人的資本による持続的な価値創造を実現することを想定したときに、比較的短期間に個々の従業員の能力や経験を組織内で顕在化させようとする直接的な促進策があると同時に、先のRBVの戦略論にみるように長期的に価値創造を支える健全な、強い人材基盤を形成するための事項があるとすべきと考える。

つまり、「価値創造」と「リスク」と分類すべきではなく、企業価値に顕在化させる「短期的創造」マネジメントと、そのための強い人材基盤形成を時間をかけて行う「長期的創造」マネジメントと分類されるべきでなかろうかと考える（図表2−5）。

この両面を支える福利厚生のあり方を筆者は「創造性支援システム」と名付けた（西久保2004、2013）。

この分類ならば、福利厚生は長期的創造マネジメントとして良好な人材基盤（人的資本）を形成・維持するための制度・施策、例えば、健康維持増進、生活設計・資産形成支援、生活保障などを開示すればよいであろう。これらは定着性やモチベーションの維持にも寄与するものである。一方、企業価値として顕在化させる短期的創造マネジメントであれ

ば、自己啓発（リスキリング含む）支援や社内コミュニケーション活性化などがある。心理的安全性を高め、日々のストレス軽減のためのレクリエーション施策、スポーツイベント施策なども重要な開示事項となるはずである。

図表2－5　二つのマネジメントと開示事項（イメージ）

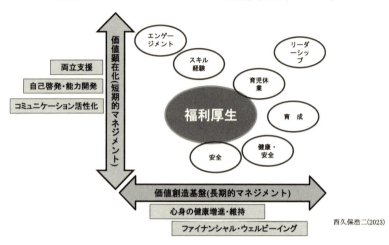

西久保浩二(2023)

今回の開示指針で示された19項目は、もちろん絶対的なものではなく、あくまで参考として示されたものであろう。今後は各社が独自に、自由に開示内容を決定すればよいのである。「価値向上」と「リスク」という二軸も参考とはなるが、この軸についても各社で大いに新たな議論がなされ、新たに立案されていくことを期待したい。自社の経営戦略、人材戦略とつながる文脈のなかで、独自性を主張できる開示のあり方を試行錯誤していくしかない。投資家の期待に応える効果的な開示を試行錯誤のなかで、絶えずブラッシュ・アップするのである。

・可視化項目での福利厚生の可能性

可視化指針で示された人的資本投資として7分類、19項目で示された開示項目において福利厚生がどのように関与することかできるのかを検討してみたい。指針で提示された分類のなかでの「労働慣行の一つとし

ての福利厚生」の枠組みを超えて考える。

　ともかく、明らかに取り上げられている19項目は、この単純な性格付けに馴染まないものが多いためか「また、一つの開示事項の中に『価値向上』と『リスク』の双方の観点が含まれることもある」と補足的な説明も加えられている。ある意味で混乱を招くだけの二つの性格付けのようには思えるが、今回は一応、これを尊重しながらいくつかの項目について検討してみたい。

・「リーダーシップ」と福利厚生
　では、上位７分類のなかの「育成」に置かれた「リーダーシップ」「育成」「スキル・経験」の三項目を中心に、福利厚生の貢献の可能性を考えてみよう。

　先に触れたのでまず検討したいと思うが、近年、その有効性が注目されている「サーバント・リーダーシップ」だが、それは多様な働き方が混在し、同時にICT、デジタル技術が深く入り込んだ職場環境のなかで、メンバー達のより自律的、主体的な行動を喚起させざるを得ない状況が背景にある。従来型の、信長型などともいわれる「支配型リーダーシップ」、PM理論でいうところのP（Performance志向）が、大部屋方式、対面型、密集的な働き方において、その発揮が有効であったわけだが、テレワークとなれば、なかなかそれが難しい。Zoom画面上で叱咤激励しても、メンバーには響かず、ミュート（消音）されてしまうだけで終わる。

　それよりもテレワークで心理的、コミュニケーション的に孤立しがちなメンバーに対して多様な配慮、支援を行うリーダーが親近感、信頼感を得てチーム力を維持・向上させることは明らかである。部下であるメンバー自身の目標達成や自己実現を助けるべく、彼らの潜在能力を引き出すマネジメントがリーダーに求められることになる。このようなサーバント・リーダーシップを有効に発揮させる土壌形成に福利厚生は大いに貢献できるのでなかろうか。

　先の事例紹介でのYahoo! JAPAN社が導入した「どこでもオフィス」

ではリモート型を含めた様々な福利厚生施策によってこの問題の解決を図ろうとしていた。すなわち、社員間で行われる懇親会の飲食費用を補助する「懇親会費補助（5,000円／月）」の支給。これは既に半数以上の社員が利用したとのこと。また、テレワーク環境でも社食の味を楽しめる「オンライン懇親会セット」の支給。さらには、新卒社員が運営するオンラインランチ会「おともだち獲得大作戦」などであった。また、希望者へのタブレット端末の貸与も行われた。社員のさらなる生産性向上を目的として、希望する正社員に対し、業務用PCとは別に新たにタブレット端末を貸与している。社員の業務スタイルやニーズにあわせて最適なデバイスを選択可能とのことで、さすがIT企業の雄、社員たちのデバイス、またそのスペックへのこだわりを良く理解している。これも個人用、自己啓発用であれば福利厚生である。こうした手厚いテレワーク環境への福利厚生支援がなければ、メンバー、リーダー間のコミュニケーション、信頼感が形成されるには時間を要し、リーダーシップの発揮が遅れることとなっただろう。

・「育成」「スキル・経験」と福利厚生

　次に、「育成」という分類のなかでの福利厚生が果たせる役割とは何だろうか。

　育成という点では、わが国での教育訓練としての旧来からのアプローチとしてはOJTを中心に実践的な職務能力の向上を目指した。そして、その前提となる知識的な基盤形成のためにOff-JTを補完的なものと位置づけたものと考えられる。福利厚生支援としても後者のOff-JTでの様々な対応、つまり人的資本投資の可能性が大いにあり、近時、その有効性を高めていると考えられる。

　いわゆる「自己啓発・能力開発」と呼ばれ、従業員の自発的な学習支援、自己育成を支えてきた。施策的にも、多様化、専門化が進んできている。昭和時代には通信教育程度が大半であったものが進化しつつある。列挙してみると、海外ジャーナル、専門書等の書籍・電子書籍購入制度、公的資格、語学系等の資格取得支援、外部セミナーなどの参加費

用補助、社内での自発的な勉強会などの開催支援、数千本といったプログラムを活用できるサブスク型のeラーニング講座の提供、さらには企業内大学としての多様な実践的プログラムを設置して卒業認定を行う、などがある。従業員の学習ニーズの多様化、また提供側でのデジタル対応、DX化による利便性の向上など飛躍的に発展してきた。特に、コロナ禍を契機としたデジタル化の進展、加速が著しい。

　新たな対応での好例をいくつかご紹介しよう。旭化成では2022年からの中期経営計画でのHRの方針として「終身成長」を掲げた。この終身成長とは「社員一人ひとりが自分の人生の目的をもち、自律的にキャリアを考えて成長し続けることを会社が支援する」とするもので、この対応の具体策として自社開発した学習プラットフォーム「CLAP（Co-Learning Adventure Place)」の提供を開始した。これは社内外の豊富な学習コンテンツを搭載し、コース化して提供できるツールである。2万人の全社員に提供し、既に多くの従業員が活用を始めている。従業員のキャリア意識が多様化しているなかでは、とおり一遍の、既存業務、既存事業に偏重したプログラムでは、自発的な学習行動であるだけに従業員の積極的な反応、参画が期待できない時代になっており、幅広い選択肢のプラットホームとして提供することが有効なのであろう。当社自体が多角的な事業展開、そして新規事業開発に積極的であるだけに従業員の多様な学びを支援する意義があると認識しているようである。

　また、サントリーホールディングスでは「寺子屋」という旭化成同様の従業員向けの学習プラットホームを提供しているが、この「寺子屋」の特長点は、既存の学習コンテンツだけではなく、従業員たちが自主的に勉強会やイベントを開催し、その開かれた、自前の学びの機会によって社員同士の繋がりが拡がっているという点である。教える従業員と学ぶ従業員、共に学ぶ従業員同士の繋がりが拡がっていくという素晴らしい波及効果が得られている。これは明らかに心理的安全性などにも波及していくことだろう。自己啓発を単なる個人能力の向上にとどめず、組織的な学習、学ぼうという組織風土の醸成、従業員間でのコミュニケーション活性化にまで繋げた好例といえる。

第2章　人的資本経営と福利厚生　　103

もちろん、当社の人事部門が社内での影響力の強い、発信力をもった従業員に目を付けて、仕掛けることで、勉強会を開催させようと働きかけたのであろうと推察する。こうした運用が重要なポイントなのである。「制度導入、システム導入で、はい終了」ではないのである。導入した制度をいかに利用度の高い、効果が生まれるものとして活性化していくか、制度そのものを育成するという視点が不可欠となる。

　このような自己啓発を推進しようとするケースなどをみても、福利厚生はまさに従業員たちによる将来的な価値創造力を高めるもの、つまり、直接的な人的資本投資そのものであることがよくおわかりいただけるだろう。決して、「リスク」回避の方策だけではない。

　筆者も遠き若かりし頃、大卒後の入社間もない頃に、勤務先の福利厚生の自己啓発制度を活用しながら中小企業診断士なる公的資格の取得に励んだ経験がある。当時の昭和時代のことで、連日の深夜までの長時間勤務のなかでの自発的なOff-JTの実践にはエネルギーを消耗したことを思い出す。しかし、費用補助制度だけでなく、合格後に会社からの祝い金（確か、当時の金額で5万円）と社内報での掲載がなされたことが、本当に嬉しかったことが記憶に残っている。

　この資格取得をきっかけに、実は経営学なる学問に初めて触れた当人が今や、経営学者のはしくれとして学生に講義する身になろうとは。当時は全く想像すらできなかったキャリア展開の実話である。卑近すぎる例で誠に恐縮だが、若い頃の自己啓発、自己投資というものが、いかにその後の長いキャリア形成に影響を及ぼすか、身をもって実感するわけである。

　と同時に、重要な点に気づかれただろうか。自己啓発のもつ人的資本投資としてのリスクについてである。これを知って置く必要がある。すなわち、この自己啓発なる福利厚生を人的資本投資として積極的に拡大する際には、大きな、そして悩ましいジレンマに企業は直面する。

　それは、自己啓発が従業員のエンプロイアビリティ（Employability）、つまり転職適応能力を否応なく高めるという側面である。その帰結としては人材流出リスクを拡大させることが避けられない。従業員当人に

とっては、自身の市場価値、より高額報酬での転職機会などが拡大できることは歓迎しかないわけだが、企業、人事部門にとっては、このリスクへの対応を並行して考えておくことが必要となる。この厄介な側面は人的資本経営の議論全般においても欠落している部分でもあることは既に指摘した。効果的な人的資本投資であればあるほど、投資された個々の人的資本、つまり従業員が転職能力を高めてしまい、資本流出のリスクを高める。したがって、投資を積極化する前提として、改めて現代的な価値観をもった人材群に対して効果をもつ有効な定着策を実行することが欠かせない。

　以上、可視化指針のなかの分類としての「育成」のなかに位置づけられた「リーターシップ」「育成」「スキル・経験」について、福利厚生との関連性について考えてみた。この三つの分類の中でも、多様な形での貢献ができることがおわかりいただけたと思う。福利厚生のもつ多様性、守備範囲の広さは様々なアプローチを可能とするのである。
　指針での他の6分類においても「エンゲージメント」はいうまでもなく、「流動性」「ダイバーシティ」「健康・安全」など、いずれの分類においても福利厚生による様々な効果的な人的資本投資ができるものと推測される。

2－3．人的資本経営に活かすべき福利厚生の特性

　こうして官民挙げて人的資本経営が推進されるなかで、いよいよ2023年度業績の決算から各社は手探りながらの開示を始めた。筆者も気になる企業の開示内容を色々と眺めてみたが、あくまで筆者の主観ではあるが「しっかり、明確」という印象のものがある一方で、「なんとなくこんな感じかな？」「これだけ？」的な、自信なさげな急仕立てで最低限の内容も少なからず散見された。
　わが国では慣れない人的資本開示の初回ということで、手探りで作成されたものと推測される。おそらく、今後、上場各社は他社の開示内容なども学習しながら、自社の内容を質、量ともにブラッシュアップさせ

ていくものと予想される。

　自社の人材（人的資本）に適切な投資を行うことで企業戦略を成功させ、企業価値を高めよう。そして、その投資の実態と成果を市場に向けて積極的に開示せよ、という文脈で始まった人的資本経営ではあるが、市場、投資家に有効なアピールとするために、何を実行するか、それをいかに開示するか、というハードルはなかなか高いものである。初めての開示経験でそのことを痛感されたのではないだろうか。

　もちろん、人的資源管理は会社設立以来、ずっと続いてきた経営管理行為であるので既に実行している様々な管理行為、制度・施策の運用が実在しているわけである。実態は全ての企業にある。しかし、その内容を改めて"人的資本投資"としての文脈のなかで再評価し、選択し、見直しながら徐々にシフトさせ、開示していかなければならない。もちろん、開示のために新たな制度開発・導入も行われていくことだろう。

　こうした動きが強まり、拡がるなかで福利厚生も単に、現状をどう開示するか、というアプローチだけではなく、制度・施策の新設、充実化、縮小、廃止といった大胆なスクラップ・アンド・ビルトを進めていく必要がある。人的資本経営シフトといえる。

　この動きは戦略的な福利厚生の活用が、いよいよ市場、投資家たちからも求められ始めたのだと筆者はとらえている。すなわち、これは好機と前向きにとらえるべきなのであろう。そして自社の福利厚生をより確実に、採用力、定着、モチベーション、エンゲージメント、心理的安全性などの価値創造に直結できる経営的効果を得られるものとしたいものである。さらに、その貴重な効果をいかに、最終的な目的とする企業成長、企業価値向上に結び付けていくのか、創意に富んだ厳密な戦略的マネジメントが求められる時代となったわけである。

　しかし一方で、福利厚生を人的資本への投資手段として活用し、企業戦略、企業価値へと結実させることは容易ではない。

　筆者は、今後の戦略的な活用を考えるときに改めて、福利厚生という制度がもつ優位な、そして独自の特性などを理解することが重要と考え

る。つまり、福利厚生が最も効果的に、効率的にできる人的資本への投資とは何かを模索すべきであろうし、福利厚生にしかできない対応とは何かを見極めた上で、投資、そしてその開示を考えたいところである。

このためにはまず福利厚生と他の人事諸制度との決定的な異質性、独自性を理解することが不可欠である。他の人事制度・施策でできることは、そちらにまかせて、福利厚生がより有効な投資手段となる課題、テーマ、領域、そして方法論を見定めるのである。

では、福利厚生の独自性とは何か。他の人事諸制度との本質的な差異を比較検討から見出していこう。

・福利厚生の独自性

この点については既に、優れた議論、注目すべき見識がある。

それは篠原恒（1974）「企業福祉の本質と機能／『企業福祉』佐口卓編」による以下の指摘である。ここでは福利厚生ではなく、企業福祉という用語が用いられている。また、対比する対象として、比較的狭義の「労務管理」という用語が用いられている。

彼はまず「企業福祉は労務管理の一環をなしているといわれるが両者にはかなりの相違がある」とし、以下の三点の異質性、独自性を指摘した。

①労務管理は、一般に労働過程における従業員本人を対象とするのに対して、企業福祉は労働過程に直接関係のない<u>私生活・社会生活の場における従業員とその家族</u>を対象としている。

②労務管理は労働力消費過程の問題だが、企業福祉は<u>労働力再生産過程</u>の問題である。

③労務管理は直接的な効果を狙っているのに対して、企業福祉は　従業員と家族の福祉の安定・向上を通じて<u>間接的な効果</u>を期待している。

この三点について人的資本投資との関連性のなかで解説しておこう。

①の独自性は確かに首肯できる。住宅、レクリエーション、両立支援、生活保障、資産形成等々は、当該企業の従業員本人だけでなく、家族全体に対する支援でもある。安定した家庭生活、良好な家族関係が労

働力の安定的な維持やエンゲージメントに必要と考えられるからである。もちろん賃金も生計費として生活を支える一番の柱ではあるが、あくまで労働過程の対価として現金給付されるものである。労働過程とは業務内容や成果、必要とされる能力などを示していると考えられる。福利厚生にはそうした条件はなく従業員にとって「企業にとって必要かどうか」「従業員が求めているか」という論理によって給付される。

　②の独自性は、人的資本投資においても重要な指摘である。①とも通じる部分があるが、日々の労働による、肉体的疲労、ストレスなどで消耗、減殺された労働力をできるだけ早期に回復させることを従業員任せとせず、企業が関与・支援することは重要であり、有効である。例えば、事業所に近い社宅・独身寮建設を行ってきた目的の一つには通勤疲労を最小化したようとする意図があった。レクリエーション施策やスポーツ施策にもメンタル面でのリフレッシュ効果、コミュニケーション活性化効果が期待されている。エンゲージメントの要素である「没頭」も疲労し、消耗していれば阻害される。こうした労働そのものの過程ではない私生活も含めた時空間での支援が、労働力を長期的に健全に維持するには必要な対応となる。

　③については人的資本投資との関連性に対しては、様々な解釈、反論もあるだろう。ここで彼が労務管理としている内容がやや曖昧なのだが、例えば工場内での業務指導、時間管理、安全管理などまさに生産活動の現場での諸管理を想定しているものと推測すると、確かに福利厚生がもたらす効果は「間接的」といえる。しかし、それは「長期的」とみることができる。他にもOff-JTタイプの教育訓練や自己啓発なども直接的に生産活動に関与するものではないが、職務能力の向上、モチベーション、モラールの維持などを通じて、間接的に、そして何より長期的に生産活動に寄与しているわけである。しかし、その間接性の強さという点では、やはり福利厚生施策の多くは業務に直接的に寄与するというよりも、既存の従業員、つまり人的資本という存在を通じて意識、態度、行動を正常な状態とすることで生産性の高い働き方を支援しているとみることはできる。

この篠原氏による福利厚生の独自性、他の労務管理全般との本質的に差異の指摘は、やはり基本的な理解として重要であろう。福利厚生による独自の人的資本投資を構想する上で有用である。

・創意性と自由度、その結果としての多様性

　筆者も、人的資本投資の観点から福利厚生の有する独自性について何点が指摘しておきたい。

　第一の特性は、創意性と、その原因ともいえる自由度の高さ、そして結果としての多様性である。

　まず、前提として賃金制度、福利厚生制度と併称されるが、実は単体としての福利厚生制度なるものは実在しない、という点がある。実際は60種以上ともいわれる多種多様な制度・施策の集合体なのである。しかも、その領域は住宅、給食、慶弔、運動、娯楽、休暇、健康・医療、資産形成、生活保障、自己啓発、両立支援、等々、実に多様、広範囲である。

　さらに、その制度・施策も固定されたものではなく、各社、労使の創意、アイデア次第で自由に開発、導入できる。この創意性と自由度が他の制度領域にはない際立った多様性をもたらすことになる。

　筆者が"オモシロ福利厚生"と総称するなかには奇想天外なものが数多くある。着ぐるみ福利厚生（奇抜な着ぐるみを職場で着用）、失恋休暇、バーゲン休暇、LOVE休暇、アイスクリーム・ブレイク等々、後ほど紹介するが、まさに自由なアイデアが、ニーズが形となり、従業員に大いに歓迎されている福利厚生施策である。この自由度が福利厚生の大きな魅力であり、課題解決力、多様な人材に対する受容力を支えている。

　この多領域において、多数の制度・施策が日々、開発されるなかで、各社は自社に必要と考えるものを選択し、制度編成を行うことができる。つまり、自社のバスケットに何を入れるのか、入れないのかの判断が自由にできる、そしてその選択が重要となる。結果、同一業界同規模であっても実質的に異なるわが社の福利厚生制度とすることができる。

このような多様性、自由度、創意性、選択性などは賃金制度を含め他の人事諸制度にはない特性であり、「強み」とすべきである。

　この特性は、人的資本投資において様々な活用を可能とする特性、独自性ではないだろうか。特に、他社との差別化、開示内容の独自性を考える上での無限の可能性を提供している。この多様性は、自由な発想の下で、従業員ニーズ、そして企業が期待する経営的効果を実現すべく制度・施策の開発、導入を行うことができる。つまり、個々の従業員のニーズや課題に対応できる繊細な人的資本投資、One-to-one型の投資を可能とする。

　これが福利厚生の他の人事管理制度への優位性となっている。

　同時にこの創意性から実現された制度群が企業として、ある種の人間的な「個性」の表現ともなる。いわゆる、労働市場におけるブランディングを推進できる有効なツールとなっていくわけである。

・「多様性と自由度」…. 日々、登場する数多くの事例

　そうした多様な福利厚生制度についての国内調査を行ったので、その一部を以下に紹介しておこう。福利厚生のもつ「創意性と自由度、そこからもたらされる多様性」とは何かを、その実像からご理解いただきたい。紹介する各社には他にも多くの制度・施策があるが、ユニークで個性の強いものだけを独断で抜粋して紹介する。（筆者コメントも付記：*斜体文字・下線部分*）

＜多様性と自由度が形となったユニークな福利厚生＞
●トラストリング社
【二日酔い休暇制度】
　飲み過ぎた日は年2回まで午前休暇が取れる
【メガネ保証制度】
　業務上も顧客との飲食の機会が多いため、酔っ払ってメガネを紛失した場合には会社から1万円支給（年間2回まで）
　←よほど呑んべいさんが多いんだねぇ（笑）

110

●ウエディングパーク社

【カレーファミリー制度】

　社員同士の親睦を深めるため、部署を横断して仮想的な「家族」をつくる。その家族メンバーで協力してカレーを作るのである。新入社員＋先輩社員３人で「親担当」「兄弟担当」などの役を務め、一緒にカレーを食べながらコミュニケーションをとることになる。

　←社員が皆さん、カレー好きに違いない！

　この制度はこの企業内で行われる社内制度創出コンテスト「せどつく（通称）」で新入社員から出されたアイデアをもとに制度化された。

　←新入社員がすぐに職場に馴染めそうで、早期離職が減少しただろうね

●サニーサイドアップ社

【目指せ！Ａ身体（エーカラダ）制度】

　健康診断で総合Ａを取得したら５万円、または肥満気味の社員が翌年の健康診断で肥満度数の低下を実現できた場合には１万円支給。

【幸せは歩いてこない制度】

　月間平均１万歩を歩くだけで報奨金3,200円支給。他にも「精液検査」や「AMH検査」など他の企業では未だない健康に関する制度を導入している。

　←会社が社員の健康を本当に気遣っていることがわかるねぇ。

●アキュラホーム社

【しあわせ一時金制度】

　社員が１人目出産で30万円、２人目で50万円、３人目以降は１人につき100万円支給。

　←これは太っ腹だなぁ、政府がやれば少子化、即解決ですな。

●ZOZO社

【ソウゾウのナナメウエAWARD】

　「ソウゾウのナナメウエ」な発想や取組みを募集しMVP決定、表彰・賞品授与される。

　←斜め上、ってところがいいですね。創造性が膨らみます。

【日々進歩手当】

自己成長を目的に支給される手当。支給額は、在籍期間が半年経過するごとに2,500円ずつ増額し、最大で月10万円を支給。

←いわゆる、昔からある勤続奨励策だけど、半年毎に目に見えて増えるのがGood！名称に刺激されて、自己成長とは何か、と考える社員も多いのではないだろうか。しかも、10万円にまで到達すればもったいなくて離職はできないだろうなぁ〜。すごい定着効果があるはず。

【千葉手当】

同社の本社（当時）や物流拠点がある千葉市近郊の地域活性化を目的に、指定エリア内に居住する社員に一定の手当を支給する制度。指定のエリア内に住むと、一人一か月5万円が支給される。社員は地域の飲食店・小売店に足を運ぶこととなり、企業としては地域活性化に貢献できる。また、社員も満員電車から解放され、発生した時間を自己啓発に使えるなど有効に使える。もちろん疲労軽減で社員の健康にも役立つ。

←わかりやすい地域貢献だけど、社員を介在させることで多様な波及効果が期待できる。無駄時間の節約が生産性向上にきっと寄与しているはず。

●ジークレスト社

【推しメン休暇制度】

1年に1度アニメやマンガ、ゲームのキャラクター、タレントなど社員それぞれの一番の「推し」のメンバーの誕生日やライブの日に休暇を取得できる。お祝いの費用に対する支援金を上限5,000円まで会社負担してくれる。

同社は、ゲームを中心にアニメ、舞台、音楽、オンライン/オフラインなど様々なメディアを活用したオリジナルIP開発を行っている企業であるだけに、"推しメン"への注力が開発力、マーケティング力などを高めることに繋げようとしている。

←まさに、「戦略的福利厚生!!」、福利厚生が企業戦略の成功、企業成長に直接的に寄与している。この制度の存在がバズれば優秀なオタ

ク人材の獲得にもつながるに違いない。

●ジールコミュニケーションズ社

【オシャレ手当】

　美容院の代金やスーツの購入費用を月に１万円まで支給するオシャレ手当というものを導入している。従業員がより活き活きと働けることや経済的な支援になるため、従業員の定着にはよい影響を与えることはもちろん、従業員が身だしなみを整えて積極的に働くことで業績の向上なども期待でき企業にもメリットが期待される。

　　←これは、筆者のようなおじさんにも、いい刺激になっているんじゃないかなぁ。気持ちの若返りがあるはず。"オシャレ"かどうかの判定は難しいけど、新調するたびに社員間でのコミュニケーションが盛り上がるでしょう。

【月間MVZ賞】

　同社では、MVP（Most Valuable Player）ではなく、MVZ（Most Valuable Zeal Player）として、表彰を行っている。一ヶ月、誰よりも活躍した社員に金一封が支給される。

　　←自社の価値観に基づいた「活躍」を表彰することがユニーク。承認欲求も充たされます。

【永年勤続特別休暇】

　勤続５年を経過した社員には、休暇と旅費を付与している。これには長く勤務したぶん、ゆっくりと休暇を取ってもらいたいという社員への想いがある。

　　←永年勤続が５年というところがミソ。20年といわれると気が遠くなりますが…

●トライバルメディアハウス社

【浮世離れ休暇】

　社員が５年勤務するごとに、有給休暇とは別に連続20営業日の特別休暇の権利を付与する制度。

　この制度ができたきっかけは、社員はインプットとアウトプットを繰り返すことが大事だが、日々の仕事だけでは、どうしてもアウトプット

第２章　人的資本経営と福利厚生　　113

だけに偏ってしまう。そうした社員の生活と仕事を5年に1度リセットする。まとまったインプットの機会を提供することで、新しい姿勢で仕事に取り組めるような"区切り"となる、という狙いからつくられた。取得した本人は自己啓発や趣味などに自由に利用できる。また、1カ月というまとまった期間の休暇を取れることから、普段できないような体験をすることを強く推奨している。育児休暇や長期間の旅行、学習の機会など、各社員が個性的に活用している。休暇中のレポートの提出は不要である。

> ←これも、まさに戦略的福利厚生。社員の価値創造力を維持、向上させることに直結しているはず。

●サイボウズ社

【育自分休暇制度】

退職する人にオリジナルのパスポートが渡され、退職後6年までは会社に復帰することが可能。つまり、"自分"を"育てる"ための制度。

【大人の体験入部】

社員のキャリアアップなどのために、海外を含む他拠点や、他部署に体験入部することができるというものである。

【子連れ出勤制度】

子供の預け先が無いといった理由で、子供を連れて出社することができる。

> ←いずれも"手作り感"のあるユニークな制度ばかり。自社の社員のニーズ、会社としての期待を反映しながら自由自在に開発・導入されている。同社の労働市場での優れたブランディングを支えていると考えられる。

こうして、日々、日本各地の多くの企業で開発・導入されている、自由な発想と創意で開発された多様な福利厚生施策のごく一部を紹介した。まさに「多様性」の具現化であり、その背景には「自由度」と「創意性」がある。

これが福利厚生という世界の拡がりをもたらす貴重な特性、独自性で

ある。この特性は人的資本経営に大いに活かすことができるものと考えられる。

　そして、これらを単に話題性を狙った“オモシロ福利厚生”と見做してしまうのはあまりにももったいない、学ぶべき点が多々ある。

　まず、これらのユニーク・オモシロな福利厚生の多くは労使の活発な議論や当事者である担当者や従業員の着眼や発想、熱意が無ければ、産み出されなかった制度・施策である。この労使協働での開発・導入プロセス自体が非常に貴重であることも間違いない。労使間が利害対立し、批判し合う交渉ではなく、新しい制度を創造するプロセスを共有することである。そこでの協創的コミュニケーションがいかに貴重なものかは説明を要しないだろう。

　さらに強調したいのは、その人的資本投資としての有効性である。

　家庭菜園歴の長い筆者に、その有効性の論拠をあえて比喩的に表現させていただければ、これらは、いわば「地元特産野菜」「伝統野菜」「地域特産品」なのである。日本各地の気候・風土・文化の異なる地域には必ずと言ってよいほど、その地域で長く、伝承され作られてきた産品がある。九条ネギ、泉州水ナス、桜島大根などが有名である。これらは、その地に特化して適応してきた種であり、独特の味わい、風味を有することで愛され続けてきたものばかりである。そして今やブランド力を得て、世界商品となるものまで数多く出てきている。

　つまり、各社で独自に開発、導入されたユニークな、オモシロい福利厚生の諸制度とはまさに、その企業という「地」だけに適したもの、必要とされたものとして生まれた「特産品」「地場野菜」としての制度・施策であり、労使の知恵が詰めこまれた創意の結晶といってよい。

　上記で紹介したウエディングパーク社の【カレーファミリー制度（カレファミ）】などは、元々は社員同士の親睦を深めるためのもの、特に新社会人向けのスタートアップ支援であった。それが、わざわざ社内の部署を横断して仮想的な「家族」をつくる。その仮想的な家族メンバーが協力し合って、おいしいカレーを作るのである。実に手間暇かけている。例えば、新入社員＋先輩社員三人であれば、その中で「両親」「夫

婦」「兄弟」などの役を務めながら調理作業を協働する。そして、でき
あがった美味しいカレーが社内でふるまわれることになる。

　このケースは経営学史的に大げさに言えば、まさに現代版の「経営家
族主義」の体現である。きっとこの家族でのコミュニケーションが社内
での一体感形成の核となっていくのであろう。「なぜ、カレーなの？」
という疑問だが、これは解説されていて、カレーには別名「幸せホルモ
ン」といわれている「セロトニン」が多く含まれており、イライラやモ
ヤモヤなど、心の不安を取り除いてくれる効果があるといわれているた
めだそうである。ちなみに、この制度の元々のアイデアは先に触れたと
おり「せどつく（制度をつくる）」という新入社員が自由に欲しい制度
を発案できるもので、ここからスタートしている。若年層の早期離職が
問題視されて久しいが、こうした丁寧な対応が、彼らの職場への社会適
応をスムーズなものとしているのであろう。人的資本をまず確保する、
定着してもらうという点で効果的な投資に違いない。

　あるいはZOZO社の「ソウゾウのナナメウエAWARD」という独自の
表彰制度では、ソウゾウ（想像）のナナメウエ（斜め上）な発想や取組
みを社員から募集して、選抜の上、発案した従業員をMVPとして決定
する。社内の常識にとらわれない新しい、クリエイティブな発想、着想
を奨励するものである。この制度の存在そのものがイノベーションを誘
発する企業文化、組織風土を育み、強化することになる。同時に表彰さ
れ、賞品を受け取った社員は大いに承認欲求を満たされて、さらにモチ
ベーション、エンゲージメントを高めていくのでないだろうか。この制
度などはまさに、直接的な人的資本投資、価値創造支援以外の何物でも
ない。

　先述のとおり政府の可視化指針では福利厚生は単なる「リスク・マネ
ジメント」のためのものと位置づけられていたが、これらの制度はそれ
が全くの認識不足であることをよく証明している。「リスク」回避だけ
ではなく、「価値創造」にも直結する制度・施策をいかようにも開発・
導入できるのが福利厚生の強みなのである。

　このように「本当に役立つ制度」「自己成長を刺激する制度」「知識・

能力を高める制度」「承認欲求を満たす制度」「社内の心理的安全性を高める制度」などとして機能するとすれば、これは、他社との「横並び意識」だけで導入した制度には期待できない大きな魅力となる。まさに、実効性をもった人的資本投資の武器となるであろう。

　福利厚生がもつ、この「自由度と創意性、そして多様性」という独自の特性をいかに活かしていくか。人的資本投資として活用するか。各社、社内で大いに議論を深め、拡げてもらいたいものである。

・希薄な労働対価性…その派生効果としての採用力と定着性

　人的資本投資において福利厚生を活用する上で、理解しておくべき独自の特性は他にもある。

　それが第二の特性である「希薄な労働対価性」である。

　この特性は波及効果として、先の「人材確保」のための採用力の基盤ともなる。

　この特性は賃金との大きな差異である。賃金は分散的な給付である。すなわち年齢、雇用形態、学歴、成果、能力によって、その給付額が分散される。この分散の論拠は労働対価性である。従業員個々の労働における職務、経験、成果、能力などに応じて、それら見合う現金給付を対価として支払う仕組みである。

　この分散のあり方が、納得的で、刺激的であれば組織全体のモチベーション向上や定着性をもたらすことができるわけで、近年の成果能力主義への傾斜は、この対価性をより短期的に、鮮明なものにしたいという動きとみることができる。

　一方、福利厚生は、基本的に機会均等であり、給付均等である。個々の従業員の労働内容、職位、職務、成果、能力などが問われず、条件をみたせば一定の給付を享受できる。たとえ職務において成果が得られず、降格されたとしても社宅・独身寮の退去、社員食堂利用禁止を求められることはない。

　また、給付が一部の従業員に限定されてしまう施策であっても、その多くは弱者救済であり、セーフティネットとしての役割を果たす局面に

第2章　人的資本経営と福利厚生　117

限られる。両立支援関連、生活保障（医療保険、所得補償等）、慶弔給付などが典型例である。安心できるセーフティネットとしては給付均等なのである。また、国内外の留学制度のような自己啓発支援も一部の従業員に限定されるが、それは自薦からの選抜となるケースが大半、チャレンジ権としては機会均等であって、対価性は希薄である。

こうした労働に対する希薄な関係性は、従業員に企業からの一方的な恩恵的給付、サイドベット（side-bet）とも認識させやすい。それが貴重な返報性心理（負債感：お返しの義務感）を惹起させる。つまり、先行的に恩恵を受けたことに対する「お返しをしなければならない」という強い動機となる。同時に打算的コミットメントも醸成する。これらが動機となり、定着性を高めるなどの重要な経営的効果と強く結びつくことになる。

この同じ報酬と分類されていても賃金との労働対価性という点での差異は決定的な特性である。労働の対価ではなく、就労（在籍）の対価ともいわれる。

この労働対価性の差異が近年での福利厚生の採用力での相対的な優位性をもたらしていると考えられる。

わが国の賃金には未だ年功色が残存しているが、相対的に低賃金水準にある若年従業員層には、福利厚生の固定的・均等的恩恵が高賃金層と比較して相対的に大きな魅力となる。典型例としては初任給水準の新人社員において、住宅、給食、余暇等での現物支援が生活水準に及ぼす影響が最も大きくなる（図表2−6）。これは高賃金層ほどカフェテリア・プランのポイント消化率が低くなる現象と同根である。彼らが、あるいは就活生が福利厚生に関心が高く、入社企業の選別基準として福利厚生の充実度を考慮するのは、ある意味で当然であり、合理的判断なのである。賃金だけでは当初、「生活困難」であっても、福利厚生給付が追加されることで「生活安定」が得られると推測するのである。対価性が問われないが故に、生活水準確保のために非常に魅力的なものとなり、初期の定着性にも強く影響する。充実した企業からの転出が、転職コストが高いとも認識されやすいからである。

図表2-6 希薄な対価性がもたらす採用力のメカニズム

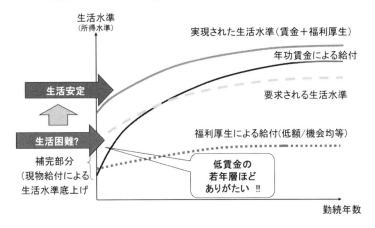

　このように福利厚生のもつ採用力を向上させる特性をみると、中小企業にとって福利厚生がいかに貴重な採用力向上策であることがご理解いただけるだろう。賃金水準によって、大企業と競合することは困難であるが、福利厚生ならば経営者、担当者、労使の知恵とアイデア次第でかようにも対抗できるはずである。

・簡潔明快性
　さらに、「簡潔明快性」と筆者が名付けたい特性がある。これは次の「メッセージ性」につながる重要な特性である。
　まさに、言葉どおり、福利厚生はわかりやすい、理解しやすい、伝えやすい制度群なのである。社内にある主な報酬制度のなかで考えてみても、福利厚生は格段に簡潔で、明快なものであろう。それは代表的な他の報酬である賃金制度、退職給付制度と比較してみるとわかりやすい。
　現在の賃金制度は従業員からみると、実に複雑・難解なものとなっている。特に、就活生や新入社員にとっては極めて難易度が高い。手取り額の決定過程には、まず評価、そして中間指標の等級、さらに、給付形態としての基本給、賞与、諸手当、所定外賃金（残業代）、控除性の必要として各種の社会保険料、所得税、住民税、組合費などが介在する。しかも、これら個々の項目にはそれぞれ社内規定、税法、社会保険諸制

第2章　人的資本経営と福利厚生　119

度があり、常に改訂・変更されている。

　これを完全に理解、記憶するのは至難の業といってよい。それ故、新入社員ならずとも、例えば、自分が３年後、10年後の手取り年収がいくらくらいになるか、これを予測することは不可能といってよかろう。もちろん、「モデル賃金」なるものが存在していることは承知している。これは「年齢、学歴、職種などを基準として正規入社者が標準的に昇進・昇格した場合の賃金」とされる賃金指標だが、一体、その「標準的に昇進・昇格」とは何か、という話で、従業員個人としては、自分が将来的に、標準的なのか、否かがわかるはずもなく、かえって悩ましいのである。

　元々一つの報酬制度である退職給付制度についても、近年、DC化（確定拠出型・従業員運用型）が進むなかで、より難解なものと従業員には受け止められている。投資教育が事業者には義務付けられているにも関わらず、デフォルト状態（初期設定）で手付かずの状態で長く放置される比率、つまり全く積極的な運用をしない従業員の割合がなかなか改善しない。それではDB時代（確定給付制度）の既得権、期待権、つまり退職一時金・年金額が再現されないにも関わらず、にである。これは、従業員の無関心と投資への苦手意識、金融リテラシーの低さが原因と考えられているわけだか、その根源にあるのは制度の「難しさ」ではなかろうか。

　これらと比較すると、福利厚生は実に簡潔で、明快、わかりやすい。聞けばわかる。使えば、完全に理解できる。もっと言えば、わからなくても大体は利用できて役に立つものが大半である。

　就活生が、賃金ではなく、福利厚生に注目する大きな要因が、この「簡潔明快性」にあることは間違いないように思われる。わが大学でも近年、売り手市場の恩恵からか複数の内定を取る学生が大半である。なかには７、８社の内定を取る強者もいる。このような複数の内定を取れた学生が、最終的な入社先企業を選択する際に、最も重視しているのは福利厚生のなかの「住宅」である。地方から都心に移住することになるため、住まいの問題が切実な生活費課題であるからしかたないのだが、

独身寮はあるか。それはどこにあるか（立地）、住宅手当はいくらか。これらが決定的な入手先決定理由となっている。初任給は、実質的にカルテル価格でほぼ同一価格帯で、将来額は難解で予測不能となれば、当面の居住費支援額に注目するしかない。独身寮も、住宅手当もきわめて簡潔明快なのである。期待どおりの恩恵がすぐに確実に手に入る。

・メッセージ性

　加えて、採用力、人的資本の調達という観点で、忘れてはならないのがこの福利厚生の「簡潔明快性」からもたらされる「メッセージ性」である。単純な構造で理解が容易な福利厚生施策は、就活時の企業選択における容易な、伝わりやすい「シグナル情報（後述）」として機能するのである。

　それ故に、福利厚生が注目されることになる。しかも、単なる処遇の良し悪しだけではなく、福利厚生というワードは「従業員にやさしい企業」「働きやすい企業」「社員を大切にする」といった好印象をかなり明確なメッセージとして伝えていると推測される。この点は最新の調査によって検証しているので次章にて紹介したい。

　ここでは実際にメッセージとして伝わっているのか、この点を確認する。

　図表2－7に示すマイナビ社による学生調査（2018a、2018b）では就活前の企業選択において「福利厚生が充実している」ことを選択理由とする学生が最も多くなった。また、その後、行われた学生モニター調査では、就活終了後に複数の内定を得た学生の入社企業決定の重視点においても「福利厚生の充実」を基準とする学生が入社直前時点（8月）で最も多くなっていた。

　このように新卒市場での採用力という点で、賃金に対する福利厚生の優位性は、賃金の「わかりにくさ」と対比されることで近年、顕著なものとなりつつあると考えられる。複雑さからは好意的なメッセージの発信は難しいのであろう。

図表2-7　新卒市場における福利厚生

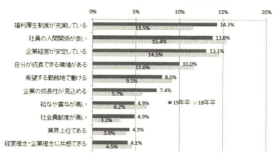

2018年卒 マイナビ大学生広報活動開始前の活動調査

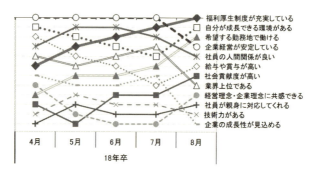

マイナビ2018年卒学生就職モニター調査（8月時点）

・伊那食品工業の「大切にする」というメッセージ

　もちろん、この「メッセージ性」は新卒労働市場だけに伝わるものではなかろう。中途採用市場、既存の従業員に対しても伝わっている。筆者が直接、取材させていただいた長野県の伊奈食品工業では企業理念のなかに「社員の幸せ」を掲げており、ユニークな福利厚生制度も含めて充実している。社員や地域性に配慮したその数は20を超える。例えば、お茶好きの信州人に合わせ、午前10時と午後3時の15分休憩を楽しく過ごせるようにと、月500円のお茶菓子手当を支給している。冬場の気温が氷点下となる伊那地方では自宅に屋根付きのガレージ不可欠であるが、そのガレージの購入費として7万円の補助がある。「車庫手当」である。車のフロントガラスの雪や霜が溶けないまま出勤すれば事故を招きかねないと心配して開発された制度である。毎年実施する社員旅行で

は、海外は9万円、国内は5万円の旅費を補助している。近時は新型コロナウイルスの影響で中止になったそうだが、補助額の一部を次年分として積み増しされている。

　周知のとおり同社は、寒天の製造で国内シェア80%、世界シェア15%を占めている世界的トップ企業で48年間増益増収を実現し、堅実経営としても有名であるが、その原動力が「社員の幸せ」を掲げて充実させてきた多種多様な福利厚生の利用者である従業員が受け留めた「大切にする」という明確なメッセージに対する返報性心理から醸成される定着性やモチベーションの高さではないかと推論するわけである。

　福利厚生がもつ「簡潔明確性」「創意性」そして、それら特性がもたらす従業員ニーズ、企業ニーズに繊細に合致する「多様性」がもたらされることで、具体的で、明確な、そして好意的な「メッセージ」として従業員に、さらに労働市場にも伝わるのである。

　このように福利厚生は他の人事諸制度にはない特性がある。それらの特性を踏まえた活用、つまり人的資本投資を考えることが重要である。それが人的資本経営の基盤となる「人材確保」そして、高いモチベーション、エンゲージメントを得ることから実現される高い労働生産性を企業価値の向上に寄与することになろう。

2-4. 人的資本経営とエンゲージメント

2-4-1. エンゲージメントとは何か

　人的資本経営の議論のなかで度々、登場し、注目される目標概念がエンゲージメント（engagement）である。この概念とは何か。その成立経緯を含めて解説しながら人的資本経営との関係性を再考する。また、福利厚生の経営的効果として改めて考えてみる。

・エンゲージメント登場までの歴史的経緯

　しかし、なぜ人的資本経営を目指すとき、その実現のために必要となる従業員態度がエンゲージメントなのか。モチベーションや職務満足、

第2章　人的資本経営と福利厚生　　*123*

組織コミットメントではだめなのか。一体、このエンゲージメントとは何なのか。これまでの労働研究の経過なども確認しながら解説したい。

まず、歴史的な経緯からたどってみるとする。

産業革命以降の産業界及び労働研究の世界のなかでは、人的資源管理において労働者に求める態度、行動として様々な目標概念が出現してきた。古くは、経営学の祖とされるフレデリック・テイラーが著した"The Principles of Scientific Management"の中で、「怠業（soldiering）」に着目し、その排除を試みた。怠業とは、現在の言葉でいえば「サボり」であり「手抜き」である。19世紀初頭の当時、労務管理制度の構造的欠陥から労働者達が組織的にサボろうとする行動（組織的怠業）が蔓延していたが、それを合理的に是正する方式としての課業管理、差別的出来高給、職能別組織などからなる「科学的管理法」を考案したのである。この「怠業排除」という目的が経営学を産み出したともいえる。労働者にも真面目に潜在能力が発揮されるように頑張ってもらわないと、いかに産業革命によって機械やエネルギーが進化したとしも、生産性の向上は望めなかったのは当然であろう。

その後、その科学的管理法に対する労働者達の反発が高まるなかで登場したのがメイヨーらが唱えた「人間関係論」である。有名なホーソン工場での実験過程において被験者となった５名の女性労働者たちの感情が生産性に顕著な影響を及ぼすことを初めて発見した。五人の女工達の良好な感情、チームワークが、科学的管理法で重視されたような客観的な就業条件の優劣に全く左右されず、生産性の上昇をもたらし続けた。そこでは彼女らのmorale（≒士気）が感情によって左右され、それが生産性に直結することが確認されたのである。このmoraleとはmoral（倫理、道徳）というよりも、今日のモチベーションなどと近似する態度概念といえるだろう。

この人間関係論の登場によって、企業の生産性ひいては競争力を高めるための様々な、実現すべき労働者の感情、意識、態度などが人的資源管理の目標として出現することとなる。個人レベル、集団レベルのものを合わせて列挙すると、モチベーション（Motivation）、リーダーシッ

プ、モラール、職務満足、集団凝集性、組織コミットメント、ジョブ・インボルブメント等々である。近年の自己効力感や心理的安全性なども同様である。エンゲージメントもこうした文脈のなかで登場したものの一つである。

　これらの概念の多くは以前から福利厚生の目的とされてきた概念でもあり、経営的効果として筆者も検証対象として取り上げてきたものが少なくない。

　このような目的概念はそれぞれ意味や期待される従業員行動は微妙に異なるものであるが、最終的には労働生産性の向上に結実させるための中間変数、媒介変数としては大同小異の存在とみることもできる。先の原点の話からみると、これらは強制的な「怠業排除」ではなく、より主体的な従業員の態度や行動なのである。時代の移り変わりとともにある種の流行現象として注目されてきたともいえる。新しいもの好きの労働研究者たちのなせる所業といってもよい。

　では、人的資本経営を推進しようとする今、なぜ「エンゲージメント」だけに注目が集まっているのか。伊藤レポート、可視化指針など一連の文書のなかでは、この「なぜ」についての明確な記述が無いように思われる。

・対概念としてのバーンアウト

　まず、エンゲージメントなる概念がいかにして成立したのだろうか。

　この概念が最初に登場したのは、心理学、産業保健心理学の世界である。その領域のなかで、後にポジティブ心理学と呼ばれるようになる領域である。

　わが国の当該分野の研究者である島津、江口（2012）においてエンゲージメント概念の成り立ちが詳しく解説されているが、彼らは従来からの心理学が人間の負の感情、つまり、不安、怒り、鬱などといったネガティブなものばかりに注目してきたが、その反動あるいは反省として、ポジティブな感情、すなわち幸福、満足感、達成感などにも関心が向けられようになったとしている。こうした、産業心理学での「ネガ」

第2章　人的資本経営と福利厚生　125

から「ポジ」へのシフト・チェンジの経緯のなかで、ネガティブ感情の典型ともいえる「バーンアウト（燃え尽き）」の対概念（正反対の概念）として登場したものがエンゲージメントとなった。

バーンアウトとは「疲弊」「冷笑的態度」「職務効力感の低下」といった下位概念から構成されるものである。要するに、疲れ果ててしまって自分の仕事に意味や意義を見出せず、すっかりやる気をなくした状態であることを意味していることからすると、まさにエンゲージメントと表裏の関係にある対概念といえるだろう。心理学研究者のなかではエンゲージメントの測定をバーンアウト尺度を使って行い、そのスコアが低い状態をもって、エンゲージメントが高いとみなすグループもいるようである。

現在、よく引用される; Schaufeli & Bakker（2004）ではエンゲージメントも「活力」「熱意」「没頭」という三つの下位概念から成るものと定義される。こちらは、やる気満々で情熱的に集中している、という状態である。先のバーンアウトでの「疲弊」「冷笑的態度」「職務効力感の低下」という下位概念ともまさに対置的なものとなっていることがわかる。

本書での最新の調査では、エンゲージメントだけでなく、このバーンアウトについても同時に測定を行っている。果たして、エンゲージメントへの過剰な追求がバーンアウトに至るものなのか、あるいはバーンアウトを抑制し、生産的な従業員態度をもたらすものなのか、という点についても次章で検証を試みている。

・二つのエンゲージメント

エンゲージメントの成立過程を述べたが、その後も発達している。

今やこのエンゲージメントという概念、厳密には二種類のものが存在することとなった。

第一は、最初に成立した、正確には「ワーク・エンゲージメント（Work　Engagement 以下、：WE)」と呼ばれるものである。

しかし、近年、その発展形というか、拡張形ともいえる「従業員エン

ゲージメント（Employee Engagement：以下、EE）なるものが登場している。

　要するに、WEは次章で詳細な説明を行うが「活力、熱意、没頭」という態度的、心理的状態にとどまる概念であるのに対して、EEは、そうした態度的なエンゲージメントに加え、「組織市民行動」、「適応的行動」、「役割外行動」等から構成される行動的エンゲージメントをも網羅したより広範な、拡張された概念である。

　要するに、単なる状態だけではなく、実際の行動が伴う概念となる。

　ちなみに、「組織市民行動」とは、同僚や顧客に対する自律的に援助、支援といった行動を指すもので、「適応的行動」とは、この文脈ならば企業が推進する戦略に対して順応した行動をとること。さらに「役割外行動」とは文字どおり、与えられた役割という"壁"の中に閉じこもって、外の事には我関せず、といった無関心な行動パターンではなく、自身が貢献できる、役に立てるならば自らの役割から積極的にはみ出して行動範囲をどんどん広げていく、といったものである。

２−４−２．人的資本経営での位置づけ…目標概念として
・求めたい従業員エンゲージメント

　人的資本経営の中で取り上げられているのは、間違いなく、この後者（EE）である。人材版伊藤レポートには次のような解説がなされている（同レポート12ページより抜粋。下線、筆者）。

　「現在の日本企業における組織と個人の関係性を見ると、日本は<u>従業員エンゲージメント</u>が世界各国と比較しても著しく低く、従業員が自律し、自発的な貢献意欲に溢れているとは言えない状況にある。

　<u>従業員エンゲージメント</u>とは、「企業が目指す姿や方向性を、従業員が理解・共感し、その達成に向けて自発的に貢献しようという意識を持っていること」を指す。
　<u>従業員エンゲージメント</u>は、従業員満足と異なり、所属する組織、職場の状況、上司、自身の仕事などについて、「従業員が自身

の物差し」で評価をするのが満足であるのに対して、「会社が目指す方向性や姿を物差し」として、それらについての自分自身の理解度、共感度、そして行動意欲を評価するのがエンゲージメントである。

確かに、ここまで拡張されると企業にとっては実にありがたいものとなっただろう。

EEを人的資本経営での人材マネジメントの目標概念としたくなる気持ちはよくわかる。先の従業員満足や組織コミットメントなどが、従業員の主観的な意識、態度に過ぎないとし、EEは、会社が目指す方向性や姿という企業からの評価をベースに、それに共感しているか、貢献しているか、を測る概念というわけである。

ここに筆者が呈した先の疑問に対する答えがあるようだ。すなわち、人的資本経営においても、なぜこれまで重宝して使ってきたモチベーション、職務満足、組織コミットメントなどではなく、エンゲージメントなのか、という素朴な疑問である。

つまり、これまでの人的資源管理での目標概念はあくまで従業員の主観から捉えられ、測定されたものでしかない。しかし、従業員エンゲージメントという目標概念は、企業あるいはその戦略という観点からみて望ましい態度・行動であるか、という労働力を「使う」立場からの評価となる。それ故に、企業戦略の実現、企業目標の達成に、より直接的に貢献できる従業員態度、行動となるというわけである。

ちなみに、英国では2010年頃の当時の労働党政権が、生産性や国際競争力の向上策として従業員エンゲージメントに大いに関心を寄せ、エンゲージメント促進が英国経済にもたらす意義を説く報告書（MacLeod & Clarke報告書）が刊行している。経済回復を願う政権にとっても、有難いものとなるだろう。

・エンゲージメントの国際比較

人的資本経営を推進しようとするなかで、なぜエンゲージメントが注

目されるのか。

　わが国での議論の経緯のなかで、もう一つの論拠があると考えられる。それは伊藤レポートでも紹介され、現在、厚生労働省のウェブサイトにも掲載されているエンゲージメントに関する国際比較調査での日本の労働者の惨憺たる結果であろう。

　島津（2016）が行ったこの調査では日本人労働者のサンプル数が19,489人と極端に多く、他国のサンプルでは、オランダが13,236人となる以外はフィンランドの6,131人を筆頭に最小のチェコの92人までとなり、かなりの規模格差がある点に注意を要する。また、回答者属性の分布などの詳細な代表性に関する情報は厚生労働省のウェブサイトでは示されていない。

　この調査でのエンゲージメントの測定尺度は現在、世界で最もよく使用されているといわれるUWES（Utrecht Work Engagement Scale）という方式である。これはエンゲージメント研究の第一人者であるSchaufeliにより2003年に開発された尺度である。この簡易版の以下の九つの質問文（以下）が回答者に示される。ご覧いただければわかるように先のエンゲージメントの三つの下位概念を測定しようとしている。その上で、「全くない」から「いつも感じる」までの段階表現での7点法という尺度で回答を求め、その回答結果から合計スコアを算出するのである。この尺度は先の二種のエンゲージメントのなかのワーク・エンゲージメント（WE）である。

（エンゲージメント測定の尺度表現：簡易版）

・仕事をしていると、活力がみなぎるように感じる（活力 1）

・職場では、元気が出て精力的になるように感じる（活力 2）

・朝に目がさめると、さあ仕事へ行こうという気持ちになる（活力 3）

・仕事に熱心である（熱意 1）

・仕事は、私に活力を与えてくれる（熱意 2）

・自分の仕事に誇りを感じる（熱意 3）

- 仕事に没頭しているとき、幸せだと感じる（没頭 1）
- 私は仕事にのめり込んでいる（没頭 2）
- 仕事をしていると、つい夢中になってしまう（没頭 3）

　この質問を各国語に翻訳した上で調査を16か国で行った結果、なんと日本は圧倒的に最下位となったわけである（図表2－8）。トップのフランス、2位のフィンランド、3位の南アフリカなどのスコアの半分以下という、なんとも悲惨な結果である。6点法で3点以下となる。

図表2－8　ワーク・エンゲージメントスコアの国際比較

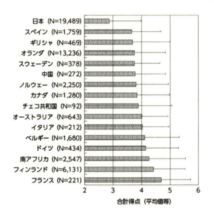

資料出所　島津明人（2016）「ワーク・エンゲイジメント－ポジティブ・メンタルヘルスで活力ある毎日を－」
（注）　1）棒線は、9つの質問項目の総得点を9で除した1項目当たりの平均的な得点を示している。
　　　2）棒線の右線は、平均値＋1標準偏差の上限を示しており、その上限までの範囲内に、サンプルの68％が含まれる。

資料出所　「令和元年版　労働経済の分析（厚生労働省）」コラム2－3図より一部抜粋

　かつて世界に冠たる労働者の勤勉性、倫理性を誇ったわが国が最下位となろうとは。筆者には、にわかに信じ難い調査結果なのである。WBCでの見事なチームワークで世界一の栄冠に輝いた国が、である。プロ野球人もいうまでもなく労働者であるわけで、それを考えるとこの調査結果は、なんとも不可思議な結果にも筆者には見える。
　調査当事者はこの結果について「各国の文化等にも影響を受ける可能性があることを指摘しており、その結果については、一定の幅を持って

解釈することが重要である」というコメントを書いている。確かに日本人は謙虚で、慎重な表現を好む傾向があるので「仕事に熱心である」と聞かれて、「いつも感じる」とは、恥ずかしくてなかなか答えないかもしれない。熱心にコツコツと仕事に取り組んでいるとしても、である。

この調査結果に対する疑問はともかくとして、なぜ人的資本経営を推進する議論においてエンゲージメントが注目されたのか、という点でこの調査で示された日本人労働者の極端に低いエンゲージメント状態が問題視され、「人的資本」としての視点を導入した人材マネジメントによって改善されることを期待しているのだろう。

同時に、先の「従業員エンゲージメント」でなくとも簡易版だがこの尺度表現を見ればわかるように、この従業員態度が生産性に強い関係性をもつものであることは容易に理解できる。統計値での労働生産性も、わが国は世界的にはかなり低迷していることも残念だが事実である。

こうしたわが国の労働者が国際的な指標的に劣位にあるという悲惨な結果に対する疑念を述べたが、Shimazu & Schaufeli（2008）でもこの国際比較において日本の労働者が顕著に低い評価となった背景には日本人労働者の国民性があると述べている。すなわち、「日本人ではポジティブな感情や態度を表出することを抑制することが社会的に望ましいとされている」ためと述べ、「これは集団の調和を重視することが重視されるためである」とされた。確かに、日本のチームの中で、ひとりだけ熱意、活力を漲らせたような態度、言動を取りつづければ、いわゆる"浮いてしまう"ことを恐れる人は少なくないだろう。とすれば、そもそも、このエンゲージメントという目標概念を日本人に適用すること自体に問題あり、ともいえるわけだが…。静かなる熱意、内に秘めた燃えるようなやる気、を測ることは難しいのであろうか。

あるいは、日本人労働者のこれまでのある意味で謙虚で冷静な態度から、そろそろ脱して、われわれも陽気（?）になれ、ポジティブ型に変われということなのであろうか。国民性的なものとすれば、なかなか容易に変われないとも思えるのだが。

ともあれ、「活力」「熱意」「没頭」という三つの下位概念から成るエンゲージメントを、表出的であれ、内面的であれ、いかに高めるべきなのか、これからの人的資源管理の大きな課題であるとはいえるのだろう。それは後述するエンゲージメントの優れた派生効果が期待できるためである。

　では、福利厚生が人的資本経営のなかで目指すべき、このエンゲージメント形成にどのような影響を与えうるものなのか、より精緻な尺度を用いて測定した最新のデータの下で次章で検証したいと思う。

２－５．福利厚生投資が産み出すもう一つの貴重な資本 社会関係資本

２－５－１：社会関係資本とは何か

　福利厚生には個々の人的資本への投資だけではなく、もう一つ貴重な総体的な資本、相互関係的な資本への投資を蓄積させることができる。本書はこのもう一つの資本への投資の可能性に注目したい。

　それは「社会関係資本」と呼ばれる資本への投資である。

　社会関係資本（Social Capital）という概念は比較的近代になって登場した新しい資本概念である。社会学者であるPutnam（1993）らによる実証研究を踏まえた提唱がなされたことで、2000年代初頭には社会学をはじめ、経済学、政治学、教育学等の社会科学分野で幅広く受け容れられ、活発な議論で展開された。

　この「社会関係資本」の定義として、Putnam自身は「調整された諸活動を活発にすることによって社会の効率性を改善できる、信頼、規範、ネットワークといった社会組織の特徴」とした。わが国の当該分野研究者である稲葉陽二氏は「社会関係資本については、様々な学者によって多岐にわたる定義がなされている」と述べた上で、「強調する点に違いはあるが、これらの大部分は社会関係資本を、集団行動を容易にする信頼、規範（特に互酬性）、ネットワークから構成されるか、ないしはそれらから導かれたリソース」と定義している。

　Putnam（2006）の代表作である「孤独なボウリング―米国コミュニ

ティの崩壊と再生」のなかでは、米国の地域社会のなかで人々が毎週定刻に集まって相手を変えながら一定期間内にチーム戦を行う試合形式のボウリングが拡がり、活発な社会的関係性ができた後、やがて衰退する過程で人と人との絆や交流が失われ、コミュニティの崩壊をもたらす状況を描写した。より良き社会形成のために人と人との有機的、互恵的なつながりがいかに重要かを示した名著とされる。地域社会を構成する人々の間に形成される人間関係、ネットワークが相互扶助をもたらし、犯罪を抑制し、健康な生活をもたらすという、まさに健全な資本形成によって社会に価値をもたらすものとした。わが国には、"結"、"講"、"無尽"、"頼母子" といった伝統的な相互扶助システムが存在したが、これらも社会関係資本が表出した形態といってよかろう。

・並置すべき社会関係資本

　既に労働研究においても小野（2017、2018）が、職場における社会関係資本形成が「組織や職場の有効性」「健康」「心理的well-being」に好影響を及ぼすことを検証している。企業内においても従業員、経営者などの人々のなかに「信頼」「互恵規範」「ネットワークに基盤をおいた持続的な関係性（きずな、つながり）」が構築されることで、経営活動全体を効率化し、円滑に発展させる効果があることが示された。もちろん、従業員の個としてwell-beingなどを高める効果も示されている。職場が社会の縮図であることを考えれば、当然であろう。

　もう気づかれたかもしれないが、こうした企業、職場における社会関係資本の形成・発展に対して、これまで福利厚生は長く大きな貢献を行ってきたことは間違いない。スポーツ活動、レクリエーション施策、共同での健康予防運動などをはじめとして、近代版相互扶助システムの代表ともいえる従業員拠出型の各種団体保険制度などもリスクを共有する社内人間関係である。また、労使交渉を通じて従業員に応える形での様々な制度・施策を導入することによって労使関係の安定化などにも寄与してきたわけである。先に紹介した「カレーファミリー」などがその典型例であろう。

こうした好ましい社会関係資本の形成に対して福利厚生は有効な投資手段として存在するとなれば、まさに人的資本開示の文脈のなかで情報開示に値すべきものとなるのではなかろうか。すなわち、福利厚生による投資によって、個々の人的資本だけではなく従業員間、経営者－従業員間での社会的に良好な人間関係としての社会関係資本の形成が促されるからである。そして、それが様々な投資効果をもたらすことで経営を円滑化し、企業価値を高める助力となっていくという文脈である。

　こうした考えに基づけば人的資本と社会関係資本、両資本は並置され、投資すべき存在として論じられるべきものであろう。

　人的資本が個々の従業員レベルの蓄積とすれば、社会関係資本は人的資本が組織レベル、集団レベルでの相互作用のなかで醸成され、発揮される総体的な資本力といえるだろう。

　筆者は、福利厚生への支出を人的資本への投資と捉えようとするときに、個々の人的資本の価値を高めるだけではなく、その投資によって「会社内という社会」に形成される社会関係資本が付加価値労働生産性の向上において大きな役割を果たす可能性が高い点に注目したい。そしてこれは福利厚生特有の、あるいは得意とする貴重な資本形成であると考えている。

　社会関係資本の最初の提唱者である社会学者のPutnam（1993）が、その基本要素としたものは「ネットワーク（絆）」、「信頼」、「互酬性の規範」の三点であり、付帯的に「それらから導かれたリソース」も含めている。

　一体、福利厚生からもたらされる、この社会関係資本とはどのようなものなのか、この三要素について、ここで紹介しておきたい。また、その効果とは何か。特にこの概念を企業の人的資源管理、人的資本経営という観点からその応用可能性とその上での課題を考える必要があるだろう。さらには、この当該資本の形成過程において福利厚生がその良好な形成にどのように役割を果たせるかを含めて検討する。

　この要素の検討の前に、改めて、近年わが国において社会関係資本の存在が注目された実例を確認したい。それは2011年3月の不幸な出来事

である。東日本大震災が発生したとき多数の死傷者、壊滅的な家屋、インフラの損壊がもたらされた。まさに社会崩壊ともいえる事態に直面した。しかし、この未曾有の大災害であったにも関わらず、現地の人々が取った、利他的で協調的な、秩序立った行動は、国内外問わず大きな感嘆と賞賛の的となったことは記憶に新しい。表現が難しいところだが、もし、このレベルの大震災、大災害が他国で発生していたなら、もっと大きな、そして悲惨な社会的混乱が生じた可能性が高い。暴動、暴力、略奪など二次的な人的災害が発生したのではなろうか。しかし、阪神・淡路大震災のときもそうだが地域の人々は悲嘆にくれながらも社会的秩序を維持し、助け合い、慰め合いながらいち早く復興への途を歩み出した。支援品配布の行列を乱す人は無く、むしろ支援、助力してくれた自衛隊員やボランティア、米国海兵隊などへの感謝の言葉を忘れなかった。

　これは単なる美談ではなく、社会としての柔軟な力強さを示した社会実験となった。

　なぜ、東北で、阪神でこのような強い社会が作られていたのか。これを端的に説明する概念こそが社会関係資本なのである。資本とは生産により利益をもたらすもの（Solow（1999））、すなわち土地、労働と並ぶ基礎的な生産要素とされるわけだが、この災害時に社会関係資本が生産し、もたらされた利益は多様だが、おそらく社会を維持する力であり、秩序、復活へのモチベーションなどであったのだろう。

2−5−2. 社会関係資本の三つの要素と福利厚生

　社会関係資本という概念だが、その内部構造、メカニズムを捉えようとすると、先のPutnamの提示した「ネットワーク（絆）」、「信頼」、「互酬性の規範」に収斂されることに気づく。この三要素を福利厚生と関係づけながら詳しくみてみる。

　まず、「ネットワーク」であるが、これは人と人が互いの存在をよく認知し理解している状態が一定の社会空間で共有された状態である。あえて簡単に言えば、良好な人間関係が形成されているということであ

る。地域社会ならば、「○○丁目に住んでいる○○さんは、高齢者で一人暮らしのおばあちゃんで、いつもはあのスーパーで買い物してる」といった情報を周囲の多くの人々が相互に共有している状態である。これは被災時などでは実は重要な情報であり、状態なのである。大都会でよく言われる「隣人が何者か何も知らない」といった状態も珍しくない今日であるが、社会として脆弱な状態であることは明らかである。

この社会関係資本のいうところの「ネットワーク」は企業の職場内にももちろん当てはまる。自社内という社会空間にあって、どんな従業員が、どんな経営者が存在するのか。それはどのような人物なのか、その能力は、人柄は、生活状況は、といった情報が互いに共有されれば良好な「ネットワーク」となる。このタイプの「ネットワーク」の形成には福利厚生は、他のいかなる人的資源管理制度よりも大きな役割を果たしている。古くは社内運動会、社員旅行などの恒例行事や歓迎会、忘年会、社内報などもそうである。近年でも多彩なスポーツ活動やボランティア活動などを展開してきた。自身の所属部署・部門以外の従業員を認知し、理解する多くの機会を福利厚生が中心となって提供している。社内であっても「知っている」「知られている」という関係性が社会関係資本の第一歩であるネットワーク形成という点で重要である。

次に「信頼」という点では、どうだろうか。最近の概念でいえば心理的安全性が確保されているような、業務上、誰もが何でもいえる、自由に批判し合える（誹謗中傷ではない）、意見を戦わせることができる状態のベースにあるものは間違いなく「信頼」であろう。上司の事業計画を少しでも批判したら、「次の人事異動で地方に左遷された」といった事が常態化するような組織では相互の「信頼」は成立しない。

社内での「信頼」をいかに担保するか、これはなかなか難しい。経営者行動、管理職行動として、そして制度として「信頼」を高めていく努力を蓄積していくしかない。わが国ではじめて人的資本経営のシンボルともいうべきISO30414認証を早々に獲得したリンクアンドモチベーション社の人的資本レポートでは「一点の曇りもない経営」という言葉が掲げられている。これは法令違反や不誠実が一切存在しない経営、と

彼らは独自に定義しているが、まさに社内外からの「信頼」を得ようとする企業理念であろう。内容的には苦情件数、ハラスメントや懲戒処分などを開示して最小化、消滅を目指している。そのために徹底した管理職教育、従業員への啓蒙施策を講じている。

　福利厚生にも社内での「信頼」の形成を高める機能は数多くあると思う。例えば、様々なセーフティ・ネット系の施策がその代表例ではないか。筆者の調査経験では、ある企業でのGLTD（団体長期障害所得補償保険）でのケースである。ある部署の中堅社員が通勤時の交通災害によって半身不随となってしまい、残念ながら退院後も就労不能となってしまった。この際、加入していたGLTDによって当該従業員及び家族は経済的な破綻を免れることとなった。不幸中の幸いというケースなのだが、この事案の発生後、社内での定期的な従業員満足度アンケートが行われたところ、当該従業員の所属する部門近辺での組織コミットメントの測定値、特に情緒的コミットメント値が突出して高まった。つまり、会社に対して「好き」「親近感がある」「信頼できる」という感情が高まったのである。その訳はどうやら先の同僚がGLTDによって生活破綻を免れたことによって、他の従業員たちは「万が一の際には、会社は助けてくれる」「自分たちを守ってくれている」ということを確信できたからである。

　一般にGLTDなどの生活保障制度は無形財、無形サービスであって、普段は従業員からその恩恵は見えづらいものである。しかし、同僚に起こった不幸が福利厚生制度の一つで救済される事態を目の当たりし、企業が従業員の生活保障、生活設計を陰で支えていたことを実感できたことで「信頼」に近い感情を得るに至ったのであろう。本来ならば、不幸な保険事故が発生しなくとも、こうしたセーフティネットの効用を実感してもらい、「信頼」といった感情に繋げたいところではあるのだが、制度の周知徹底はなかなか難しい。ただ、その努力を含めて、こうした制度導入・運用が労使間での「信頼」に寄与する可能性があることは間違いないだろう。

　もちろん、第一の「ネットワーク」が「信頼」形成の基盤となること

もあろう。このように福利厚生は社会関係資本の形成に大きな役割を果たしているのである。では、三番目の「互酬性の規範」はどうだろうか。この三番目の要素としての「互酬性の規範」と福利厚生との関係性について考えてみたい。

　まず、第三要素のなかにある「互酬性（reciprocity）」という概念である。これは互恵性、返報性などとも呼ばれるもので社会学における古い研究歴をもった概念である。広く捉えると「社会的交換理論」に内包される概念で、最も古い理論化の一つとしてマルセル・モース（Mauss）によって「贈与論（1923－24）」の中で示されたものが参考となるだろう。彼は文字を持たない未開な原始的な社会であっても、「贈り物を受け取った側が負い目を感じ、適当な時間をおいて必ず贈り物を返す」ことを指摘し、この交換のバランスこそが社会を健全に維持する規範であり、行為とし、原初的な「法」であると理解した。この交換行動は「贈与と反対贈与」「贈与交換」などとも呼ばれ、やがてバランスとの取れた交換を「互酬性」とされ、社会における重要な規範（拠るべき規則・基準）となる。いわば、他人同士がともに生きる「社会」なるものを構成せざるを得ない人類が太古の昔からDNAに埋め込まれた規範意識（Norm）といってよかろう。

　なかなか難解な概念、用語なのだが、われわれ日本人には馴染み深い慣習、言葉があるので理解しやすい。その慣習とはお中元、お歳暮である。年に何度か、節目の時期に「お世話になった方に、感謝の意を形（贈り物）で示す」という、この慣習が今も広く保持されている。「お世話になるばかり」で放置するのは心苦しいという感覚となり、ささやかであっても、多くの人々が何らかの贈り物を行うのである。

　この心苦しさは近年、「負債感モデル」として理論化されている。しかし最近では、多くの会社では「虚礼を廃す」として社内でのお中元、お歳暮を禁止することが多いが、元々は決して「虚礼」ではない「社会維持規範」だったのである。ただ、確かに出世競争などで過熱化し、贈答品が高額化して「賄賂」のようなものとなったために禁止となった経緯は理解できる。しかし、未だにこの習慣は根強く残っている。筆者の

地元社会では親子間、親族間などでも頻繁に行われている。会社でも実のところ、水面下では未だ活発になされているとも仄聞する。それは特に高職位層である。まぁ、一般社会であれ、企業社会であれ、相当に根強い慣習なのであろう。

そして、この慣習を支えてきたわが国の言葉として「お互い様」「お返し」「恩返し」などがある。童話などでも実に多い題材である。「鶴の恩返し」「桃太郎」「ねずみの恩返し」といったメジャーなタイトルが多いことからすると日本人が愛してきた美談パターンに違いない。そして、この「お返し」を行わない者は「忘恩の徒」と呼ばれ、軽蔑され、社会から排除されることになるわけで、かなり怖い規範ともいえる。

つまりは、他者（家族、親族含む）から、何か無償の支援、助力を得たとすれば、一定の時間の経過は許されるが、必ず、お返しを「しなければならない」「すべきである」という社会的ルールで、これが互酬性であって、このルールが今も社会で広く共有され、支持されている。言葉すら持たない原始の人々すら守っていた規範だから、その強力さは首肯できる。

・福利厚生と互酬規範

さて、用語解説が長くなってしまったが、貴重な「社会関係資本」形成の最後の必須要素として、この互酬規範が形成されていなければならないとされたわけである。

では、わが国のこれまでの福利厚生が「互酬性の規範」を社内にもたらすことに寄与できるのだろうか。

福利厚生によって、従業員、特に既存従業員の定着性やモチベーションの維持・向上がもたらされるメカニズムとして先述の「負債感理論」がある。これは互酬性とほぼ同義のものだが、方程式モデル「負債感モデル」として洗練化された。本書でも人的資本経営時代において有効なモチベーション原理として負債感に注目して検証を行っている（第3章）。

現在のような豊かな時代、飽食の時代となって、貧しい時代に機能し

ていた「欲求充足モデル」とよばれたモチベーション向上メカニズムが徐々に機能しなくなりつつあるなかで、新たなモチベーション向上の基本理論として、この「負債感モデル」に注目すべきであると筆者はこれまで強調してきた。つまり、戦後直後のような人々が貧しい時代では「衣食住」の生活条件が十分に満たされなかった時期で、企業が社宅・独身寮、社員食堂、制服などの福利厚生施策によって従業員の「生存欲求」「安全欲求」などの低次の欲求充足を支援することが企業の大きな魅力となっていた。高い採用力を構成し、加えて低次欲求がいち早く充足されることで、より高次の欲求である「帰属（所属）欲求」や「評価（承認）欲求」「自己実現欲求」といったもので動機付けられるようになる。これらの高次欲求の充足行動は、良好なチームワークの形成や高い労働生産性をもたらす可能性が高いことから、福利厚生の「欲求押し上げ効果」がうまく機能したわけである。

　しかし、時代が移り、少なくとも「衣食住」レベルでの豊かさは必要十分に得られてしまった時代となると、先のような企業の生活支援施策が以前ほどは歓迎されなくなる。そして、より個性的で、多様で、個々の個人にとって魅力的な「衣食住」を従業員自らが求めるようになると「押し上げ効果」が以前ほどには効かなくなった。古ぼけた独身寮入居を拒む新入社員などが現れ始めることになる。

　こうした豊かな時代が到来したなかで、低次欲求の充足支援では動機付けられなくなった従業員達のモチベーションをいかに高めるか。この命題に応えるものが「負債感理論」であり、その根幹にあるものが「互酬性の規範」となる。簡単に言うと、福利厚生の提供を通じて「会社には助けられた」「会社にはお世話になった」「恩義がある」と感じさせることで、その返礼、つまり「お返し」として、できるだけ定着し、勤勉に勤務し、社業に貢献しようとする良好な従業員態度が形成されるというメカニズムである。

　この互酬性に関する実証研究はこれまで、「オリガミ研究」「美術館鑑賞実験」など内外で数多く蓄積されてきた。いずれも無償の支援、助力を受けた者が、その返礼行動を強く動機づけられることが検証されてい

た。

　筆者も、この「負債感理論」をベースとした福利厚生の経営的効果を
検証すべく2015年に大規模な定量調査（従業員調査）を行った経緯があ
る（第3章）。そのなかで「他者コスト」と呼ばれる福利厚生担当者や
経営者の福利厚生制度の維持・運営の労力、コスト負担を、強く認識し
ている従業員ほど高いモチベーションをもち、定着意識が高いことが確
認された。

　つまり、福利厚生施策を展開することによって、従業員心理のなかに
潜在的に埋め込まれている「互酬性規範」を表出させる効果があること
は間違いない。この効果は実に幅広い施策で現れる。両立支援、健康予
防、資産形成支援、所得補償、医療保障などの団体保険制度などの利用
者の多くが「会社に借りができた」「助けられた」「恩義を感じる」とい
う意識が形成される。これが定着やモチベーションなどに間違いなく繋
がっている。互酬性という規範の威力は強力なのである。

　さて、以上で福利厚生が「社会関係資本」という、人的資本の拡張概
念ともいえる資本形成に大きな貢献ができる可能性があることをご理解
いただけたのではないだろうか。これから開示が求められる人的資本経
営レポートにおいて社会関係資本にも注目されることを期待したい。社
内全体、チーム全体としての日本型の強い人的資本経営を実現するため
にも重要な要素と考えられる。

　人的資本経営の推進のために福利厚生が社会関係資本の形成に及ぼす
影響については、第3章で実証研究の成果を紹介する。

2－6．人的資本経営における福利厚生の役割

・多面的な人的資本投資の可能性

　さて、新たな潮流となりつつある人的資本経営とは何か、そして福利
厚生との関係性について多面的に検討を加えてみた。

　どうやら、この新たな潮流は、コロナ禍の衝撃によって、機能不全と
もなった伝統的なわが国の福利厚生が模索している新たな方向性、変革
が目指すべき方向性と重なるものとなりうると結論づけられるだろう。

第2章　人的資本経営と福利厚生　●　141

同時に、筆者が西久保（2004、2012）で示した「戦略的福利厚生」の考え方とも近似する。それは、福利厚生が企業戦略に対して、明確に貢献できるものとして進化すべきという主張であったからである。

　また、日本型の新たな、強い「人的資本経営」を実現するためには、福利厚生を最大限活用することが不可欠ではないだろうか。その特性を活かすことで、欧米から発した新たな経営モデルを単に移管、模倣するのではなく、わが国としての独自の強い人的資本経営モデル、市場からも高い評価を得る経営モデルへの進化させることができるのではないかと期待させる。

　福利厚生は従業員同士の、そして従業員と企業との関係性を深め、凝集性、一体感を高める。それは日本企業の「強さ」を支えてきた。すなわち、人材の多様性に対する「受容性」を高め、働き方の多様化に適応する「柔軟性」をもたらし、それらの帰結としてイノベーションを誘発する「創造性」を組織にもたらす。この新たな、強い「日本的経営」へと繋がる文脈のために、福利厚生による人的資本への投資は欠かせないものと考えられる。

・独自性を活かす投資のために

　福利厚生による人的資本投資が企業価値の向上という最終的な目標に到達するためには、確固たる因果連鎖を確立させることが必要となる。つまり、個々の福利厚生施策の「導入」に始まり、それが従業員による「利用行動」を促し、その利用によって「経営的効果」となって表れる。この経営的効果が、労働生産性の向上と結びつきながら、企業のその時点での事業戦略、企業戦略の推進に有効に働くことで「戦略の成功」に貢献する。その成功を、市場、投資家が評価することで企業価値が高まることとなる。

　この文脈、因果連鎖のなかで福利厚生からもたらされる経営的効果は、人的資本投資の進捗の成否を図る上で計測されるべきKPI（Key Performance Indicator）となる。

　福利厚生には多種多様に制度・施策があるが故に、その経営的効果も

同様に多種多様なものとなる（第3章、図表3－37）。従業員態度に関するものだけでも、定着性、採用力、モチベーション、組織コミットメント、そして先述のエンゲージメントなど多彩な効果がある。また、客観的、数値的な経営的効果としても、自発的離職率、平均勤続年数、応募者数、内定者残存率、高エンゲージメント・スコア者比率、各種イベントへの参加率・参加者数、定期健康診断での受診率、有所見率、メンタルヘルス事由による休業率、等々、様々な設定が可能である。

　こうした福利厚生の利用に伴う経営的効果をKPIとして設定し、福利厚生による量的、質的な人的資本投資の一次的効果として測定することが重要である。これらの多くは人的資本開示に求められている「比較可能性」の高い投資成果指標としても位置付けることができる。

・求められる経営的効果の確かなエビデンス
　したがって、福利厚生の経営的効果を人的資本投資のKPIとして活用するためには、その継続的な効果測定が重要である。
　効果測定には様々な手法があるが、定期的な従業員アンケート調査や既存の人事管理関連情報を核として、各制度での利用率、利用者などに関する情報を体系的にデータベース化していくことが有用であろう。アウトソーシング・サービスを利用している場合などは、委託先企業に定期的にデータ拠出を求めればよい。

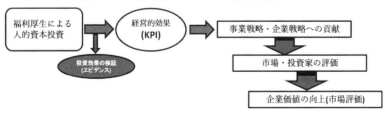

図表2－9　福利厚生による人的資本投資の流れ

　いずれにしても、この福利厚生による経営的効果の測定、投資効果のエビデンス測定は人的資本経営への貢献を確認する上でも重要な対応と

なる。以下に示す因果連鎖の中核的な結節点としての役割を果たすためである。

同時に明確なエビデンスとして企業が独自に測定できるのは、この経営的効果までとも考えられる。KPI達成以降の因果連鎖の検証は困難であり、曖昧さ、多要因性などが介在し、明確な投資効果と断言できる余地は大きくないためである。

例えば、効果的な福利厚生の導入・活用によって、採用力が高まったか、定着性が改善したか、という観点では客観的、数値的に検証することはそれほど難しくない。制度の導入時、改善時からの時間的経過のなかで、上記のように数値的KPIの測定を続け、その変化を見ていけばよい。併せて、定期的な従業員アンケートを併用すれば、その変化の背景としての従業員の意識や態度を測定することも容易である。エンゲージメントが高まったのか、組織コミットメントが改善したのか、会社満足度なのか、いずれも測定・検証できる。

・改めて企業戦略との因果性、貢献性を考える

しかし、そうして採用力、定着性などの経営的効果が得られたとして、その後の事業戦略、企業戦略の成功につながったか、否かは確実な客観的検証は難しい。因果関係のシナリオ、ストーリーを明確にしながら、財務的情報の分析・評価に加えて、定性的に当事者の評価などに基づいて判断するしかない。

また、さらに、その事業戦略、企業戦略の成功に市場、投資家がどのような評価を下すのか、この評価はやはり不透明であり、不確実性が高い。説得的な開示シナリオが求められることになる。そして、最終的には不安定な株価の変動として現れることになる。

ともかく、まずは福利厚生による確実な人的資本投資とその確実な成果、リターンという因果関係の検証、エビデンスの獲得が重要であり、それが有効な人的資本投資としての効果の開示事項となる。その開示が初期的な段階での因果関係に限られるともいえ、相対的に説得的な開示内容として市場、投資家からの有効な判断材料になると考えられる。

では、次章で人的資本投資としての福利厚生の有効性を検証すること
としたい。

第3章

経営的効果の検証、

その理論的背景と運用

＜この章のポイント＞

人的資本経営において、人的資本の価値創造力を高める上で、福利厚生による投資が本当に有効なものなのか。この疑問に答えるためには、前章で予告したとおり、人的資本経営に資する様々な経営的効果が福利厚生によって得られるものかを再確認する必要がある。

本章では、福利厚生の経営的効果について最新のデータも活用しながら多面的に検証、議論を行う。

まず、人的資本投資にはその前提として人的資本たる「人材の確保」を質・量ともに実現することが不可欠であり、大前提となる。前述のとおり、人的資本は他の資本とも異なる流動性が高いというリスクを内包しているためである。

したがって、まずは、この「人材の確保」、すなわち「採用」と「定着」の両面において福利厚生が有効なものであるか、その検証を行うこととする。ここでは前章で述べた福利厚生の採用力に直結する「メッセージ性」の内実も探る。

次に、新たに検証すべき経営的効果、すなわち、人的資本経営の成功と直結する経営的効果、創造性を高め、付加価値生産性を高めるための「エンゲージメント」「心理的安全性」「社会関係資本」などに注目するこれらの経営的効果についてもわが国ではじめての分析、検証結果をご紹介したいと思う。特に、エンゲージメントに関しては要因分析と効果分析の両面から詳細な分析を加える。加えて、前章で触れた対置概念であるバーンアウトとの関係性まで踏み込んでみる。

そして、これらの福利厚生による経営的効果が最終的に目指す人的資本経営のあるべき姿に貢献できるものなのか。独自に設定した人的資本経営における「個人」「組織」「市場」の三つの次元での成果への貢献可能性について検証する。これも初めてのアプローチとなる。

また、近時、注目されはじめた「ファイナンシャル・ウェルビーイング」の実現、向上に対して福利厚生がどのような貢献ができるのか、初めの検証を試みる。老後2,000万円問題などが世相を騒がせたように、急速な少子高齢化の進展で公的年金等の後退が叫ばれるなかで老後経済生活への労働者の不安は高まるばかりである。この不安解消に向けての福利厚生の有効性を探る。人的資本投資としての可能性、必要性を探るためである。

同時に、そうした数多くの経営的効果を、中小企業を含めた多くの企業が効率的に獲得し、活かすためにどのように制度編成を行い、獲得していくのか。すなわち、より効率的な人材投資、人的資本投資としての戦略的福利厚生を実現してゆくか。そのための「ARCモデル」を改めて提案し、人的資本経営としての実践的活用としての解説を行いたい。

３－１．福利厚生は「福祉」か、「投資」か

　企業が法定外福利費としての支出を決断する背景には様々な要因があるが、その最も強固な要因、動機は、何らかの経営的効果を得たいと願うからだろう。では、どのような経営的効果を期待しているのか。そして実際に期待した効果は得られているのだろうか。

　筆者は、この福利厚生の経営的効果の検証をテーマとして長年、取り組んできた経緯がある。このテーマを追求するに至った理由は、旧来、福利厚生は「企業福祉」「職域福祉」などと呼称されてきており、経営者、事業主からの一方的な恩恵、支援、慈恵、弱者救済策とする存在感が支持されてきたからである。そこでは社会保障・社会福祉との相互補完性の重要性などが主張されていた。わが師でもある藤田至孝氏が、この文脈上の集大成となる「生涯総合福祉（1985）」を提唱した。背景にあったのは高度成長過程での配分待望論ともいえるだろうか。田中角栄氏が宣言した1973年の「福祉元年」に始まった時代背景である。

　しかし、若かりし当時の筆者には妙な違和感があった。

　仮に「福祉」などと捉えてしまえば、投下された費用について、その経営的な対価を期待すべきではない、という議論にもなりかねず、法定外福利費という企業の支出が、いわゆるサンクコスト（埋没費用）、つまり回収不能な費用に陥りかねない。

　同時に、「福祉」という発想には、効率性、費用対効果を高めようとする厳密なマネジメントを回避することが許される空気感、ニュアンスもあったように記憶する。

　しかし、である。企業が貴重な経営資金の中から捻出して支出を行うならば、「福祉」といえども人材に対する「投資」と位置づけるべきものであり、明確にそのリターン（経営的効果）を望むべきと考えるようになった。つまりは、厳しい経営環境のなかでの企業の生存と成長に寄与できる経営的効果を得られるための福利厚生のあり方を追求すべきなのであろうと。

　筆者が2004年に「戦略的福利厚生」なる概念を提唱したのはこうした

経緯がある。そして、当時の内外の事例において実際に福利厚生からもたらされる経営的効果が企業戦略の成功に寄与し、それが企業成長に結実する実態に何度か触れることができた幸運もあった。米国HomeDepot社、わが国のベネッセコーポレーション社などがその典型例であった。また、その後も数多くの定量データ（企業・従業員調査）に基づく統計的検証を行うたびに経営的効果の存在を確認することができた。福利厚生への投資は十分にペイできるものだと確信した次第である。

そして近時、新たに「人的資本経営」なるテーマが提唱されることとなった。自社の人材（人的資本）に適切な投資を行うことで企業戦略を成功させ、企業価値を高めよう。そして、その投資の実態と成果を市場に向けて積極的に開示せよ、という文脈である。

この動きは戦略的な福利厚生の活用が、いよいよ市場、投資家たちからも求められ始めたのだと筆者は感慨深くとらえている。このムーブメントを好機とし、自社の福利厚生をより確実に、採用力、定着、モチベーション、そしてエンゲージメントなどの経営的効果を得られるものへと進化させたいものである。さらに、その貴重な効果をいかに企業戦略の成功、企業成長、企業価値向上に結び付けていくのか、創意に富んだ厳密な戦略的マネジメントが求められる時代となった。

３−１−１. 福利厚生に対する現在の目的意識

では、現在の日本企業がどのような経営的効果を福利厚生に期待しているのか。近年、行われた信頼できる大規模な企業調査の結果は図表３−１に示すとおりである。

やはり、最も多くの企業が目的とした経営的効果が「人材の確保（採用）と定着」である。まさに前章で、人的資本投資の第一歩とした「人材確保」である。

そして、続くのが「仕事に対する意欲の向上（モチベーション、エンゲージメント）」であった。いずれも、現在、そして今後においても過

半数を超える企業が目的としている。これが基本目的といってよかろう。こうした問題意識は人的資本経営が叫ばれる以前から、つまり、近代的福利厚生が形成された時代から変わらないものである。

しかし、これら以外にも多くの目的意識があることにも留意すべきであろう。「仕事に専念できる環境づくり」「信頼感、ロイヤルティ（忠誠心）の醸成」「従業員の自立支援」「企業イメージアップ」などである。

これは福利厚生のもつ「多目的性」というべき特性で、様々な人的資源管理上の課題解決が期待されるという、守備範囲が広いという特性である。この原因は福利厚生という制度の性格にある。すなわち、先述のとおり「福利厚生制度という制度自体は存在しない」という実態である。つまり、福利厚生制度とは、住宅、運動、娯楽、医療、資産形成、保障、自己啓発、両立、等々の多領域において、これまで営々と開発・導入されてきた多種多様な個々の制度・施策の集合体なのである。今もアイデア一つでどこかの企業で新しい制度が開発されているかもしれない。この制度・施策の多様性があり、企業がその多様な制度のなかから

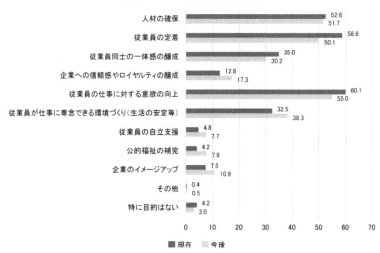

図表３-１　福利厚生の目的

独立行政法人労働政策研究・研修機構（2018）「企業における福利厚生施策の実態に関する調査」（企業・従業員）有効回収数企業2,809社（有効回答率23.4％）、従業員8,298人（有効回答率15.4％）。全国の10人以上規模の民間企業１万2,000社を対象とした調査。

第３章　経営的効果の検証、その理論的背景と運用　●　*151*

何を選択し、自社の福利厚生というバスケットに入れるかによって、主たる目的が変わってくる。変えることができることにもなる。

・人的資本経営における有効な投資手段足りえるのか

上述のとおり、企業の福利厚生に対する目的認識は明確にあるが、同時に多様、つまりきわめて多目的でもある。採用、定着、一体感、信頼感、ロイヤルティ（忠誠心）、そして近年、注目されるエンゲージメントにも通じる意欲や専念できる環境など、である。改めて、これらの個々の目的認識を羅列してみると、その多様性、多方向性に驚かされる。

しかし、これらの目的の多くは、まさに人的資本経営の実現のために求められる要件でもあり、人的資本投資のリターン（成果）として求めたい成果ばかりである。

故に、ここで示された企業の目的が達せられることが、人的資本経営の実現に着実に近づくことになるのであろう。

3－2．経営的効果は実在するのか

では、企業の福利厚生に対する多様な目的が実現されたのか。つまり、企業の期待に応えることができたのか。この多様な目的意識に対応した経営的効果が得られているかを順次、検証していきたい。

3－2－1．採用力を強める福利厚生、その実態と背景
・注視されはじめた福利厚生

まずは、やはり先の企業の目的意識の中でも最上位にあった「人材の確保」である。前章でも触れたとおり、これは人的資本投資を行う上での大前提となる課題であり、この課題を解決するための経営的効果を福利厚生投資によって得られるものかを確認する。

では、「人材の確保」の第一の側面である採用面での効果、すなわち「採用力」からみてゆこう。

図表3－2は先の従業員調査において「現在の勤め先を選ぶときに、

福利厚生制度の内容を重視しましたか」という問いかけに対して「非常に重視した」「ある程度は重視した」との合計割合を年齢別にみたものである。新規学卒にあたる「20歳代」では、全体で52.6%が、また雇用形態別では正社員20代で53.3%が重視したことがわかる。

この福利厚生重視の就職活動は近年顕著な傾向であり、他の多くの調査でも確認されている。

新卒市場でも福利厚生が明らかに就活生たちの「軸」となり、企業の採用力を左右しているとみてよかろう。これはパート社員など非正規社員の採用にもあてはまる傾向である。流通業など非正規雇用比率の高い企業の採用力においても福利厚生が重要なのである。経営者、人事部門には、この認識が必要であろう。

図表３－２　就職活動時の企業選定における福利厚生重視度の割合（年代別）
日本労働研究・研修機構2018年調査（企業・従業員）n=2809／8298

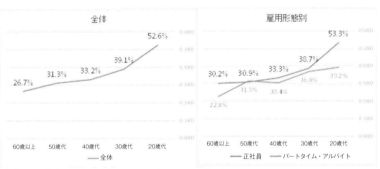

『わが国の福利厚生の導入と利用の実態とその諸要因、そして有効性検証』（西久保（2022））
独立行政法人労働政策研究・研修機構、JILPT資料シリーズ　No.247　p190より抜粋

・就活時の重視項目比較

まず、就職活動時の初期の実態を確認すると、第２章の「メッセージ性」という特性の解説において紹介したマイナビ社（2018a、2018b）では就活前の学生に行った調査（図表２－７）において、初期の就活対象とする企業選択において「福利厚生が充実している」ことを選択理由とする学生が最も多く、かつその後の学生モニター調査でも就活終了後に複数の内定を得た学生の入社企業の決定判断でも、最終時点で「福利

第３章　経営的効果の検証、その理論的背景と運用　　153

厚生の充実」を決定基準とする学生が最も多くなっていた。

　今回独自に行った調査では実際に現在、勤務している従業員に彼らの就活時に何を最も重視したか、という質問を行った。

　図表３－３は年齢層別に、様々な就活時の注目項目のうち重視した従業員割合の高い順に並べてみた結果である。20－24歳から50－54歳までの６世代での重視項目としての選択率で順位（降順）づけしている。この調査での設問では「最終的に入社する企業を決める際に重視した点は何ですか」と問うているが、若い世代では「福利厚生の充実度」が「賃金水準」に次ぐ、２位、３位の選択率となっており、近年の福利厚生重視の風潮を顕著に示していた。年齢層が高まるほど、選択率が低下することからすると福利厚生への注視は相対的に近年の若い世代の傾向であることも確認されたといえるだろう。

図表３－３　就活時、重視点順位

順位	20〜24歳 該当数 60	選択率	25〜29歳 206	選択率	30〜34歳 140	選択率	35〜39歳 185	選択率	40〜44歳 192	選択率	45〜49歳 244	選択率	50〜54歳 269	選択率
1位	賃金水準	0.267	賃金水準	0.282	賃金水準	0.321	賃金水準	0.308	賃金水準	0.281	賃金水準	0.242	賃金水準	0.283
2位	福利厚生の充実度	0.150	土日続け…	0.214	福利厚生	0.171	福利厚生	0.227	土日続け…	0.219	慣れた仕…	0.189	土日続け…	0.175
3位	転居転勤がないこと	0.117	福利厚生	0.199	休みが多い	0.164	土日続け…	0.189	福利厚生	0.188	土日続け…	0.189	慣れた仕…	0.145
4位	企業の成長性	0.117	休みが多い	0.146	土日続け…	0.157	経営の安…	0.141	経営の安…	0.167	経営の安…	0.168	経営の安…	0.100
5位	休みが多いこと	0.100	転居転勤…	0.117	経営の安…	0.136	休みが多い	0.130	慣れた仕…	0.146	福利厚生	0.123	企業の成…	0.100
6位	海外勤務できること	0.083	企業の成…	0.102	慣れた仕…	0.121	慣れた仕…	0.130	企業の成…	0.120	社会に貢…	0.094	休みが多い	0.089
7位	土日続けて休めること.	0.083	経営の安…	0.102	貴重な経…	0.114	社会に貢…	0.092	貴重な経…	0.104	企業の成…	0.086	福利厚生	0.086
8位	経営の安定性	0.083	社会に貢…	0.078	経営の安…	0.071	貴重な経…	0.076	社会に貢…	0.099	休みが多い	0.074	貴重な経…	0.078
9位	慣れた仕事ができる	0.067	慣れた仕…	0.078	企業の成…	0.064	貴重な経…	0.070	休みが多い	0.083	貴重な経…	0.074	転居転勤…	0.052
10位	貴重な経験や能力が得られる	0.033	慣れた仕…	0.053	転居転勤…	0.057	転居転勤…	0.054	転居転勤…	0.073	転居転勤…	0.070	社会に貢…	0.048
11位	海外勤務しなくてよい	0.033	転職しや…	0.049	友人・知…	0.050	転職しや…	0.049	友人・知…	0.042	海外勤務…	0.045	友人・知…	0.033
12位	転職しやすい	0.017	友人・知…	0.039	転職しや…	0.043	友人・知…	0.043	海外勤務…	0.052	友人・知…	0.041	海外勤務…	0.030
13位	社会に貢献できる	0.017	海外勤務…	0.034	海外勤務…	0.029	海外勤務…	0.032	慣れた仕…	0.047	転職しや…	0.041	転職しや…	0.030
14位	友人・知人がいる	0.000	海外勤務…	0.029	海外勤務…	0.029	転職しや…	0.032	転職しや…	0.031	海外勤務…	0.037	海外勤務…	0.026

山梨大学　西久保研究室　2023年 科研費調査①（従業員）n=1658

・労働市場の特性…「シグナル情報」

　しかし、就職活動時に未だ入社していない対象企業の福利厚生に関する情報を詳細に得ることは実際には困難である。特に新規学卒での就活時、面接などでの福利厚生に関する逆質問などは禁句ともいわれてきたわけで、情報収集も難しかった。

　では、具体的に福利厚生制度に関する情報を十分に得ないまま、就活

の「軸」として、福利厚生が注目されているのはなぜなのであろう。

　筆者は「福利厚生が充実」という、この簡単な表現自体がある意味でのメッセージとして彼らに伝わるなかで、様々な連想を惹起させているのではないかと推測している。つまり、「シグナル情報」として機能しているのである。

　「シグナル情報」が重視される背景には、労働市場の特性の存在が指摘されてきた。すなわち、労働市場には他の資本市場などとは異なる特性があるとされる。

　特性としては、まずはオープンで、分散的で、局所的な市場取引が一般的で、中央取引所といったものが存在しないという特性がある。株式市場、商品市場とは違う。新規学卒市場もわが国では学業との両立のために時期的な調整こそなれさているが、実際の取引は長期にわたり全国各地で自由に行われる。

　しかも、それらの取引情報が共有されているわけでもない。この特性によって、生じる現象が「取引過程の摩擦」：サーチ摩擦（search friction）である。中途採用市場も含めて求人数が求職者を大きく上回るような現在のような状況であっても、内定が取れない学生、失業し続ける労働者も必ず発生する。また、必要な人材が確保できない企業も求人倍率以上に続出する。

　こうした需要と供給の大小関係だけでは取引が完結しないため、ミスマッチが多発するのである。その要因は局所性、分散性などだけではなく「情報の非対称性（information asymmetry）」が否応なく発生し、各取引主体が保有する取引情報に大きな差、不均等な情報構造となる大きな原因である。つまり、ヒト（労働者）と組織（企業）が保有する情報の分布に大きな偏りが出る。企業は学生について学歴、エントリーシート以上の情報を持たず、学生も企業について知名度、規模など、ごく断片的な情報しか見えていない。買い手、売り手で共有される情報が極端に少なく、互いに真の姿がわからないまま市場取引がなされている。

　こうした難しい取引環境下で、売り手、買い手がともに否応なく重用

せざるを得ないのが「シグナル情報」である。これは探索コストが低く、単純で、わかりやすい情報である。例えば、企業にとっては「学歴」、学生にとっては「規模」「知名度」などであった。採用という点では、学生にとって「よい会社」「自分に合った会社」を選ぶことが非常に困難となるなかで、わかりやすい「シグナル情報」に依存してしまうのである。

・「福利厚生の充実」が放つメッセージ

　企業の採用活動、学生など求職者の就職活動において「福利厚生の充実」という表現がどのようなメッセージ、印象として受け止められているか、今回、この点について直接的に彼らに尋ねてみた。設問として「あなたは就職活動の際に、福利厚生制度が充実している企業にどんな印象をもちましたか（複数回答）」と問うてみた。その分析結果が図表3－4となった。

　ここでは「年齢」「性別」「転職回数」との相関分析を行い、より相関関係の統計的信頼性の高い順に並べてみた。

　まず「年齢」と高い相関関係がみられた印象は「働きやすい」で、若年層が強く印象づけられている。次いで「ハラスメントが少ない」「長く働ける」といった印象も持ちやすいことが示された。一方、係数がプラスで有意となった「従業員の生活に配慮している」との印象は、年齢が高い層ほど持つ傾向がある。

　「性別（男性ダミー）」では、女性が「働きやすい」「ワークライフバランスがよい」「長く働ける」「従業員の生活に配慮している」との印象を持ち易いことが示されている。今後、女性に対する採用力向上が課題である業界、企業は少なくない。女性層に好評価を印象づける上で福利厚生の充実化が有効であることに注目すべきであろう。

　さらに、中途採用市場に対するメッセージ性をみるために、これまでの「転職回数」との関係性についても分析を行った。つまり、現在の勤務先に到達する以前に何度、転職した後の入社であったか、という側面であり、様々な企業での勤務経験を経た人材が「福利厚生が充実」とい

う情報によって何を印象づけられたかをみるためである。

この転職回数と最も関係性が明確な印象は「経営者が従業員に関心がある」とするものとなった。次いで「会社に資金的な余裕がある」となる。やはり、転職回数を重ねるに従い、印象の内容、受けとめられるメッセージがより現実的なものに変わってくることが興味深い。同時に、中途採用での採用力を高める上でも、その労働市場からの好評価を得る上で、福利厚生が有効となる可能性を示している。何社かでの勤務経験のなかで、福利厚生の意義を実感したのではあるまいか。

図表３−４　福利厚生からのメッセージ

年齢（才）			性別（男性ダミー）			転職経験回数		
印象	相関係数	有意確率（両側）	印象	相関係数	有意確率（両側）	印象	相関係数	有意確率（両側）
働きやすい	-0.074	0.003 ***	働きやすい	-.085**	0.003 ***	経営者が従業員に関心がある	.065**	0.008 **
ハラスメントが少ない	-0.060	0.015 **	ワークライフバランスが良い	-.067**	0.015 **	会社に資金的な余裕がある	0.042	0.085 *
長く働ける	-0.047	0.055 *	長く働ける	-0.038	0.055 *	長く働ける	0.040	0.099 *
従業員の生活に配慮している	0.043	0.082 *	従業員の生活に配慮している	-0.021	0.082 *	資金が低い	0.037	0.137
明るい雰囲気の職場	-0.022	0.361	明るい雰囲気の職場	-0.021	0.361	従業員の生活に配慮している	0.032	0.193
会社に資金的な余裕がある	0.021	0.398	資金が低い	0.021	0.398	ハラスメントが少ない	0.031	0.200
ワークライフバランスが良い	-0.018	0.466	従業員にやさしい	-0.014	0.466	明るい雰囲気の職場	0.019	0.450
資金が低い	-0.015	0.552	経営者が従業員に関心がある	0.011	0.552	働きやすい	-0.012	0.636
経営者が従業員に関心がある	0.012	0.624	会社に資金的な余裕がある	-0.007	0.624	ワークライフバランスが良い	-0.005	0.829
従業員にやさしい	0.001	0.958	ハラスメントが少ない	0.002	0.958	従業員にやさしい	0.005	0.829

n=1658

山梨大学　西久保研究室　2023年 科研費調査①（従業員）n=1658

やはり、「福利厚生の充実」という情報は、採用において応募者が重用する「シグナル情報」として機能し、企業の選別と決定に大きな影響を及ぼしていることは間違いないようである。採用力の強化、向上のために、実際の充実化と同時にその情報をSNS発信なども活用して効果的に労働市場に伝達、アピールする採用戦略が有効となろう。

・企業調査からみた福利厚生の採用効果

コロナ禍後の労働市場では再び求人倍率が高まり始めており、新規学卒、一部職種ではかなりの高倍率となり、採用が難しくなってきている。元より、少子高齢化に伴い人口構造的に国内での労働供給が縮小しており、企業にとっての採用・定着は今後も長く厳しい経営課題となっていくものと予想される。

この問題に対して福利厚生の可能性について分析を行う。

ここでは企業側の視点から福利厚生の定着性に対する有効性について確認を行った。

まず、図表３－５は2017年に実査が行われた大規模な企業調査での人事部門の担当者に自社の定着性に関する質問を行った結果である。コロナ禍前の2017年当時は有効求人倍率1.50倍と高く、完全失業率も2.8％とほぼ完全雇用状態であった。また、大卒求人倍率も1.74倍と高水準を維持していた時期である。

この調査時の設問は「貴社における従業員の採用・確保の状況について、どのように認識していますか」との問いかけに対して、「１　困難、２　やや困難、３　どちらともいえない、４　やや容易、５　容易」との五段階の尺度表現の選択肢を用意して回答を求めた。「採用・確保」という表現を使っているので、採用と定着の両面についての質問となる。

この設問に対する企業の回答結果は「困難」（30.0％）と「やや困難」（42.1％）を合わせた"困難"（72.1％）が７割を超える割合となった。一方、「やや容易」（3.6％）と「容易」（0.9％）を合わせた"容易"（4.5％）は５％に満たないという厳しい状況であった。

図表３－５　採用・定着状況の変化

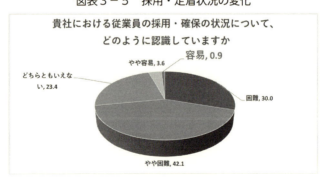

独立行政法人労働政策研究・研修機構2018年（企業）n=2809

こうした企業の採用確保の状況判断がどのような要因によって左右されているのか。

この採用・定着状況判断に対しては、「従業員数」「製造業」や「女性

比率」「正社員比率」などの様々な企業属性の影響を制御した上で「福利厚生導入数（充実度）」を従属変数とする回帰分析（順序プロビット分析）を行い、その要因を確認した。

　結果は、福利厚生の充実度が高いほど採用・定着状況が「容易」と回答する傾向が顕著であることが確認できた。他の有意な影響力が析出された企業属性としては「女性比率」「正社員比率」「平均勤続年数」などとなった。これらの値が高い企業ほど採用・定着力があることを示している。福利厚生の影響力はこれらの影響とは独立的に存在している。

　やはり多様な福利厚生制度を充実させている企業であるほど、その特色が労働市場へのメッセージ、つまりはシグナル情報として伝わって採用・確保が「容易」と判断できる状況にあるのではないか、と推測される。もちろん、そのメッセージを積極的に発信し、外部労働市場に伝達しようとする努力は不可欠なのであろうが、そのことが有効であることは間違いないように思われる。SNS時代の今日、企業のそうしたメッセージは、既存従業員からの発信や、他の就活生からの発信なども期待できる。実態として「充実」を進めながら、そうした発信力も見直していきたいものである。これは、内部労働市場（既存従業員）に対しても同様である。

図表３－６　採用状況判断と福利厚生

従業員の採用・確保の状況

	Value	Std. Error	t value	p value	VIF
従業員数					
業種【製造業】					
女性比率	0.359	0.145	2.474	**	12.023
正社員比率	0.623	0.160	3.884	***	5.068
平均年齢					
平均勤続年数	0.039	0.006	6.121	***	4.431
労組有無					
福利厚生導入数(充実度)	0.023	0.006	3.802	***	22.701
1|2	0.439	0.190	2.318	**	
2|3	2.274	0.195	11.662	***	
3|4	4.409	0.216	20.454	***	
4|5	5.994	0.280	21.438	***	
AIC	6300.764				
log Lik	-3142.382				

* P<0.10 ** p<0.05 *** p<0.01
stepwise method

独立行政法人労働政策研究・研修機構2018年調査（企業）n=2809

3－2－2．定着性の維持・向上における福利厚生の有効性

・早期離職を克服する定着性

「人材の確保」を完結させるための重要な側面は、採用できた人材の「定着性」である。

まず、先にみた就活時に「福利厚生を重視した」上で入社した従業員層は、そうではない従業員と比較して、現在の勤務先企業への「満足度」、そして「これからも勤め続けたいか」とする「定着意向」が顕著に高いという関係性が統計的に検証された（図表３－７）。

福利厚生に基づく採用力がその後の定着意識が結び付いた形での有効性を示唆したことになる。採用はできたが、その後すぐに離職されてしまうようでは、見せかけの採用力となってしまう。

しかし、福利厚生を期待して入社した従業員層では、確実に満足度、そして定着意向に結び付いている。就活時の重視と、入社後の定着意欲の間には明確な相関関係が析出されている。時系列での因果関係として考えると明らかな結果であろう。定着することを前提に就活時に企業を見ている、つまり現実的に、継続的に働き続けることができるものとして職場生活を考えていたからこそ、福利厚生に注目して企業を選択するのである。学生の就活では面接時での福利厚生に関する逆質問はタブーとされているが、これを功利的と見なして、タブー視する企業は認識不足ともいえるだろう。この関係性は理論的にはサイドベット理論からも説明できる現象である。

図表３－７　福利厚生重視の従業員の定着性、満足度

相関分析（無相関検定）

		お勤めの会社について、あなたの総合的な満足度	現在の会社に勤め続けたいと思いますか	職場の人の定着の状況について
現在の勤め先を選ぶときに、福利厚生制度の内容を重視しましたか。	Pearson相関係数	.072**	.050**	0.015
	有意確率（両側）	0.000	0.000	0.185
	度数	8250	8234	8243

**. 相関係数は 1% 水準で有意 （両側）

福利厚生を重視して入社した社員たちは
満足度も高く、定着意向も強い

独立行政法人労働政策研究・研修機構2018年（従業員）n=8298

・定着性を促す制度・施策

　では、福利厚生の多様な制度・施策のなかで、何が従業員達の定着意向の形成に寄与しているのだろうか。分野別でのこれまでの利用経験との関係性を探ってみた。図表３−８は、まず、従業員の定着意向として「現在の勤務先にできるだけ長く勤務したい」という考え方に対して、「そう思う」から「そう思わない」までの５段階の表現を回答選択肢として自らの現在の態度を選択してもらった。これを定着意向、換言すれば非定着意向、転職意向ともいえる変数とした。

　この定着意向と、これまでの福利厚生の分野ごとに利用経験のある制度数との相関関係を算出し、無相関検定によりその関係性の信頼度を検証した。

　結果的には20分野のうちの「住宅」「医療健康」「文化・体育・レクリエーション」など、16分野において、定着意向との正の相関関係が確認された。この関係性の強さの順（表内、右側）では「医療・健康」「文化・体育・レクリエーション」「特別な休暇（通常の休暇以外）」「慶弔・災害」「自己啓発・能力開発」「生活保障」などとなった。これらは従業員の定着意向の形成に特に有効な分野である可能性が高い。

図表３−８　定着意向と福利厚生分野の利用経験

定着意向：現在の勤務先にできるだけ長く勤務したい　　　　　　　　　　相関係数　絶対値降順

	Pearson の相関係数	有意確率			Pearson の相関係数	有意確率
住宅	0.090	0.000	***	医療健康	0.184	***
医療健康	0.184	0.000	***	文化体育レク	0.148	***
育児介護両立	0.081	0.001	***	慶弔災害	0.126	***
慶弔災害	0.126	0.000	***	特別な長期休暇	0.120	***
金融資産形成	0.071	0.004	***	自己啓発・能力開発	0.106	***
実物資産形成	0.097	0.000	***	生活保障	0.104	***
生活保障	0.104	0.000	***	実物資産形成	0.097	***
文化体育レク	0.148	0.000	***	社内表彰制度	0.097	***
生活設計情報提供	0.085	0.001	***	住宅	0.090	***
自己啓発・能力開発	0.106	0.000	***	介護支援	0.088	***
給食支援	0.062	0.012	**	生活設計情報提供	0.085	***
特別な長期休暇	0.120	0.000	***	育児介護両立	0.081	***
社内表彰制度	0.097	0.000	***	テレワーク支援	0.074	***
カフェテリア・プラン	0.023	0.343		金融資産形成	0.071	***
総合型アウトソーシング	0.023	0.346		育児支援	0.069	***
テレワーク支援	0.074	0.003	***	給食支援	0.062	**
ワーケーション支援	0.010	0.692		カフェテリア・プラン	0.023	
わが社独自の制度	0.014	0.559		総合型アウトソーシング	0.023	
育児支援	0.069	0.005	***	わが社独自の制度	0.014	
介護支援	0.088	0.000	***	ワーケーション支援	0.010	
年収（給与、賞与）	-0.034	0.173				

・定着性における福利厚生の優位性…賃金との比較分析

　また、この相関分析では従業員の前年度の年収（給与と賞与のみの額）についても分析に加えてみた（図表３－８左側の最下段）。ここでは定着意向と年収、賃金額との相関関係は見いだせなかった。つまり、単に賃金額が高いからといって定着意向が高いわけではないという結果である。

　果たして、福利厚生と賃金、いずれが定着性に対して有効なのか。

　この点は重要な論点である。それは人件費配分において賃金と法定外福利費のいずれに配分した方が、従業員の定着性を維持・向上させるのに有効か、という判断の論拠ともなるからである。

　そこでさらに、従業員の定着意向の形成要因における福利厚生と賃金との比較分析を行った。ここでの定着意向は先と同様に「現在の勤務先にできるだけ長く勤務したい」という考え方を示した上で、「そう思う」から「そうは思わない」までの５段階の表現を示して回答を求めて得たスコアである。この定着意向を従属変数とし、「賃金額（前年度の年収）」を投入し、同時に福利厚生に関しては「導入されており、自身が利用可能と思う制度・施策数」「実際にこれまで利用経験のある制度・施策数」のそれぞれを投入した。さらに、先の相関分析で定着意向に対する影響の大きかった「医療・健康」「文化・体育・レクリエーション」「特別な休暇（通常の休暇以外）」の利用経験の三変数を同時に投入する分析も順次行った。この三番目の回帰分析では変数間での関係性が強く、多重共線性が生じるためステップワイズ法を用いている。他の分析は全て強制投入法とした。

　結果は図表３－９に示すとおりとなった。

・納得度は定着性と強い関係性

　結論的にいうと、賃金額と三種の福利厚生関連変数の影響力を比較すると、前者では統計的に有意な因果関係が見いだせなかった。一方で、福利厚生に関してはいずれの分析モデルにおいても高い信頼度の因果関係の存在が確認されることとなった。

図表3－9　定着意向における賃金と福利厚生の比較分析

従属変数	定着性						勤勉性		貢献意欲	
独立変数	t値	有意確率	t値	有意確率	t値	有意確率	t値	有意確率	t値	有意確率
					(stepwise法)					
（定数）	25.366	0.000 ***	25.856	0.000 ***	27.500	0.000 ***	28.006	0.000 ***	29.336	0.000 ***
男性ダミー	-4.194	0.000 ***	-3.621	0.000 ***			-4.496	0.000 ***	-4.362	0.000 ***
年齢	1.304	0.193	1.931	0.054 *	-3.380	0.001 ***	3.477	0.001 ***	1.186	0.236
賃金額[*1]	1.295	0.195	1.490	0.137			1.863	0.063 *	1.562	0.119
導入かつ利用可能制度数	-4.739	—			—		-8.941	—	-8.643	—
利用経験のある制度数	—		-7.186	0.000 ***			—		—	
利用経験制度数_医療健康	—		—		-5.240	0.000 ***	—		—	
利用経験制度数_文化体育レク	—		—		-3.345	0.001 ***	—		—	
利用経験制度数_特別な長期休暇	—		—		-2.605	0.009 ***	—		—	
重相関係数(R²)	0.022		0.041		0.053		0.064		0.056	
自由度調整済み R²	1.232		0.039		0.051		0.062		0.053	
F 値	10.473		17.851		23.166		28.250		24.356	
有意確率	0.000		0.000		0.000		0.000		0.000	

[*1]前年度、勤務先からの賃金・賞与のみ
有意確率　***<0.01、**<0.05、*0.10

　この結果は単に賃金額を高めるだけでは、従業員の定着性を得ること
は難しく、むしろ福利厚生への配分によって制度・施策の拡充を図る方
が合理的な選択となることを示唆している。

　この賃金と定着意向との結果には次のような解釈ができるであろう。

　まず、相対的に賃金額が高い従業員が社内での評価が高い状態、つま
り評価として有能であるとすれば、労働市場におけるエンプロイアビリ
ティ（転職力）も高いと予想されるケースも少なくないだろう。した
がって、より高賃金を得ることのできる機会があれば、その決断をする
可能性を自覚している傾向が強いと考えられる。今回の分析では「年
齢」も同時に制御変数として投入しているため、年功による相対的な高
賃金性の影響は除去されていると考えると、おそらく社内評価の高さに
は成果や能力が反映されている可能性が高いことも影響していると考え
られる。

　したがって高額賃金の従業員の定着意向を得るためには、その評価に
対する納得性、他社と比較しての優位性を認識させる必要があるともい
えるだろう。

　最新の調査では「賃金額」だけなく、その決定額に対する「評価」や
「金額そのもの」に対する納得度も測定してみたが、やはり納得度は定
着性と強い関係性が確認されている。ただし、この賃金に対する納得度

そのものを全従業員から得ることはなかなか困難な事であることはいうまでもない。

　効果的な人的資本投資を考えるとき、賃金と福利厚生、この二つの報酬での人材の確保という点での、コスト・パフォーマンスの後者の優位性は明らかであろう。

・企業調査からみた福利厚生の定着促進効果
　今度は企業側の視点からの福利厚生の定着性に対する有効性についてはさらに確認しておきたい。
　まず、図表３－10は企業調査での人事部門の担当者に自社の定着性に関する質問を行った結果である。
　この調査時の設問は「貴社の従業員の定着状況は、この５年間でおおよそどのように変化しましたか」というものである。これに対して、「１　よくなった」から「５　悪くなった」までの五段階の尺度表現の選択肢を用意して回答を求めた。この直近５年間における従業員の定着状況の変化に関する企業の認識をみると、「よくなった」（9.5％）と「ややよくなった」（18.5％）を合わせた"よくなった"（28％）が３割に近い割合となった。「やや悪くなった（12.6％）」「悪くなった」（4.7％）は２割弱の割合であった。

図表３－10　定着状況の変化

独立行政法人労働政策研究・研修機構2018年調査（企業）n=2809社

　この定着状況の変化に対して先と同様に「従業員数」「製造業」や

「女性比率」「正社員比率」などの企業属性の影響を制御した上で「福利厚生導入数（充実度）」を従属変数とする回帰分析（順序プロビット分析）を行った。

結果は、充実度が高いほど定着状況が「よくなった」と回答する傾向となる影響力があることが確認できた。

図表３－11　定着状況評価の要因分析

従業員の定着状況の変化

	Value	Std. Error	t value	p value	VIF
従業員数					
業種【製造業】					
女性比率					
正社員比率	-0.266	0.149	-1.782	*	49.022
平均年齢	0.019	0.006	3.160	***	5.837
平均勤続年数	0.013	0.007	1.952	*	1.241
労組有無	0.303	0.135	2.244	**	4.951
福利厚生導入数(充実度)	-0.021	0.007	-3.197	***	25.022
1|2	-1.709	0.289	-5.904	***	
2|3	-0.361	0.286	-1.263		
3|4	2.142	0.290	7.382	***	
4|5	3.582	0.300	11.934	***	
AIC	6595.032				
log Lik	-3288.516				

独立行政法人労働政策研究・研修機構2018年調査（企業）n=2809社

以上、従業員調査での就活時の重視度、そして定着意向、企業調査での採用・定着状況評価などを目的変数とする福利厚生からの影響に関する分析を多面的に行った。いずれの分析からも福利厚生は「採用」と「定着」の両面での顕著な影響力が確認できた。

前章でも述べたとおり、人的資本経営の実現、そのための効果的な人的資本投資を考えるときに、福利厚生の存在は貴重なものとなることが明らかとなった。人的資本投資の前提となる「人材の確保」のために、その有効活用を考えるべきである。

３－２－３．新たなモチベーション機能の発揮
・モチベーションとは何か

さて、次の福利厚生の経営的効果の検証はモチベーションとの因果性である。

第３章　経営的効果の検証、その理論的背景と運用　　*165*

人的資本経営のなかではエンゲージメントに注目が集まっているが、やはり、生産性向上の原点としてのモチベーションは揺るぎないものである。

まず、改めてモチベーションの語源だが、これはラテン語の「movere（運動、動き）」から来るものとされている。つまり「活動に駆り立てられている状態」（Locke 2008）を意味し、経営学の中では「人間行動を方向づけ、強度、持続性について説明し統制するもの」（Atkinson 1964、他）と一般に定義されている。

この「モチベーション」の形成やプロセスにおいて、福利厚生を有効に作用させることができるのか、「充実した福利厚生がモチベーションを高める」という常套的表現がしばし使われるのだが、本当にそうなのか。その要因としての福利厚生の存在を再確認する。

まずは、「モチベーション」という表現についてだが、日本語では「動機づけ」と訳されることが一般的である。もちろん、人事労務の世界だけで考えるとすれば「仕事に向かわせる動機づけ」≒ワーク・モチベーションということになる。この動機という概念の内容をさらに分解してみる。

まずは、駆り立てられる行動そのものが自発的（voluntary）であるという点がある。つまり、太古の時代のようにピラミッド建造のために奴隷にムチを振るって働かせるという強制的された行動をもたらすものではなく、ムチがなくても、「ピラミッドをみんなで造ろうよ！」と自発的に生起させるものがモチベーションである。ムチのような何らかのペナルティ（罰）を要因とする強制的な行動は、それがなくなれば行動が停止、もしくは放棄されてしまうが、自発的であれば建造行動は完成まで持続される。

つまり、正しく動機づけられれば、ムチや監視者がいなくても、行動が弱められることはない。むしろ、そうしたネガティブな存在が無い方が、活動が強化されることも既にホーソン実験などで検証されている。しかし、強制的ではなく、自発的な行動を生起させるということは、やはり難しい。ピラミッドを造りたいと、多くのエジプト人に願わせるた

め何が必要となるかを考えなければならないのである。

・モチベーションの四つの機能

　次に、モチベーションの持つ機能について整理しておこう。長年の研究の中で概ね四つ機能の存在が確認されてきた。つまり、モチベーションを高めることで得られる機能である。

　まず第一が、「行動の始発機能」である。これはまさに他人に強制されなくても、自分で始める行動を喚起させることを意味している。総じて、日本人労働者はこの始発機能に優れていると評されてきた。小集団の改善活動や提案制度などが正常に機能する希有な国なのである。モチベーションの基礎的水準が高いのである。

　この始発機能においては、例えば、筆者が経験してきた大学生の就活のような活動の動機づけを想定してみよう。「就活は辛いのでしたくない」という学生を、ともかく「（自発的に）説明会に出席して、エントリーシートを提出し、面接に出かける」というパターン行動を取らせればよい。つまり、「したくない」を「（就活を）する」に変えられれば、つまり、オフ（off）をオン（on）にする動機づけとしては、とりあえずは成功、ということになる。

　しかし、始発機能だけではモチベーション効果は一過性のものとなる。始発に加えて求められるのは「持続性」である。これは誰もが反省の経験が多々あると思うのだが、一旦、やる気になって何かの行動を起こしても、それがなかなか続かないのである。もし続いていれば、どれほどのことが達成、獲得できたであろうと、後悔することがしばしばである。語学、資格、などの勉学関係はもちろん、健康管理やダイエット、禁煙、禁酒もそう、果ては趣味や娯楽すら続かないことに毎々後悔する。

　この持続性はモチベーションの第二の機能として「行動の強化機能」とされる。ただし、この持続性が求める時間は、決して永続性のものではない。「もう少しで終わるから、辛いけどそこまでは頑張ろう」という一定の期限までの持続性でよい。一日の所定労働時間の８時間は途中

で逃げ出さないで、職場で仕事をする。一週間5日間は毎日、遅刻せず
に出勤して仕事をする。このパターンを1年間、そして何年間も続ける
こと、それが求められる「持続性」となる。モチベーションを高めるこ
とで、この「行動の強化機能」が得られる。

　この第二の機能である「行動の強化機能」が発揮されるまでモチベー
ションを高められたとすれば、次は第三の機能が発揮される。それが
「行動の評価機能」である。これはさらに高度な機能で、自らの行動が
目標達成に対して最適なものであったか、目的合理的であったかを客観
的に評価する機能である。つまり、「よくできた、でもこれでいいのか
な？」「もっと（効率的な）よい方法があったのでは？」と反省・評価
し、さらに最適な行動を模索しようとする。例えば、「発生したこの問
題を始発・強化機能で解決できたとしても、さらに深く、幅広く調査し
て原因を解明してみたい」といった発展的、建設的な行動まで喚起でき
れば、動機づけとしてはさらに有用なものとなる

　さらに、モチベーションの機能は発達する。それが第四の機能とされ
る**「行動の社会化機能」**である。この機能が発揮されれば、自身のため
の動機付け行動だけでなく、属する組織やそのメンバーに対する協力、
助力を行うことになる。チーム力を高めるという点では、大きな経営的
効果となることは言うまでもない。

　本書では、福利厚生に対する従業員の評価や利用行動が、この四つの
モチベーション機能を表出化させることができているか、という観点か
ら検証を行う。つまり、実態的側面からアプローチする。いずれの四つ
の機能も人的資本経営において強く求められる機能であることはいうま
でもない。

・欲求理論とその限界…成長期に有効だった欲求押上げ効果

　表出される四つの機能からの検証を行うわけだが、どのようなプロセ
ス、メカニズムからモチベーションが変動するのか、機能が表出するの
か。理論的側面についても言及しておきたい。なぜなら、新たなプロセ
ス、メカニズムの着目する必要性が生じているからである。

モチベーションは当初の理論的には人間が認知する「欲求」の存在が、その欲求充足行動を生起させ、行動を持続させ、一定の方向に向かわせると捉えられた。この欲求ベースのモチベーション理論が先行し、支持されてきた。マズロー（A. H. Maslow）の欲求階層理論などは、その代表的な理論であった。欲求の内容や欲求間の関係を解明することで、「どのような行動を喚起できるか」を推定しようとした。

　この欲求ベースのモチベーション理論は、マズロー以外にも、類似の発想がいくつかある。

　例えば、マズロー理論の修正と発展を意図したアルダーファ（C.P. Alderfer 1972）が提唱したERG理論がよく知られている。この理論では、三段階の欲求構造が示された。下位欲求から順に、「存在欲求」「関係欲求」「成長欲求」の三種である。内容的には、マズローの五つの欲求を三つに集約したものでしかない。「生理欲求 + 安全・安心欲求」が「存在欲求」であり、「所属・愛情欲求 + 尊敬欲求」が「関係欲求」、そして「自己実現」が「成長欲求」となる。ERG理論の名称もわかりやすく、文字どおり、Existence、Relatedness、Growthの三つの頭文字である。このERG理論の最大の特色は、マズローのような下位から上位の欲求へ、といった一方的な関係性を仮定していない点で、ここが人的資源管理にとっても実践的といわれる所以である。

　このようにモチベーションを高めるために「欲求」に代表されるような「何が」動因となるか、という「内容」に着目することが長く研究者の関心となってきた。他にも代表的なものとしては、マクレランドの達成動機理論、マクレガーのX理論・Y理論、ハーズバーグの二要因説（動機付け・衛星要因理論）、マレーの内発的・外発的動機付け理論などがいずれも、モチベーションを高める要因、その内容を解明しようとする一連の研究のアプローチとして位置づけられている。「内容」に着目しているということから「内容理論」とも総称される。なかでも「欲求」に注目したものが多く、それらは「欲求ベースのモチベーション論」と総称された。

では、代表的な内容理論、特に主流であった「欲求理論」について福利厚生との関連性を考えてみる。

　従業員に多様な欲求があるとしたときに、それらの欲求群と福利厚生が基本的に、どのような関係にあるとされてきたのか。筆者は、図表3－12に示すように様々な研究者が提示した欲求や要因のなかで、これまでは比較的低次の欲求や、物質的な要因に対する充足手段として、福利厚生が位置づけられてきたと考えている。

　わが国でも戦後から高度成長期あたりまでの比較的貧しい時代には「衣・食・住」に加えて「遊」を支援することで、生活費用の節約を図りながら、より物質的に豊かな生活を希求する労働者を満足させることで、彼らの欲求をさらに上位への欲求へと「押し上げる」ことでモチベーションを高めてきたと考えられる。

　例えば、ホンダの創業者である本田宗一郎氏は、数多くのエピソードが知られる個性的な創業経営者であるが、福利厚生に関連して筆者が一つ感銘を受けた次のようなエピソードがある。1950年、同社が浜松から東京に初めて進出したときに、最初に埼玉県和光市に中古工場を購入することになる。貧乏企業で恒常的な資金難の状態であった当時の同社が、やっと購入できた工場は、相当のオンボロで、雨漏りまでするような代物であったらしい。

　その老朽化した新工場の補修工事をやろうとしたときに、宗一郎氏が真っ先に着手させたものが「トイレ（便所）」であった。当時はまだ贅沢品で珍しく、中小企業などでは見られなかった社員用の水洗トイレの設置を強く命じている。金庫番として見事なコンビを組むことになる超合理主義者の藤澤武夫氏は「ぜいたくだ」と、何度か苦言を呈してやめさせようとしたようだが、宗一郎氏は「人間は入れるところと、出すところをきれいにしないで、どうして美しい製品が生まれるのか」と、一見、不思議な理論武装によって強く反論して、その新型便所の設置を押し通した、と伝わっている。こうして宗一郎氏によって「生理的欲求」が快適に満たされたホンダの若い社員たちが、大いに創造性を発揮して「速い車」を次々と開発・生産し、「自己実現欲求」を充足していったの

かもしれない。二輪車開発にしか関心かなかった当時の宗一郎氏が、マズロー理論を知って行動したとは思えないが、先の発言はまさに欲求階層論そのものである。社員たちにいい仕事をしてもらうためには、彼らの生理的欲求など低次欲求を早く満たしてやることが必要だと直感的に理解していたのではなかろうか。

　ともかく、福利厚生というものは、従業員の生理的欲求や存在欲求という低次欲求の充足をいち早く助けることで、長らく支持を得てきたという歴史の上に成り立っていることは間違いない。それは明治期の富岡製糸場であれ、日立鉱山であれ同様であった。この低次欲求を企業によって即座に充足してもらえることが、採用力や定着性、そしてモチベーションの醸成に寄与したのである。そして、より高次の欲求への「押し上げ効果」として機能することで、チームワーク（関係欲求）や創造性（自己実現欲求）といった、より生産性の高い働き方へと導いていくことにもなった。

　しかし、今日、当時、明確な存在意義であった低次欲求充足装置としての福利厚生が、今は陳腐化していないのだろうか。つまり、物質的に十分に豊かになった今日では、福利厚生の生成期に有効であった低次欲求の充足機能だけでは、モチベーションを引き出すことは難しくなって

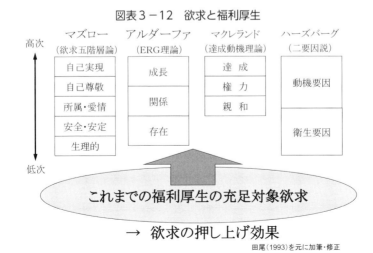

図表3-12　欲求と福利厚生

田尾(1993)を元に加筆・修正

第3章　経営的効果の検証、その理論的背景と運用

いる。この事は例えば、企業の社有独身寮の空室率が高止まりしている
ような現象が象徴している。

・欲求から、互酬、そして負債感へ

　では、「欲求充足」を原動力とする福利厚生によるモチベーション向
上が難しくなっていると仮定するとき、福利厚生はいかにしてモチベー
ション向上に寄与すればよいのか。

　欲求がなくとも、従業員の積極的な行動の始発、持続、評価などが発
生する状況を説明できる考え方として互酬性理論（reciprocity theory）
がある。

　「互酬」という言葉の辞書的な意味は、一義的には、個人間あるいは
集団間で、物品や役務などを交換することであるが、社会生活にある人
間には、その交換に義務的、相互扶助的な制約が発生することを含むこ
とになる。前章の社会関係資本の検討においても登場した概念である。
人間の社会的行動を説明する上で、有効であることから、文化人類学、
経済学、社会学などにおいて広く用いられてきた。経営学においては、
まだ研究例があまりない。日本では社会慣習としての「お返し」や、農
村部などで今も残っている「結（ゆい）」という労働力の相互扶助慣行
などがその典型例である。受けた贈り物などに対して、強い義務感に
よって非等価の贈与を行うことである。

　この互酬概念は、社会において根強い規範意識として共有される点が
大きな意味をもつ。

　「欲求」に替わる駆動因として「互酬性」（reciprocity）が機能するの
である。「互酬性」は「互恵性」あるいは「返報性」とも表現されるが、
いずれも同義で、文字どおり、他者から受けた物質的報酬や感情的報酬
に対する“お返し”をしなければならない、という心理である。互い
に、報酬や恩恵を分け合わなければならない、均等でなければならない
とする「must」という制約概念であり、もし、均等でない状態であれ
ば、お返しによる均等への復帰を強く動機付けることになる。

　では、互酬性と福利厚生との関係を考えてみる。

福利厚生は、先述のとおり労働対価性が希薄な報酬である。しかも、労働という勤務先企業への応分の貢献を自己認識する以前に、先行的に給付されるケースが多い。また、保険的な機能を活用して大きなリスクに遭遇した従業員を重点的に救済するセーフティネット施策も数多い。これらの制度・施策は一旦、導入されれば、あるいは入社すれば、労働による貢献、成果を上げる以前に、独身寮入居、社員食堂・保養施設の利用などという先行的給付が無差別に、つまり仕事の出来不出来、成果如何に関わりなく一方的に提供される。

　例えば、新入社員が都内の一等地の独身寮に入居したときに、その市場での家賃・地代が高額であることを知ることで、一方的な恩恵、贈与を受けたと感じる可能性が高い。あるいは出産した若い女性従業員が自社で託児施設を無償あるいは廉価で利用できることを認知した時なども同様である。

　この返報性心理はGreenberg、Block、&Silverman（1971）などによって「心理的負債感（sensibilities to indebtedness）」と命名された。簡単に言えば、一方的な恩恵を受けてしまって「"借り"ができてしまったなぁ」という心理的な緊張状態、不快な状態である。

　この負債感を形成される要因は二つある。

　まず第一の要因が「被援助者自身が認知した<u>自己利益（Own Benefit）</u>」である。つまり、援助、給付された内容や程度に対して、援助された側がどの程度「役に立ったか」「利益を得ることができたか」という認識の強さである。援助の内容が的外れであったり、あまりに不十分なものであれば、自己利益は小さなものとなってしまう。

　第二の要因は「被援助者が認知した援助者が援助のために支払った労力」である。これは<u>「他者コスト（Other's Cost）」</u>と名付けられた。簡単に言えば、援助したくれた人が、大きな自己犠牲を払って、苦労して援助してくれたことを知ると、この「他者コスト」は大きいものと認識される。逆に、誰かに任せっぱなしの援助だったり、何のコストも苦痛もない援助である、と認識されると「他者コスト」は限りなく小さいものとなる。

この二要因によって、心理的負債感の程度が決定されるというモデルである。因果関係を示すモデルで、次のとおり定式化された。

心理的負債モデル　　$I = \alpha \times B + \beta \times C$

I：心理的負債感（indebtedness）

B：被援助者が知覚した利益（自己利益：own benefit）

C：被援助者が知覚した援助者が援助のために支払った労力（他者コスト：other's cost）

　α、β：重み付け係数

　このモデルはこれからの福利厚生のモチベーションに対する有効性を考える上で、多くの示唆を与えてくれる。

　福利厚生を提供する側、つまり企業、人事部門が、福利厚生の恩恵を受け取った従業員から「支援された。だからその支援に対してお返しをしたい」という健全な返報的モチベーションを得たいと考えるときに、このモデルで示された二つの要因に着目することが必要となる。

　福利厚生による従業員に対する支援が、本当に彼らの利益となるものなのか、その内容と水準が問われる。ニーズに合致したものか、利益となった、役に立ったというレベルまで達しているのか。さらには「支援されている」という事実そのものを全社員が正確に認知しているか、という段階もあろう。価値観やライフスタイルの多様化を背景に、従業員の福利厚生に対するニーズも多様化している。多様化した全ての従業員に明確に「自己利益」を認知させことは容易ではない。しかし、この認知がない限り、その返報行動を期待することは難しくなる。

　加えて、「他者コスト」の重要性を再認識すべきなのである。経営者が、そして担当者が本当に「従業員のために」と、懸命に努力し、苦労して福利厚生を導入、運営しているという実態を包み隠さず彼らに知らしめるべきなのである。お手軽に外部業者にまかせっ放しで提供しているのではなく、ニーズを把握する努力や、提供する福利厚生サービスの質を高めるために不断の努力を行っているという陰の努力や法定外福利

費の負担など、つまり「他者コスト」が存在することを従業員たちに機会を捉えて伝える努力をすべきである。

　本書では、この「自己利益」と「他者コスト」そして「負債感」について以下に示す尺度によって測定し、福利厚生にとって負債感が形成されるものかを検証した。

　これら三つの概念は以下の設問方法の下で測定し、スコア化を行った。

・「自己利益」の測定　…以下の設問と回答選択肢を設定

設問：福利厚生、両立支援制度が提供されていることに関してお答えください。実際に制度を利用した経験に関してお答えください。

（諸制度があなたに提供されていることについて）

　1．自分自身の仕事や職場生活に、どの程度役立つと思いますか

　2．個人の生活や家族の生活に、どの程度役立ちますか

（諸制度をあなたが実際にご利用、経験してみて）

　3．自分自身の仕事や職場生活に、どの程度役立つと思いますか

　4．個人の生活や家族の生活に、どの程度役立ちますか

回答選択肢：「大いにメリットがある」から「あまりメリットはない」までの4段階の尺度表現を作成。

・「他者コスト」の測定

設問：勤務先の会社が提供している福利厚生制度や両立支援制度の「導入」や「普段の制度運用」に関する会社側の対応についてうかがいます。

（導入時の制度案づくりや交渉の労力や負担について）

　1．勤務先企業の経営層（社長や担当役員）

　2．制度管理を担当する人事総務部門

　3．実際の制度の窓口や運営担当者・管理者

　4．労働組合や従業員代表等

（普段の制度運用業務に関する労力や負担について）

5．勤務先企業の経営層（社長や担当役員）

6．制度管理を担当する人事総務部門

7．実際の制度の窓口や運営担当者・管理者

8．労働組合や従業員代表等

（実際にかかる費用に関する労力や負担について）

9．勤務先企業の費用負担

回答選択肢：「大きな労力や負担である」から「労力や負担をかけていない」までの5段階の尺度表現を作成（上記、9項目について回答を求める）

・「負債感」の測定

設問：現在の勤務先企業やあなたの就業態度に対する、あなたの様々な評価や意識についてうかがいます。

（負債感）

1．この会社には「借り」があると感じている

2．この会社には恩義を感じている

（返報意識）

3．その「借り」できるだけ返したいと思う

4．その「恩義」にはできるだけ報いたい

回答選択肢：「そう思う」から「そうは思わない」までの5段階の尺度表現を作成（上記、9項目それぞれについて回答を求める）。

　1,553名の正社員に対するアンケート調査の回答から測定された、それぞれのスコアを従属変数、独立変数として投入の上、重回帰分析による因果関係の検証を行った結果が図表3-13である。

　結果は「自己利益」を強く認知するほど、同時に「他者コスト」を強く認識するほど、「負債感」スコアは大きなものとなった。この因果関係はいずれも統計的信頼性の非常に高いものである。

176

図表3-13 福利厚生での「自己利益」「他者コスト」と負債感の因果性

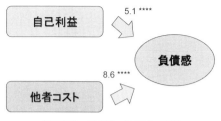

有意確率 ***<0.01、**<0.05、*0.10

モデル		標準化されていない係数 B	標準誤差	標準化係数 ベータ	t	有意確率
1	(定数)	1.183	.184		6.421	.000
	自己利益toyal	.048	.009	.149	5.173	.000
	他者コストtotal	.025	.003	.250	8.564	.000
	性別(男性ダミー)	.191	.065	.083	2.954	.003
	年齢(才)	-.002	.003	-.023	-.839	.402

a. 従属変数 Indebtedness1T 負債感スコア

山梨大学 西久保研究室 2015年 科研費調査②(従業員) n=1553

　両変数の影響力とその信頼性を比較すると、他者コストが自己利益をやや上回る。すなわち、「借りがある」と感じる負債感の形成には、他者コストの影響がより強いという結果となった。これは日米比較の先行研究でも示された傾向である。

　また、係数からの影響力の大きさを比較しても、やはり「他者コスト」の影響力の方が相対的に強く表れている、やはり、国民性が背景にあると考えさせられる結果である。

・福利厚生がもたらす負債感とそのモチベーション向上効果と機能

　では、この福利厚生に対する従業員評価から形成された勤務先企業に「借りがある」とする負債感はどのような経営的効果をもたらすのか。

　同様に統計的な因果関係を分析してみると「定着性」「貢献性」「勤勉性」のいずれも、明確に高めていることが明らかとなった(図表3-14)。

第3章 経営的効果の検証、その理論的背景と運用 177

図表3−14 負債感がもらす定着性、勤勉性、貢献意欲

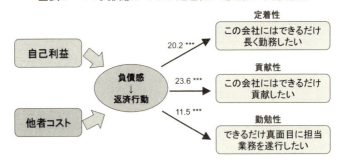

山梨大学　西久保研究室　2015年 科研費調査②（従業員）n=1553
有意確率　***<0.01、**<0.05、*0.10

　加えて、先述のモチベーションの四つの機能と因果関係についても分析を加えた、結果は強い負債感を持つ従業員ほど、四つのモチベーション機能のいずれも発揮する可能性が高いことが示された。この関係性についても高い統計的信頼性が得られている。

図表3−15　負債感がもらすモチベーション機能

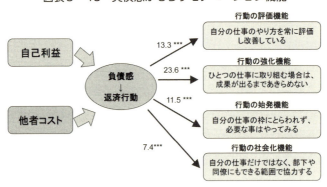

山梨大学　西久保研究室　2015年 科研費調査②（従業員）n=1553
有意確率　***<0.01、**<0.05、*0.10

　さて、人的資本投資としての福利厚生が、経営的効果としてのモチベーション機能が得られるか、という点について負債感理論の下で検証を行ったわけだが、豊かな時代、飽食の時代ともいわれる今日であっても、恩義に報いる、借りを返すという互酬規範はわが国の従業員層では

未だ根強いものであることが明らかとなった。

　ただし、先の要因分析のとおり従業員ニーズが合致した制度・施策の提供による従業員での「自己利益」の認識、そして福利厚生を提供する側である、企業、経営者、担当者などの当事者が支払う「他者コスト」を従業員に伝える努力の重要性も確認できた。黒子役に徹するといった謙虚な心情も、これまでは尊重されてきたわけだが、これからの人的資本経営の実現のためには、この点のアピールも必要ではなかろうか。

３－２－４．注目されるエンゲージメントの確立のために

　さて、ここまで「人材の確保」に関する採用力と定着性、そして新たなモチベーション向上の有効な理論的メカニズムとしての負債感理論などについて検証を行ってきた。

　いよいよ、ここからは第２章で人的資本経営の重要な目標概念とされるエンゲージメントについて福利厚生との関係性の検証を行っていこう。

・エンゲージメントの三要素

　第２章でも触れたとおり、エンゲージメントはSchaufeliの定義によれば「活力」「熱意」「没頭」という三つの下位概念から成る従業員態度を表す概念とされているが、検証の前提として改めて、この下位三要素について解説する。

　まず、第一の「活力（Vigor）」とは、労働者が実際に就業している中で高い水準のエネルギーが発揮され、心理的に強固な回復力を発露された状態とされている。スペインが原語であるVigorとは、わが国では活力だけではなく、気力、精神力、元気、活発さなどとも翻訳される用語である。

　また、第二の「熱意（Dedication）」は自らの仕事、職務に対する関与の強さであり、仕事の意義（有意味感）や誇りを持って臨んでいる状態とされている。これは、これまでの仕事への高関与状態を表すジョブ・インボルブメント（Job-involvement）と極めて近い概念といえる

だろう。いわば、仕事が好きで、楽しくて夢中になっている状態を表している。

そして、最後の「没頭（Absorption）」は文字どおり仕事への集中、専念を意味している。

お気づきのように従業員エンゲージメントを構成するこれらの三要素をみると、互いに独立的な要素ではなく、ある程度、重複的であり、相関性が高いものとなっている。また、インボルブメントとも近似する。故に、エンゲージメントに対しては「新しい瓶の中の古いワイン」（old wine in new bottles：外見は新しいが中身は古い物という意）に過ぎないといった批判が付きまとうのであろう。

また、このエンゲージメントには先行した対立概念としてのバーンアウト（燃え尽き）があると前章で述べた。バーンアウトが疲れ果てて、自分の仕事に意味や意義を見出せず、すっかりやる気をなくした状態であることを意味していることからすると、まさにエンゲージメントと表裏の関係にある概念といえる。先述のとおり、心理学研究者のなかではエンゲージメントの測定をバーンアウト尺度を使って行い、そのスコアが小さい状態をもって、エンゲージメントが高いとみなすグループもいる。両者の関係性について後ほど検証する。

・エンゲージメント形成の先行要因

では、このエンゲージメント（以下、EE）をいかに高めていくか、という点についてはどうだろうか。これまでの労働研究、主に産業心理学のなかでは、既にエンゲージメントの成立要因としてSchaufeli & Bakker（2005）、Bakker & Demerouti（2007, 2008）およびBakker & Leiter（2010）などがあり、有効な要因が数多く特定されている（橋場（2022））。

これらの研究では、エンゲージメントを促進する要因を、まず二つの「資源」として分類している。第一が「仕事の資源（Job Resource）」である。そしてもう一つが「個人の資源（Personal Resource）」となる。なぜ、「資源」という表現としたかという点については、「資源」を顕在

化して応えなければならない「仕事の要求度（Job Demand）」が一方に存在すると仮定しているからであろうと推測する（図表3－16）。

図表3－16　エンゲージメントの決定モデル（要求－資源モデル）

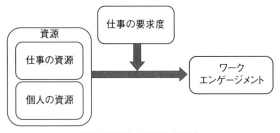

橋場（2022）を参考に単純化

　この「要求－資源」という対比関係によって、エンゲージメントが左右されると見立てたわけである。確かにエンゲージメントは、仕事との関係性、仕事ありきの状態を示すものである。「活力」「熱意」「没頭」という三つの構成要素は、いずれも「仕事に対する…」という接頭句が常に付属する。となれば、それがどんな仕事なのか、その質と量は、責任や困難度は、という点を考慮しなければならないのは当然であろう。

　では、エンゲージメントの管理のために留意すべき「仕事の要求」度として何があるか。先の研究などでは「業務遂行に伴うプレッシャー」「業務遂行に伴う情緒的負担」「業務遂行に伴う精神的負担」「業務遂行に伴う肉体的負担」「役割の曖昧さ」「役割葛藤」「役割過重」「有害な労働環境」などが挙げられている。

　これらの多面的な要求度、つまりプレッシャー、負担、役割のあり方などがどの程度のものか、つまり、どの程度、シビアなものかどうか。受け入れられるものかどうか、その相対的な関係において、自らの保有する、活用できる資源で対処できなければ「バーンアウト（Burn-out：燃え尽き）」してしまうが、相応の資源によって対処できれば「エンゲージメント」が維持される、もしくは高揚させることができる。つまり、活力を発揮し、熱意をもって、没頭できるということになる。

　では、次に、「要求」に即して使うべき「資源」として何が必要とな

るのか。

　まず、「仕事の資源」については「上司によるコーチング」「自律性」「技能の多様性」「パフォーマンスに対するフィードバック」「良好な労働条件」「役割の明確さ」「意思決定の参加」「キャリア開発の機会」などの存在が確認されている。プレッシャーや様々な負担感を抑制、緩和するためにはいずれも有効なものである。

　この資源のなかでも福利厚生との接点としては「良好な労働条件」という要因が最も近いものとなろう。健康支援、両立支援、衣食住の生活支援、従業員間でのコミュニケーション活性化施策などは広義の、良好な労働条件として機能することは言うまでもなかろう。

　では、次に個人の資源とは何か。先行研究では検証されたものとしては「楽観性」「自己効力感」「レジリエンス（≒精神的回復力）」「自尊心」などが確認されている。第一印象としては、これらの要因は「個人」の生来的な、あるいは幼少期の生育過程などからも影響をうけて形成される性格面での強さ、パーソナリティ、思考パターンなどであって、企業側からの短期的なマネジメントではコントロールすることは難しいのではないかと考えられる。まさに、個人の資源、個有の資源、資質といってよいものだろう。企業としては、この資源は、採用時の選考で考慮すれば、こうした心理的な柔軟性、強さを選別基準とすることはある程度可能だが、既存の従業員層に対する人的資源管理として強化することの難易度は高いだろう。

　この個人の資源についても福利厚生との接点を探すとすれば、レジリエンスを組織的に高める上で、レクリエーション施策、スポーツ施策、会食支援施策などの活用が従業員のなかに浸透する過程で、ストレスを受入れ、跳ね返して、また、「明日も頑張ろう」という気持ちにさせることには役立つのではなかろうか。

　このようにエンゲージメントが、要求度と資源の二元論的に決定される、左右されるというメカニズムは人的資源管理上、数多くの留意点があることを示唆している。

まず、最も重要な点として指摘するとすればエンゲージメントの「不安定性」である。二種の資源、そして要求度は決して固定的、安定的なものではなく、常に短期的に変化する変数である。したがって、三変数が絶えず変化するなかで決定されるとなれば、エンゲージメントを安定化させることは至難の業ではないかと懸念される。

　特に、わが国のようにジョブ・ローテーション（JR）、定期異動などが慣習的に行われてきている組織では、仕事からの「要求度」の変化が頻繁となることは避けられない。事務から営業へ、地方から都心へといった職種、勤務地の変化も当然、派生的に発生することになるわけで、先の情緒的、精神的、肉体的負担などが否応なく高まることが、誰にでも、しばしば発生する。

　もちろん、資源の方も変動する、特に「仕事の資源」の多くは上司のマネジメント能力、人間性、経験値、包容力などに依存するものである。尊敬できる有能な上司の下で活躍していた社員が、上司の異動でソリの合わない、平凡な（もしくは無能な）上司と替わって、エンゲージメントも低下したといったことは頻発するだろう。

　要するに仮にある時期、高いエンゲージメントによって高い生産性を実現できていた従業員がいたとしても、JR、異動によって要求度は大きく変化する可能性を否定できない。ということは、組織全体としてエンゲージメントの継続的な向上、高水準の状態維持は相当に困難なマネジメントとなるだろう。

　また、人的資本経営の議論のなかでは、企業戦略に即した高い労働生産性の実現を目指そうとしているわけだが、当然のことだが、高い労働生産性のためには、高い「要求度」の職務を多くの従業員が消化していくことが求められることになろう。となれば、それに見合う必要十分な、高質な「資源」が必要となるわけだが、この資源確保への投資行動を適切に行うことは難題となるだろう。近年、価値観、就労ニーズも含めて多様化の著しい従業員層に対して、要求に応えるためには多様な資源が求められることになる。

　この「要求⇔資源モデル」からエンゲージメントを確保し、安定化さ

第3章　経営的効果の検証、その理論的背景と運用　●　*183*

せることの難しさを考えているなかで、筆者にとっての多くの諸先輩が
よく発言されていた古い福利厚生についての格言（？）を、思い出した。
すなわち、「福利厚生は仕事と（個人）生活の潤滑油」「福利厚生は職場
の潤滑油」というものである。組織と個人、仕事と生活、異質な二次元
の世界をなんとか融合、調和させながら生産性を確保するために福利厚
生があるのだ、としたこの深い言葉を改めて思い出した。要求⇔資源の
二者対立構造のなかでの安定的な土壌となる潤滑油としての機能を発揮
できるのではないだうろか。福利厚生はわが国におけるエンゲージメン
ト・マネジメントの中で一定の役割を果たすことになるに違いない。

・福利厚生がエンゲージメント形成にもたらす影響の検証

　本章では、わが国で初めて、この「エンゲージメント」と福利厚生と
の因果関係についての検証を行った。

　まず、エンゲージメントの測定については、既に確立され、多くの先
行研究で使用されてきた17項目から成るユトレヒト・ワーク・エンゲー
ジメント・スケール（UWES）の日本語訳版を使用した。この尺度には
先述の「活力」「熱意」「没頭」という三つの下位概念が全て分類的に測
定することができるため、三つの変数としてそれぞれ集計して変数と
し、さらに総計して全体的なエンゲージメントを変数化した。測定に
使った設問と尺度表現、そして平均スコアは図表3－17のとおりとなっ
た。前章で紹介した国際比較での結果とも近い水準のスコアとなってい
る。全体平均スコアが2.93と6点満点中の3点以下となり、下位要素で
は「活力」が2.90、「熱意」が3.03、「没頭」が2.83となった。

＜尺度：ユトレヒト・ワーク・エンゲージメント（UWES）による測定＞
設問：次の17の質問文は、仕事に関してどう感じているかを記述したも
　　　のです。各文を読んで、あなたが仕事に関してそのように感じて
　　　いるかどうかを判断してください。

図表３－17　エンゲージメント・スコア

分類と尺度表現		全体		男性	女性
		平均値	標準偏差	平均値	平均値
活力	仕事をしていると、活力がみなぎるように感じる	2.88	1.28	2.94	4.22
	職場では、元気が出て精力的になるように感じる	2.83	1.27	2.87	4.24
	朝に目がさめると、さあ仕事に行こう、という気持ちになる	2.66	1.35	2.75	4.50
	長時間休まずに、働き続けることができる	2.91	1.35	3.01	4.24
	職場では、気持ちがはつらつとしている	2.72	1.29	2.74	4.31
	ことがうまく運んでいないときでも、辛抱強く仕事をする	3.41	1.23	3.45	3.66
	活力スコア平均	2.90	–	2.96	4.20
熱意	私にとって仕事は、意欲をかきたてるものである	2.79	1.34	2.84	4.29
	仕事に熱心である	3.15	1.25	3.11	3.79
	自分の仕事に意義や価値を大いに感じる	2.96	1.24	2.98	4.07
	仕事をしていると、時間がたつのが速い	3.47	1.33	3.43	3.46
	自分の仕事に誇りを感じる	2.97	1.31	2.99	4.06
	仕事は、私に活力を与えてくれる	2.86	1.30	2.88	4.18
	熱意スコア平均	3.03	–	3.04	3.97
没頭	仕事をしていると、他のことはすべて忘れてしまう	2.94	1.27	2.97	4.11
	仕事に没頭しているとき、幸せだと感じる	2.58	1.29	2.65	4.53
	私は仕事にのめり込んでいる	2.75	1.28	2.83	4.38
	仕事をしていると、つい夢中になってしまう	2.94	1.32	2.97	4.10
	仕事を頭から切り離すのが難しい	2.93	1.41	3.04	4.26
	没頭スコア平均	2.83	–	2.89	4.28
	全体平均値	2.93	–	2.97	4.14

山梨大学　西久保研究室　2023年 科研費調査①（従業員）n=1658

　次に、「活力」「熱意」「没頭」の三つの下位概念及びそれらの総計（トータルスコア）としたエンゲージメント（EGトータルスコア）を目的変数とし、「性別（男性ダミー）」「年齢」「賃金額」などを制御変数と位置づけた上で、従業員自身が利用できると認知している福利厚生の制度・施策の「勤務先企業での導入数」を従属変数として投入した回帰分析を行った。結果は図表３－18に示すとおりである。

図表３－18　福利厚生導入がエンゲージメント形成に及ぼす影響

従属変数	EGトータルスコア		EG 活力スコア		EG 熱意スコア		EG 没頭スコア	
	t 値	有意確率	t 値	有意確率	t 値	有意確率	t 値	有意確率
独立変数								
（定数）	19.434	0.000 ***	18.233	0.000 ***	16.969	0.000 ***	20.203	0.000 ***
男性ダミー	2.193	0.028 **	3.009	0.003 ***	0.548	0.584	2.568	0.010 **
年齢	-1.881	0.060 *	-2.114	0.035 **	-0.926	0.355	-2.269	0.023 **
賃金額[*1]	-0.827	0.408	-0.709	0.478	-0.915	0.360	-0.746	0.456
導入かつ利用可能制度数[*2]	7.529	0.000 ***	6.793	0.000 ***	7.461	0.000 ***	7.267	0.000 ***
重相関係数R[2]		0.038		0.035		0.033		0.037
自由度調整済み R2		0.036		0.032		0.031		0.035
F 値		16.247		14.856		14.272		16.049
有意確率		0.000 ***		0.000 ***		0.000 ***		0.000 ***

[*1] 前年度、勤務先からの賃金・賞与のみ
[*2] 勤務先企業に導入されており、自身が利用できる福利厚生制度り種類数

有意確率　***<0.01、**<0.05、*0.10

山梨大学　西久保研究室　2023年 科研費調査①（従業員）n=1658

従業員自身が利用できる制度・施策が多いほど「活力」「熱意」「没頭」のいずれのエンゲージメント要素も高めること、そして全体的なエンゲージメントも高めることが明らかとなった。ここで得られたいずれの因果関係についても、その信頼性（有意確率）は極めて高いものであった。

　この結果から「福利厚生の充実化（制度導入数）」を図ることが、エンゲージメントを高めることに確証を得たことになる。また、「賃金額」を制御変数として投入したが、いずれのエンゲージメント・スコアに対しても影響力は確認されなかった。つまり、多額の賃金を得ていることだけでは、エンゲージメントを高めることには繋がらないようである。要求度が高いことと同義だからであろう。

　制度導入数だけではなく、他にも従業員が認知している自社の福利厚生に対する様々な評価もエンゲージメントに影響を与えることが確認された。

　ここでの従業員の評価とは、まず「社内での利用度評価」である。これは「あなたの勤務先企業の他の従業員の福利厚生制度の利用状況はいかがですか」との問いかけに対して、「1．ほとんどの従業員がよく利用している」から「4．ほとんど誰も利用していない」までの4段階の選択肢を示してスコア化したものである。回答者だけでなく、その社内での利用度も高いほど、当人のエンゲージメントを高めている可能性がある。

　また、他社との相対的な評価として「同業界の他企業／同じ地域の他企業と比べて充実していると思いますか」との問いかけを行い、「1．充実している」から「5．充実していない」までの5段階の選択肢を示してスコア化した。両変数は「地域での相対的優位性」「業界内での相対的優位性」と名付けた。地域間（大都市圏と地方）、業界間での法定外福利費の格差は大きいため、絶対的な充実度を追求するよりも、従業員が比較対象とする企業との相対的な優位性、つまり相対的に充実させることでエンゲージメントを得られるかを検証したのである。

図表３－19　福利厚生への従業員評価がエンゲージメント形成に及ぼす影響

	従属変数：エンゲージメント・トータルスコア							
	t 値	有意確率	t 値	有意確率	t 値	有意確率	t 値	有意確率
独立変数								
（定数）	23.348	0.000 ***	25.363	0.000 ***	24.759	0.000 ***	24.762	0.000 ***
男性ダミー	-0.242	0.809	0.166	0.868	-0.153	0.879	1.754	0.080 *
年齢	2.400	0.017 *	1.774	0.076 *	1.625	0.104	3.072	0.002 **
賃金額[*1]	-0.853	0.394 **	-0.568	0.570 **	-0.790	0.430	-0.406	0.684
（右の四変数をそれぞれ追加）	社内での利用度評価		地域での相対的優位性		業界内での相対的優位性		入社時の福利厚生重視度	
	9.898	0.000 ***	13.263	0.000 ***	12.328	0.000 ***	12.485	0.000 ***
重相関係数(R2)	0.061		0.101		0.089		0.091	
自由度調整済み R2	0.058		0.098		0.086		0.088	
F 値	26.617		46.196		40.187		41.163	
有意確率	0.000 ***		0.000 ***		0.000 ***		0.000 ***	

[*1]前年度、勤務先からの賃金・賞与のみ

山梨大学　西久保研究室　2023年 科研費調査① （従業員）n=1658

　結果はいずれも高い統計的有意性によって、顕著にエンゲージメントを高める影響力をもつことが明らかとなった。企業にとってこの結果は重要であろう。特に中小企業では絶対的な水準で大企業層と同等の福利厚生を充実させることは財政的にも困難であろうと推測されるが、決して絶対的ではなく地域内、業界内での相対的に上位となる福利厚生の導入、運用ができれば高い従業員エンゲージメントを得る可能性があることを示唆しているからである。

　さらに、「入社時の福利厚生重視度」の影響力についても検証した。前章でも論じたが、「福利厚生の充実度」を重視して就職活動を行い、入社を決定した従業員が高いエンゲージメントを得ているのか、あるいはそれは功利的、打算的な欲求であって、生産性に直結する高いエンゲージメントを有する従業員となっていないのか、この点を検証したかったのである。

　結論的には、先の定着性での分析結果と同様に、福利厚生を重視して入社した従業員ほど、高いエンゲージメントを有する従業員であることが示された。福利厚生の重視が決して、功利的、打算的な欲求充足だけに終わるものではなく、期待した充実した福利厚生によって、働きやすさや仕事への専念性が支援されるサポートなどを得て、高いエンゲージメントを形成するに至ったのではないかと推測される。あるいは、先に

述べた企業に対する強い負債感を感じることで、その返報行動として「熱意」「没頭」「活力」などを高めているとも考えられる。これは採用活動において福利厚生の存在をより積極的にアピールすることの有効性を示唆している。

・バーンアウトとの関連性

先述のとおり、エンゲージメント自体がバーンアウト研究の過程で開発された概念であり、一部の研究者からは、過剰なエンゲージメントの追求が表裏をなすバーンアウトをもたらす危険性も指摘されており、両概念の関係性は気になるところである。

そこで本書では、両概念の関係性の検証を行った。

ここでバーンアウトの測定尺度としては久保（2007）、久保・田尾（1992）で用いられた尺度を採用した（図表3－20）。

図表3－20　バーンアウト測定尺度

1	こんな仕事，もうやめたいと思うことがある。	E
2	われを忘れるほど仕事に熱中することがある。	PA
3	こまごまと気くばりすることが面倒に感じることがある。	D
4	この仕事は私の性分に合っていると思うことがある。	PA
5	同僚や患者の顔を見るのも嫌になることがある。	D
6	自分の仕事がつまらなく思えてしかたのないことがある。	D
7	1日の仕事が終わると「やっと終わった」と感じることがある。	E
8	出勤前，職場に出るのが嫌になって，家にいたいと思うことがある。	E
9	仕事を終えて，今日は気持ちのよい日だったと思うことがある。	PA
10	同僚や患者と，何も話したくなくなることがある。	D
11	仕事の結果はどうでもよいと思うことがある。	D
12	仕事のために心にゆとりがなくなったと感じることがある。	E
13	今の仕事に，心から喜びを感じることがある。	PA
14	今の仕事は，私にとってあまり意味がないと思うことがある。	D
15	仕事が楽しくて，知らないうちに時間がすぎることがある。	PA
16	体も気持ちも疲れはてたと思うことがある。	E
17	われながら，仕事をうまくやり終えたと思うことがある。	PA

注 E：情緒的消耗感、D：脱人格化、PA：個人的達成感（逆転項目）
久保（2007）、久保・田尾（1992）より抜粋

分析としては相関分析を用いることとし、無相関検定によって統計的信頼性の確認を行った（図表3-21）。

　結果としては、エンゲージメントとバーンアウトとは対概念とされるとおり、明確な負の相関関係を有することが確認できた。すなわち、エンゲージメントの向上を図るための人的資本投資は、同時に従業員のバーンアウト（燃え尽き症候群）を抑止するという効果も得る可能性があるといえよう。

　ただし、これは調査の一時点での相関関係であること、またエンゲージメントがさらに高水準に達して、ある種の閾値を超えたときに、バーンアウトに転じないということを保証するものでない。この点には注意を要する。例えば「没頭」が過度に、そして長期に続いたときに、肉体的、精神的な過労から「燃え尽き」現象が現れる危険性は内包されている。このあたりは、健康管理施策、レクリエーション、スポーツなど福利厚生によるのストレス軽減施策などの並行的な対応が求められる、つまり、エンゲージメントをバーンアウトに転じさせないための抑止策として、福利厚生の役割が重要となる。

図表3-21　バーンアウトとエンゲージメントとの関係性

			エンゲージメントトータルスコア（EG_total）	EG活力スコア	EG熱意スコア	EG没頭スコア
バーンアウト	情緒的消耗感	Pearson の相関係数	-0.286	-0.315	-0.327	-0.173
		有意確率（両側）	0.000	0.000	0.000	0.000
	脱人格化	Pearson の相関係数	-0.257	-0.251	-0.314	-0.170
		有意確率（両側）	0.000	0.000	0.000	0.000
	個人的達成感（逆転項目）	Pearson の相関係数	0.688	0.652	0.684	0.631
		有意確率（両側）	0.000	0.000	0.000	0.000

下段：無相関検定における有意確率　　　　　　　　n=1658

　ここまでのエンゲージメントの要因分析によって、福利厚生の充実化、あるいは自社の福利厚生への従業員評価などが明らかに形成要因となっていることに確証が得られた。

　人的資本への投資として福利厚生を活用することでエンゲージメント

を高められるとすれば、前章でも指摘した人的資本への投資が、エンゲージメントという媒介変数を介することで企業価値の増大へとつながる文脈を確かなものとできるであろう。

３－２－５．チーム力を高める心理的安全性と福利厚生

・心理的安全性とは何か

近年、エンゲージメントと並んで注目されはじめた人的資源管理の目標概念の一つとして「心理的安全性」がある。

人的資本経営の成功が企業価値の向上次第で評価されるとすれば、企業内でいかに持続的に価値創造を実現できるかが問われることになる。この創造性なるものは人間にしか期待できない成果物であって、その多くは組織内での異質な個、多様な知の相互作用のなかで生み出されるものであることがわかってきている。この異質な個、多様な知の健全な相互作用、つまりはチームメンバー同士が抵抗感なく議論を戦わせることができる組織風土、企業文化が益々重要となってくる。

その求めるべき組織風土の一つの切り口、特性として登場したものが「心理的安全性」である。

わが国では既に古くから“和気藹々とした、自由闊達な組織風土”といった表現があり、おそらく、類似するものであろう。このよう理念はソニー（当時、東京通信工業）の設立趣意書（1946）に既に書かれていた。その第一項に「真面目なる技術者の技能を、最高度に発揮せしむべき自由闊達にして愉快なる理想工場の建設」とある。

今日の「心理的安全性」の提唱者であるEdmondson（1999）は、「対人関係におけるリスクをとることに対し、当該チームは安全であるという、チームメンバーにより保持された共有信念」と定義したうえで、心理的安全性がチームにおける学習行動に及ぼす影響について検討した。

この学習行動についてEdmondson（1999）では、「他者へ質問をしたり、フィードバックを求めたり、結果を振り返り、ときに起こる間違いや予期しない結果についても話し合うプロセス」と位置づけた。その上で実証調査を行い、心理的安全性が学習行動を高めることを明らかにし

た。この結果に関してEdmondson（1999）では「学習には、失敗から学ぶという面があるために、他者から否定的に評価されたり、思わぬ反応を受けたりする社会的リスクを含有する行動であるが、周囲が不完全さや間違いに対する寛容さを持つことで、その対人関係リスクに対する心理的安全性が確保されるために、各個人の学習行動が促進される」と述べている。まさに「小事にこだわらず、広い心で伸び伸びと振る舞うこと」を意味する自由闊達なる職場風土である。

　この職場に対する心理的安全性に関して、回答者が自身の職場集団について、どのように感じているか、Edmonson（1999）が作成したPsychological Safety Scaleの7項目を用いた。なお、これらの7項目の日本語への翻訳については、稲田（2015）における尺度翻訳に基づいた質問紙上では、自身が所属する職場およびチーム全体に対して、自分自身はどのように感じているかを回答するよう求めたうえで、7項目を提示し、7件法（1．全くあてはまらない－7．非常にあてはまる）で尋ねた。

　本書でも丸山淳市・藤桂（2019）でも用いられている当該尺度を採用してアンケート調査（調査①）の回答者である正規従業員が属する職場、チームでの心理的安全性の測定を行った。設問と尺度表現、選択肢は次ページのとおりである。

＜Edmondson（2012）の心理的安全性に関する 7 項目の測定質問を一部修正・加筆＞

1．この、あなたが属している職場・チームでは、あなたがミスを犯してしまうと多くの場合責められることになる（R）
2．この職場・チームのメンバーは、問題が起きていたり、困難な事案が生じていたりしても、それを提起することができる（公式に発言できる）
3．この職場・チームの人々は時々、他の人に対して「自分たちとは違う」として受け入れないことがある（R）
4．この職場・チームでは、思い切ったことをしても大丈夫だ
5．この職場・チームの他のメンバーに助けを求めることは難しい（R）
6．この職場・チームの誰も、わざと私の努力を踏みにじるようなことはしないだろう。
7．この職場・チームのメンバーと働いているとき、ほかの人には真似できない私のスキル（技能）や能力は評価され、役立てられている
（R）＝逆尺度
選択肢：1．あてはまる　2．ややあてはまる　3．どちらともいえない
　　　　4．あまりあてはまらない　5．あてはまらない

・福利厚生がもたらす心理的安全性

　まず、心理的安全性の形成に福利厚生が影響しているかを探った。

　心理的安全性の回答の合計値をスコア化し、従属変数とする回帰分析を行った。

　「性別」「年齢」「賃金額」などを制御変数として投入した上で、福利厚生に関する独立変数として四種の変数を逐次、投入する四つのモデルとした。

　福利厚生関連の変数としては先にも採用した、1．社内での利用度評価、2．地域での相対的優位性、3．業界内での相対的優位性、

4．（回答者の）入社時の福利厚生重視度の四種とした。

　結論的には四種の福利厚生関連の変数がいずれも明確に心理的安全性の形成に正の影響力を及ぼすことが示された。社内で多くの従業員が福利厚生を利用していること（社内での利用度評価）。勤務する事業所の立地する地域で相対的に自社の福利厚生が充実しているとする評価。同様に、自社の業界内において自社の福利厚生が充実しているとする評価。さらに、福利厚生の充実度を重視した就職活動によって入社を決定した経緯をもつ従業員の職場・チームであること。これらの四種の状況変数が心理的安全性の形成を促進することが示されている。

図表３－22　心理的安全性の形成要因

独立変数	従属変数：心理的安全性										
	t 値	有意確率		t 値	有意確率		t 値	有意確率		t 値	有意確率	
（定数）	49.615	0.000	***	47.656	0.000	***	16.969	0.000	***	46.896	0.000	***
男性ダミー	-0.068	0.945		-0.089	0.929		0.548	0.584		-0.097	0.923	
年齢	-1.241	0.215		-1.648	0.100		-0.926	0.355		-0.983	0.326	
賃金額[*1]	-2.321	0.020	**	-2.077	0.038	**	-0.915	0.360		-1.994	0.046	**
（右の四変数をそれぞれ追加）	社内での利用度評価			地域での相対的優位性			業界内での相対的優位性			入社時の重視度		
	8.166	0.000	***	-8.250	0.000	***	7.461	0.000	***	4.088	0.000	***
重相関係数(R²)	0.043			0.044			0.046			0.015		
自由度調整済み R2	0.041			0.042			0.044			0.012		
F 値	18.734			19.081			19.916			6.180		
有意確率	0.000	***		0.000	***		0.000	***		0.000	***	

[*1]前年度、勤務先からの賃金・賞与のみ

山梨大学　西久保研究室　2023年 科研費調査①（従業員）n=1658

　筆者が考えるに、こうした心理的安全性とは一朝一夕に成立するものでもない。

　また、何かの制度、規則等の導入によっても簡単につくられるものではないだろう。おそらく、社内での良好な人間関係、それはプライベートでの関係性も含めたものが一定の時間経過とともに成立するものであろう。安定した職場の雰囲気、風土、文化として形成されるなかで、批判を恐れず、忌憚のない、忖度しない活発な討論ができるようになるのである。こうした、厚みを持った良好な人間関係、組織風土、企業文化の成立に対して、福利厚生の様々な制度・施策が影響を与えることは、

これまでも既に確認されてきたことである。

3-2-6. 社会関係資本形成効果
・社会関係資本の測定尺度

　前章で述べたとおり、人的資本経営が注目されているなかで、もう一つの企業経営とって貴重な資本形成と考えられる「社会関係資本」の重要性にも注目する必要がある。

　ここでは、この組織的、集団的な次元で形成される社会関係資本が、社内という閉じられた社会、組織内においても本当に形成されているのか。そして、福利厚生の導入・運用、従業員の利用によってその形成が促進されるのか、あるいは抑制されるのか、検証を行った。

　まず、企業という組織内での社会関係資本の形成状態を測定するために、独自の尺度開発を行った。先述のとおり、Putnam（1993）は「調整された諸活動を活発にすることによって社会の効率性を改善できる、信頼、規範、ネットワークといった社会組織の特徴」と定義したとおり、この定義に基づき「ネットワーク」「互酬規範」「信頼感」に着目し、かつ多くの先行研究での議論を反映することで企業内、職場内での状況を反映する尺度表現の開発を行った。尺度表現及び回答選択肢は図表3-23に示すとおりである。

　尺度信頼性を検証するクロンバッハα値を算出したが、一般に0.7以上に妥当性が認められるとするなかで、三次元の尺度ともに0.8以上の値となった。

　この社会関係資本の9項目の測定尺度による三種のスコア化を行い、かつ三次元の尺度スコアの合計値を社会関係資本の形成状態を示す全体スコアとした。

・福利厚生がもたらす社会関係資本形成

　次に、これら四種の社会関係資本スコアを従属変数とする回帰分析を行った。「性別（男性ダミー）」「年齢」「賃金額」を制御変数と位置づけ

図表3-23　社会関係資本形成の測定尺度

Q. 現在、勤務先企業であなたの属されている職場での状況についてうかがいます。

尺度表現	信頼性統計量 Cronbach の α
・ネットワーク 　社内の従業員同士のコミュニケーションは良好である 　経営層、管理職層と従業員層との間でのコミュニケーションは良好である 　社外の関係者とも良好なコミュニケーションができている	0.807
・「互酬性」規範 　従業員同士は「お互い様」という意識を共有している 　従業員達は互いに「助けられたら、助け返す」という意識がある 　社員には自発的に協力し合う関係にある	0.843
・信頼 　社内の従業員同士は互いに信頼感をもっている 　管理職層とその部下である従業員層とは互いに信頼感をもっている 　経営層と従業員層とは互いに信頼感をもっている	0.849

・選択肢（5点法）
1. あてはまる　2. ややあてはまる　3. どちらともいえない　4. あまりあてはまらない
5. あてはまらない

筆者が独自に開発した尺度

た上で、従業員が社内での福利厚生利用度がどの程度か、その主観的評価に基づく評価値を独立変数として導入した。結果は図表3-24に示すとおりである。

　社内での福利厚生の利用度が高いほど、社会関係資本の構成要素となる「ネットワーク」「互酬規範」「信頼感」のいずれもが高まること、また、その合計値としてスコア化した社会関係資本全体が強固に形成されることが示された。

　福利厚生には企業から従業員への様々な局面での支援、保障が提供されることで信頼性が高まることや、レクリエーション施策に代表されるように従業員間での様々なコミュニケーション、交流を活発化させる効果がある。こうした制度・施策の運用が活発化すれば、社内での人間関係がより密接なものとなりネットワークとして形成されることは当然であり、人と人との良好な接点が拡大すれば互酬性の規範や相互の信頼感が高まることは当然の帰結であろう。人的資本経営の中において投資対象として明確化する価値はある。

第3章　経営的効果の検証、その理論的背景と運用　　195

図表３−24　福利厚生と社会関係資本形成

従属変数	ファイナンシャルWB 効果全体スコア		ファイナンシャルWB 不安軽減効果		ファイナンシャルWB 生活設計・資産形成効果		金融リテラシースコア	
	t 値	有意確率	t 値	有意確率	t 値	有意確率	t 値	有意確率
独立変数								
（定数）	11.734	0.000 ***	10.772	0.000 ***	5.808	0.000 ***	16.076	0.000 ***
男性ダミー	-2.175	0.030 **	-2.184	0.029 **				
年齢					-2.370	0.018 **	4.105	0.000 ***
利用経験：従業員拠出の年金保険・財形保険（老後資金などの準備）	3.953	0.000 ***	3.632	0.000 ***	3.604	0.000 ***	3.169	0.002 **
利用経験：従業員拠出の死亡保険（死亡時の遺族・遺児への保障）	1.747	0.081 *	3.351	0.001 ***				
利用経験：従業員拠出の所得補償保険（病気やケガでの休業、退職に収入補償する団体保険制度）	2.458	0.014 **			3.391	0.001 ***		
利用経験：従業員拠出の医療保険（病気・ケガの際などへの準備）							2.233	0.026 **
利用経験：持ち家支援制度（低利融資、物件斡旋等）	3.948	0.000 ***	3.590	0.000 ***	3.585	0.000 ***		
利用経験：財形・社内預金・従業員持株制度等	2.108	0.035 **			4.378	0.000 ***	5.810	0.000 ***
利用経験：ストックオプション（自社株式購入権を従業員に与える制度）	2.791	0.005 ***	2.094	0.036 **	2.941	0.003 ***		
利用経験：マネープランニング講座（資産形成管理・投資教育等）	2.943	0.003 ***	2.963	0.003 ***	2.379	0.017 **	2.041	0.041 **
利用経験：個人で加入している保険への会社からの補助（ポイント利用等含む）	2.202	0.028 **	2.212	0.027 **	1.967	0.049 **		
利用経験：NISAなどの個人での投資促進への支援策（補助金など）	2.921	0.004 ***	3.499	0.000 ***				
重相関係数(R^2)	0.110		0.089		0.091		0.065	
自由度調整済み R^2	0.104		0.084		0.086		0.063	
F 値　有意確率	20.319	0.000 ***	20.030	0.000 ***	20.586	0.000 ***	23.102	0.000 ***

有意確率　***<0.01、**<0.05、*0.10　by stepwise method

フィナンシャルWB_不安軽減効果：「老後の不安が軽減される」「生活上の経済的不安が軽減される」「生活や家族の不安なく、安心して働ける」の回答数合計
フィナンシャルWB_生活設計・資産形成効果：「生活設計を立てやすくなる」「生活費の節約に役立つ」の回答数合計

山梨大学　西久保研究室　2023年 科研費調査① （従業員）n=1658

３−２−７．注目されるファイナンシャル・ウェルビーイング

・ファイナンシャル・ウェルビーイングとは何か

　近時、金融保険業界を中心にファイナンシャル・ウェルビーイング（以下、「FWB」）に対する注目が拡がっている。この動きに先行しているアメリカ金融消費者保護局の定義によればFWBとは「現在および将来の金銭的な債務を十分に支払うことができ、将来の自身の経済面に安心感を持ち、人生を楽しむための選択ができる状態」を指すものとされている。英国でも国民のFWBについて政府の外郭団体であるMoney and Pensions Serviceが、国民の金融ウェルビーイング（金融面の幸福・充足）を確保するための今後10年間の戦略である「The UK Strategy for Financial Wellbeing」を示し、若年層への金融教育を推進すべく学校や家庭での取り組み強化を提言している。

　こうした流れを受けた形でわが国でもFWBの議論が始まったが、本書で取り上げる理由は二点ある。

一つは本書のメインテーマである人的資本経営と福利厚生との関連性のなかで、各所でしばし注視される従業員のウェルビーイングと密接な関係をもつサブ・テーマであること。すなわち、ウェルビーイングが従業員のエンゲージメントをはじめ、高い生産性の働き方を実現する上で重要な土壌であり、その中の重要な構成要素としてFWBが存在している可能性があること。もう一つの理由は、福利厚生のなかには従来からFWBに貢献できる制度・施策が数多くビルト・インされてきたことである。ライフプラン・セミナーやマネープラン・セミナー、さらには退職前準備セミナーなどは、その内容の核となる部分は金融であり、資産形成の問題であった。また、何よりも直接的に良好なFWBを形成するための自助努力型の資産形成・生活保障制度が数多く、福利厚生制度として存在しているのである。古くは社内預金・低利融資制度から始まり、財形制度、従業員拠出型の団体年金制度などがある。新NISA制度への啓蒙教育や直接的な補助金制度なども登場している。

　こうした点から、福利厚生の経営的効果としてFWBの向上を確認しておきたい。と同時に、FWBが単なるウェルビーイングに留まらず、人的資源管理上の諸効果にまで結びついているかという点での効果検証も行いたい。

・ファイナンシャル・ウェルビーイング効果の形成要因

　ここでは、このテーマに関してFWBについての独自の測定を行うとともに、金融保険業界、証券業界を中心に推進してきた国民の金融リテラシー向上の動きとその効果なども併せて検証する。

　今回の調査では、まず金融経済教育推進会議が策定した「金融リテラシー・マップ」において社会人に求められている金融リテラシーのうち「金融知識及び金融経済事情の理解と適切な金融商品の利用選択」に対する主観的評価を採用した。また、客観的評価としても金融リテラシー調査の調査票から「金融分野共通」及び「資産形成商品」に絞って抽出し、6つの項目について正誤を試す設問を調査項目に加えた（以下）。

＜主観的金融リテラシー＞

1．収集した情報を比較検討し、適切な消費行動をすることができる

2．金融商品を含む様々な販売・勧誘行為に適用される法令や制度を理解し、慎重な契約締結など、適切な対応を行うことができる

3．詐欺など悪質な者に狙われないよう慎重な契約を心掛ける

4．金融商品の3つの特性（流動性・安全性・収益性）とリスク管理の方法、および長期的な視点から貯蓄・運用することの大切さを理解している

5．お金の価値と時間との関係（複利、割引現在価値など）について理解している

6．景気の動向、金利の動き、インフレ・デフレ、為替の動きが、金融商品の価格、実質価値、利回り等に及ぼす影響について理解している

＜客観的金融リテラシー＞

S1．聞いたことがない金融商品を購入する（契約する）かどうかを判断する際、販売業者から高いリターンが期待できるとの情報が得られれば、商品を購入する（契約する）

S2．契約を行う際、業者から詳しく説明を聞いて契約し、契約書は後でゆっくり読む

S3．金融トラブルに巻き込まれないため、判断に迷ったときは、業者を信じて一任する

S4．平均以上の高いリターンのある投資には、平均以上の高いリスクがあるものだ

S5．太郎と花子は同い年です。花子は25歳の時に年10万円の預金を始め、その後も毎年10万円の預金を続けました。一方、太郎は25歳の時には預金をせず、50歳の時に年20万円の預金を始めました。二人が75歳になったとき、どちらの預金残高が多いでしょうか。（選択肢提示）

S6．金利が上がったら、通常、債券価格はどうなるでしょうか。（選択肢提示）

　主観的評価及び客観的評価によるスコア（正解者のみ得点）を加算し、「金融リテラシースコア」としての測定を行った。

続いてFWBだが、これは自社の福利厚生制度に対して従業員が効果として認識している項目から以下に示す6項目を選択し、選択数を加算しスコアとした。つまり、福利厚生の利用によって、金融経済面、生活設計面で主観的に良好かどうかの判断を求め、「良好」で「不安が軽減」された状態をFWBの状態と見なしたのである。

　6項目の経営的効果の認知項目のうち、以下のa．b．c．については「FWB_生活設計・資産形成効果」とし、d．e．f．については「FWB_不安軽減効果」として集計し、そして両者の合計値をFWB_効果の全体スコアとした。

（FWB_生活設計・資産形成効果）
　a．生活費の節約に役立つ
　b．生活設計を立てやすくなる
　c．貯蓄や資産づくりに役立つ
（FWB_不安軽減効果）
　d．生活での経済的不安が軽減される
　e．老後の経済的な不安が軽減される
　f．生活や家族の不安なく、安心して働ける

　まず、従業員が認識するFWBを良好とする効果が、どのような制度・施策によって得られているか、実際に利用経験のある生活設計や資産形成・生活保障を支援する諸制度、10種類との因果関係の検証を行った（図表3−25）。

　やはり数多くの制度・施策の直接的な影響力が確認されている。

　例えば、「FWB_不安軽減効果」に対しては「従業員供出型の年金制度（団体型）」「持家支援制度（低利融資・物件斡旋等）」などが明確にプラスの影響を与えている。「NISAなどの個人での投資促進への支援制度」も明確な影響力があることが示されている。

図表3−25　ファイナンシャル・ウェルビーイング効果の形成要因

従属変数	ファイナンシャルWB 効果全体スコア		ファイナンシャルWB 不安軽減効果		ファイナンシャルWB 生活設計・資産形成効果		金融リテラシー スコア	
	t 値	有意確率	t 値	有意確率	t 値	有意確率	t 値	有意確率
独立変数								
（定数）	11.734	0.000 ***	10.772	0.000 ***	5.808	0.000 ***	16.076	0.000 ***
男性ダミー	-2.175	0.030 **	-2.184	0.029 **				
年齢					-2.370	0.018 **	4.105	0.000 ***
利用経験　従業員拠出の年金保険・財形保険 （老後資金などの準備）	3.953	0.000 ***	3.632	0.000 ***	3.604	0.000 ***	3.169	0.002 ***
利用経験　従業員拠出の死亡保険 （死亡時の遺族・遺児への保障）	1.747	0.081 *	3.351	0.001 ***				
利用経験　従業員拠出の所得補償保険 （病気やケガでの休業、退職に収入補償する団体保険制度）	2.458	0.014 **			3.391	0.001 ***		
利用経験　従業員拠出の医療保険 （病気・ケガの際などへの準備）							2.233	0.026 **
利用経験　持ち家支援制度（低利融資、物件斡旋等）	3.948	0.000 ***	3.590	0.000 ***	3.585	0.000 ***		
利用経験　財形・社内預金・従業員持株制度等	2.108	0.035 **			4.378	0.000 ***	5.810	0.000 ***
利用経験　ストックオプション （自社株式購入権を従業員に与える制度）	2.791	0.005 ***	2.094	0.036 **	2.941	0.003 ***		
利用経験　マネープランニング講座 （資産形成管理・投資教育等）	2.943	0.003 ***	2.963	0.003 ***	2.379	0.017 **	2.041	0.041 **
利用経験　個人で加入している保険への会社からの補助 （ポイント利用等含む）	2.202	0.028 **	2.212	0.027 **	1.967	0.049 **		
利用経験　NISAなどの個人での投資促進への支援策 （補助金など）	2.921	0.004 ***	3.499	0.000 ***				
重相関係数(R^2)	0.110		0.089		0.091		0.065	
自由度調整済み R^2	0.104		0.084		0.086		0.063	
F 値	20.319		20.030		20.586		23.102	
有意確率	0.000 ***		0.000 ***		0.000 ***		0.000 ***	

有意確率　***<0.01、**<0.05、*0.10　by stepwise method

フィナンシャルWB_不安軽減効果：「老後の不安が軽減される」「生活での経済的不安が軽減される」「生活や家族の不安なく、安心して働ける」の回答数合計
フィナンシャルWB_生活設計・資産形成効果「生活設計を立てやすくなる」「生活費の節約に役立つ」の回答数合計

山梨大学　西久保研究室　2023年 科研費調査①（従業員）n=1658

　一方、「FWB_生活設計・資産形成効果」に対しても「従業員供出型の年金制度（団体型）」「所得補償保険制度（団体型）」をはじめ、伝統的な「財形・社内預金制度」も顕著な正の有意性を示している。ここでは「マネープラン・セミナー」などの影響も顕著に表れている。

　これらの分析結果をみる限りでは、企業の福利厚生においては数多くの制度・施策の利用がFWBを直接的に高めている可能性があることがわかる。

　説明変数としたこれら団体型の金融保険商品としての福利厚生の影響を考える上で、重要な点は、いずれの商品も「自助努力型」つまり、従業員自身が給与天引き方式での拠出、すなわち保険料負担を行っている自助として任意に加入した制度であるという点である。

　退職給付制度などの企業拠出ではなく、従業員が自律的に必要性を判断したことで加入するケースでは、おそらくその加入の判断に至るまでにFWBに対する比較的明確な問題意識、目的意識が形成されたことを

示唆しているのではなかろうか。この結果は、企業が、従業員に対して福利厚生として、そうした自助努力の"場"を与え、伝えることの重要性が改めて示されたようにも思う。

また、併せて行った「金融リテラシー」への影響力の分析結果についても言及しておこう。まず、やはり「年齢」が正に有意な要因として確認された。高年齢になるほど金融リテラシーは高まる。経験値の効果であろう。他に正に有意な影響力が確認された福利厚生の制度・施策としては「従業員拠出の年金保険・財形保険」「財形・社内預金・従業員持株制度等」「マネープランニング講座」などであった。実際の自助努力型の団体商品やセミナー受講によって金融リテラシーを高めている。

・ファイナンシャル・ウェルビーイングの経営的効果
　では、福利厚生によって高められた従業員のFWBは、人的資源管理上の波及効果をもたらしているのだろうか。

　まずは、「定着性」「勤勉性」「貢献意欲」への影響力の検証を行った。この三種の経営的効果は、現在の勤務先企業への基本的な態度として測定したものである。

　「現在の勤務先にできるだけ長く勤務したい」「現在の勤務先ではできるだけ勤勉に働きたい」「現在の勤務先にできるだけ貢献したい」という設問表現に対して、「そう思う」から「そう思わない」までの5点法によって回答を求めている。

　この回答スコアを従属変数とする回帰分析を行った結果が、図表3－26である。独立変数の導入としては「FWB_生活設計・資産形成効果」「FWB_不安軽減効果」の二種のFWB変数を投入するモデルと両者の合計値である「ファイナンシャルWB_全体スコア」のみ投入したモデルの二つの回帰分析を行っている。

　全体及び二種のFWBは、いずれも「定着性」「勤勉性」「貢献意欲」という三種類の態度形成にポジティブな影響を与えていることが示された。制御変数として「性別」「年齢」そして「賃金額」などを同時に投入していることから、それら制御変数の影響を除去した上でも、明確

な、独立的な影響力があることが確認されたのである。

人的資本投資において、FWBの重要性を認識する必要があるだろう。

図表3－26　ファイナンシャル・ウェルビーイングの経営的効果

従属変数	定着性		勤勉性		貢献意欲	
独立変数	t値	有意確率	t値	有意確率	t値	有意確率
(定数)	22.051　0.000 ***	21.957　0.000 ***	23.918　0.000 ***	23.843　0.000 ***	21.530　0.000 ***	21.485　0.000 ***
年齢	4.053　0.000 ***	4.104　0.000 ***	4.687　0.000 ***	4.707　0.000 ***	4.555　0.000 ***	4.547　0.000 ***
男性ダミー	-1.435　0.151	-1.458　0.145	-2.989　0.003 ***	-2.999　0.003 ***	-0.737　0.461	-0.737　0.461
賃金額[*1]	-1.298　0.194	-1.302　0.193	-1.527　0.127	-1.528　0.127	-1.241　0.215	-1.241　0.215
ファイナンシャルWB_全体スコア	5.923　0.000 ***	－	6.015　0.000 ***	－	6.048　0.000 ***	－
ファイナンシャルWB_生活設計・資産形成	－	2.337　0.020 **	－	2.780　0.006 ***	－	3.188　0.001 ***
ファイナンシャルWB_経済的不安軽減	－	3.356　0.001 ***	－	2.972　0.003 ***	－	2.568　0.010 **
重相関係数(R^2)	0.032	0.033	0.040	0.040	0.034	0.034
自由度調整済み R^2	0.030	0.030	0.037	0.037	0.032	0.031
F値	13.663	11.112	17.099	13.720	14.698	11.751
有意確率	.000b	.000b	.000b	.000b	.000b	.000b

[*1] 前年度、勤務先からの賃金・賞与のみ

有意確率　***<0.01、**<0.05、*0.10

山梨大学　西久保研究室　2023年 科研費調査①（従業員）n=1658

FWBの要因、そして経営的効果の全体像を示すと以下の図表3－27のとおりである。

図表3－27　FWBと福利厚生

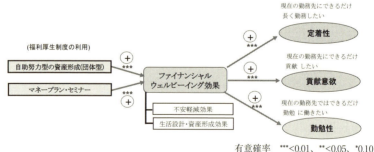

有意確率　***<0.01、**<0.05、*0.10

・ファイナンシャル・ウェルビーイングの経営的効果

人的資本経営という観点からは、他の経営的効果、特に注目されているエンゲージメントと心理的安全性に対する影響力もみておこう。

図表3－29は先に測定したエンゲージメント変数（全体スコア）と心理的安全性変数を従属変数として行った回帰分析である。結論的には、

エンゲージメントに対しては「FWB_不安軽減効果」が明確な正の影響力をもつことが確認された。老後不安に代表される様々な経済的不安が福利厚生によって軽減されることが、仕事に向き合う姿勢、つまりエンゲージメントをより良好なものとする上で重要な対応であることが示されたわけである。

しかし、「FWB_生活設計・資産形成効果」では有意性が見られなかった。この二つのFWB変数での影響力に違いが現れた点を考えてみると興味深い。老後不安のような負の感情の除去、軽減がエンゲージメントを高めることに効果的であるという点が、まさに"後顧の憂いなく戦いに臨める"といった心情なのではなかろうか。一方で、生活費の節約や貯蓄などで福利厚生の有用性を感じているというポジティブな認識ではエンゲージメントには全く影響を与えていない。エンゲージメントのマネジメントにとって重要な示唆ではなかろうか。

一方、心理的安全性に対しては、FWBからは有意な因果性を明確に確認することはできなかった。わずかに「FWB_全体」にポジティブな影響力が表れているが、二種のFWBからの影響は見られない。確かに、心理的安全性とは組織内でのメンバー相互間の関係性から生成されるある種の組織風土であるため、個々のメンバーだけのFWBだけでは影響は析出できないのであろう。メンバー全員のFWB水準との関係性を分

図表３－28　FWBとエンゲージメント、心理的安全性

従属変数	エンゲージメント トータルスコア				心理的安全性			
	t値	有意確率	t値	有意確率	t値	有意確率	t値	有意確率
独立変数								
（定数）	19.849	0.000 ***	19.824	0.000 ***	48.733	0.000 ***	48.791	0.000 ***
年齢	-1.723	0.085 *	-1.684	0.092 *	-1.293	0.196	-1.267	0.205
男性ダミー	2.558	0.011 **	2.549	0.011 **	-1.090	0.276	-1.097	0.273
賃金額[*1]	-0.535	0.592	-0.530	0.596	-2.036	0.042 **	-2.032	0.042
ファイナンシャルWB_全体スコア			4.095	0.000 ***			1.955	0.051 *
ファイナンシャルWB_生活設計・資産形成	1.202	0.229			0.394	0.693		
ファイナンシャルWB_経済的不安軽減	2.696	0.007 ***			1.474	0.141		
重相関係数(R²)	0.015		0.015		0.007		0.007	
自由度調整済みR²	0.012		0.012		0.004		0.005	
F値	5.183		6.220		2.450		2.943	
有意確率	0.000 ***		0.000 ***		0.032 **		0.019 **	

[*1] 前年度、勤務先からの賃金・賞与のみ

有意確率　***<0.01、**<0.05、*0.10

山梨大学　西久保研究室　2023年 科研費調査① （従業員）n=1658

析する必要があるのだろう。

　FWBとの明確な因果関係が確認されたエンゲージメントについては、もう少し詳細な分析で深堀しておこう。つまり、エンゲージメントの「活力」「熱意」「没頭」の三つの基本要素に影響を及ぼしているのか、そのあたりを検証する。ここでは、説明変数として「FWB全体スコア」と「FWB_生活設計・資産形成効果」「FWB_不安軽減効果」を投入している。

　やはりここでも、上記と同様の結果となった。「FWB全体スコア」と「FWB_不安軽減効果」が正に有意となるが、「FWB_生活設計・資産形成効果」からの影響は見られなかった。全体像も併せて示す（図表3－30）。

図表3－29　FWBとエンゲージメント要素

従属変数	エンゲージメント 活力スコア				エンゲージメント 熱意スコア				エンゲージメント 没頭スコア			
	t値	有意確率	t値	有意確率	t値	有意確率	t値	有意確率	t値	有意確率	t値	有意確率
独立変数												
(定数)	18.673	0.000 ***	18.633	0.000 ***	17.417	0.000 ***	17.391	0.000 ***	20.562	0.000 ***	18.633	0.000 ***
年齢	-1.981	0.048 **	-1.934	0.053 **	-0.779	0.436	-0.741	0.459	-2.103	0.036 **	-1.934	0.053 **
男性ダミー	3.330	0.001 ***	3.319	0.001 ***	0.926	0.355	0.917	0.359	2.924	0.004 ***	3.319	0.001 ***
賃金額*)	-0.450	0.653	-0.443	0.658	-0.625	0.532	-0.620	0.535	-0.463	0.643	-0.443	0.658
ファイナンシャルWB_全体スコア			3.562	0.000 ***			3.979	0.000 ***			3.562	0.000 ***
ファイナンシャルWB_生活設計・資産形成	0.784	0.433			1.179	0.239			1.500	0.134		
ファイナンシャルWB_経済的不安軽減	2.618	0.009 ***			2.608	0.009 ***			2.471	0.014 **		
重相関係数(R²)	0.016		0.015		0.011		0.010		0.017		0.015	
自由度調整済み R²	0.013		0.013		0.008		0.008		0.014		0.013	
F 値	6.427		6.427		3.635		4.306		5.836		6.427	
有意確率	0.000 ***		0.000 ***		0.003 ***		0.002 ***		0.000 ***		0.000 ***	

*) 前年度, 勤務先からの賃金・賞与のみ

有意確率　***<0.01、**<0.05、*0.10

山梨大学　西久保研究室　2023年 科研費調査①（従業員）n=1658

図表3-30　FWBを介した福利厚生とエンゲージメント

有意確率　***<0.01、**<0.05、*0.10

3-2-8．福利厚生は人的資本投資にとって有効なのか
・人的資本投資への実態とその効果

　人的資本経営の実現が叫ばれるなかで、では実際に社内にどのような実態が確認されれば人的資本形成が進行したと捉えることができるのであろうか。最終的な到達点として企業価値の向上を目指すことは明確だが、その過程、そのプロセスとして、具体的にどのような状態を実現すべきなのか。

　筆者はその中間プロセスとして、人的資本投資の一次的成果として「個人成果」「組織成果」そして「市場成果」と3次元のステージを想定して、各社の状況を測定する質問を開発した（図表3-31）。ただし、これは個人調査を前提にした従業員の主観的な評価による測定となるという点では限界があることをご理解いただきたい。回答者個人が自身の所属する企業がどのような実態であるのか、その点について選択肢を示して回答を求めたものである。

　この限界を前提とするが、個人が自社の勤務先企業においてどの程度、人的資本投資とその成果が実現されているかの評価をあえて求めることとした。また、その人的資本投資の成果に対して、ここまで福利厚生の経営的効果として分析を行ってきた「エンゲージメント」「心理的安全性」「社会関係資本」などがどのような影響を及ぼしているかを検証する。

　まず、筆者が設定した企業による人的資本投資の実態として「あなたの現在の勤務先企業は、従業員に対して以下のような対応をなさっていますか」との設問の上、次のような選択肢を提示して複数回答を求め

た。その集計値が次の図表 3 −31である。

　全体では、「何もやっていない」との厳しい回答も 4 割程度ある。また、回答者の勤務先企業の上場先市場及び非上場での分類集計も行っている。回答率を集計した累積（％）も算出してみたが、やはり非上場企業と比べると、上場企業では人的資本投資に積極的であることがわかる。

図表 3 −31　人的資本投資の実態

人的資本経営の実態項目 （複数回答）	全体	プライム市場 （東京証券取引所）	スタンダード市場 （東京証券取引所）	グロース市場 （東京証券取引所）	非上場
	n=1658	357	145	30	1123
個々の従業員の能力開発	20.3	31.7	25.5	10.0	16.2
全社での企業戦略について説明や周知	17.6	30.3	20.0	16.7	13.2
各事業戦略の説明や周知	15.3	28.3	19.3	23.3	10.4
戦略実現のための具体的な数値目標の説明や周知	14.5	24.1	23.4	23.3	10.0
個々の従業員の生産性向上への支援	13.2	21.6	21.4	20.0	9.3
チーム単位での生産性の向上支援	17.1	24.1	22.1	23.3	14.1
安心して働ける職場環境づくり	25.5	33.6	29.0	33.3	22.2
従業員同士のコミュニケーションの活性化	19.1	28.0	23.4	20.0	15.6
従業員の生活支援	11.6	17.6	20.0	20.0	8.5
従業員の新しい発想やアイデアを刺激する対応	7.8	12.9	11.7	13.3	5.5
数値目標を常に明確に設定している	11.5	17.4	15.9	13.3	8.8
累積(%)	173.3	269.5	231.7	216.7	133.7
上記の対応は特に何もやっていない	40.2	24.1	19.3	16.7	48.8

　　　山梨大学　西久保研究室　2023年 科研費調査①（従業員）n=1658
　　　有意確率　***<0.01、**<0.05、*0.10

　次に、「（上記のような）勤務先の企業の対応によって、あなたやあなたの職場でどのような成果があると評価されますか」という質問を行った。つまり、人的資本投資の効果が職場や対市場において表れているか、を従業員視点の観測として尋ねたのである。

　その反応を内容的に判断し「個人成果」「組織成果」「市場成果」に分類した上で集計したグラフが図表 3 −32となる。「あてはまるものはない」とする回答が 2 割程度であった。

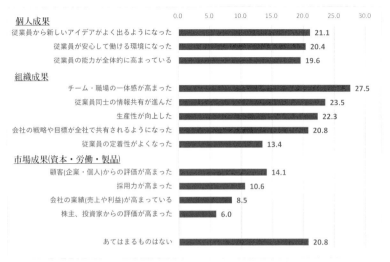

図表3-32 人的資本投資がもたらす効果

山梨大学 西久保研究室 2023年 科研費調査①（正規従業員）n=1658

・福利厚生の経営的効果と人的資本投資の成果

　では、このようにして測定した人的資本投資の成果に対して、福利厚生はどのように貢献できているのか。本書では、福利厚生の導入と従業員の利用行動が直接的に投資成果に結びついているとは仮定せず、中間的な変数、つまり媒介変数を介して貢献をするものと仮定した。すなわち、本章での検証から福利厚生の経営的効果であることが明らかとなった「エンゲージメント」「心理的安全性」そして「社会関係資本」を媒介変数と位置づけることとした。

　図表3-32で示した投資成果の回答数としてスコア化した上で、上記の三つの媒介変数との相関関係を検証したものが図表3-33である。

　「個人成果」「組織成果」「市場成果」そして、それらの合計スコアでは「人的資本投資成果_全体」と三つの媒介変数の間には、数多くの有意な正の相関関係が確認されている。

図表３－33　人的資本への投資効果と福利厚生による経営的効果との関連性

人的資本投資の成果	媒介変数	エンゲージメント（全体スコア）	活力	熱意	没頭	心理的安全性	社会関係資本（全体スコア）	コミュニケーション	互酬性	信頼感
人的資本投資成果_全体	相関係数	.377**	.373**	.376**	.323**	.215**	.432**	.372**	.384**	.381**
	有意確率（両側）	0.000	0.000	0.000	0.000	0.000	0.000	0.000	0.000	0.000
個人成果	相関係数	.307**	.301**	.312**	.259**	.201**	.357**	.300**	.316**	.323**
	有意確率（両側）	0.000	0.000	0.000	0.000	0.000	0.000	0.000	0.000	0.000
組織成果	相関係数	.319**	.319**	.321**	.267**	.218**	.403**	.349**	.364**	.348**
	有意確率（両側）	0.000	0.000	0.000	0.000	0.000	0.000	0.000	0.000	0.000
市場成果（資本・労働・製品）	相関係数	.228**	.222**	.216**	.210**	0.039	.194**	.172**	.165**	.174**
	有意確率（両側）	0.000	0.000	0.000	0.000	0.218	0.000	0.000	0.000	0.000

**. 相関係数は 1% 水準で有意（両側）／ 無相関検定

n=991

山梨大学　西久保研究室　2023年 科研費調査①（従業員）n=1658
有意確率　***<0.01、**<0.05、*0.10

図表３－34　人的資本投資効果の要因分析

	人的資本投資効果_全体		個人効果		組織効果		市場効果	
	t値	有意確率	t値	有意確率	t値	有意確率	t値	有意確率
（定数）	-6.101	***	-5.289	***	-6.052	***	-1.172	***
年齢	-0.543		-0.153		0.448		-1.956	*
男性ダミー	1.313		0.088		1.342		1.388	
エンゲージメント_全体スコア	6.918	***	5.388	***	5.040	***	4.776	***
心理的安全性スコア	–		–		–		–	
社会関係資本_全体スコア	10.490	***	8.248	***	10.117	***	3.414	***

有意確率　***<0.01、**<0.05、*0.10

	人的資本投資効果_全体		個人効果		組織効果		市場効果	
	t値	有意確率	t値	有意確率	t値	有意確率	t値	有意確率
（定数）	-2.599	***	-3.114	***	-3.119	***	1.247	
年齢	-0.294		0.018		0.640		-1.837	*
男性ダミー	0.428		-0.539		0.522		1.001	
エンゲージメント_全体スコア	11.381	***	8.871	***	9.163	***	7.065	***
心理的安全性スコア	4.432	***	4.375	***	4.922	***	-0.428	
社会関係資本_全体スコア	–		–		–		–	

有意確率　***<0.01、**<0.05、*0.10

・福利厚生から始まる人的資本投資

　ここで確認された相関関係の下で、さらに人的資本投資の成果（全体スコア）と、三つの媒介変数との因果関係を回帰分析によって検証した。その結果が図表3－34である。ここでは媒介変数間での相関関係が強く、単独の重回帰分析では多重共線性を排除できないため、二つの媒介変数だけを随時、投入して二度の重回帰分析を行っている。その結果をまとめたものが、図表3－35である。この図でここまで検証してきた福利厚生と「エンゲージメント」「心理的安全性」「社会関係資本」の三つの媒介変数との因果関係の検証結果も併せて掲載している。

　この最終的な検証結果について解説すると、まず人的資本経営において人的資本による価値創造、ひいては企業価値の増大に貢献する、KPIともなる媒介変数として注目すべき「エンゲージメント」「心理的安全性」「社会関係資本」に対しては、福利厚生の充実（利用可能数）、社内での利用度、地域での相対的優位性、業界内での相対的優位性などの実態が明確な正の影響が確認された。つまり、効果的な福利厚生への投資による人的資本投資によって、それらが経営的効果として得られる可能性が高いことが確認された。

　この人的資本投資では報酬としての「賃金額」として設定したように金銭的報酬という形態での投資では得られないものであった。つまり、賃金を高額化するだけでは、「エンゲージメント」「心理的安全性」「社会関係資本」のいずれも得ることは難しいという結果である。金銭的報酬ではなく、従業員の様々なニーズやリスクに応えうる、多様性・創意性をもった福利厚生がより有効な人的資本投資の手段であることを示唆している。

　そして、福利厚生による人的資本投資によって高められた「エンゲージメント」「心理的安全性」「社会関係資本」という中間的な経営的効果は、そのいずれもが最終的には人的資本投資としての成果に結びついていた。その成果は個人レベル、組織レベル、さらには市場レベルでのいずれの次元においても有効なものとなった。

第3章　経営的効果の検証、その理論的背景と運用 ● 209

図表3-35　福利厚生と人的資本投資（全体的構図）

福利厚生(利用可能制度数)
賃金(昨年の年収額)
年　齢
性別(男性)
＋ ***
－ *
＊
＋ **
エンゲージメント

福利厚生　社内利用度
福利厚生　地域内優位性
福利厚生　業界内優位性
賃金(昨年の年収額)
年　齢
性別(男性)
＋ ***
***
***
－ ***
心理的安全性

福利厚生　社内利用度
賃金(昨年の年収額)
年　齢
性別(男性)
＋ ***
－ **
社会関係資本

＋ ***
＋ ***
＋ ***
人的資本投資効果

有意確率　***:＜ 0.01、**:＜ 0.05、*:＜ 0.10

＊複数の回帰分析結果を集約している、有意性も各々は各分析結果より抽出して表記

・本節のまとめ

　以上、ここまで人的資本投資という新たなテーマにおいて重要と考えられる福利厚生の経営的効果について順次、最新のデータの下で検証をおこなってきた。

　まずは、人的資本投資の前提となる「人材の確保」について採用力と定着性の両面での福利厚生の有効性が再確認できた。これまでの多くの先行研究で検証されたとおりである。特に、比肩すべき「賃金」との相対的な優位性が改めて確認されたことが重要なポイントである。また、深刻な人手不足の時代のなかで、若年層に対する採用力を高めている点も注目すべき点であろう。

　次に、人的資本経営が各方面で論じられる中で登場する、新たな経営的効果とされる「エンゲージメント」と「心理的安全性」に着目した。さらに、人的資本と並ぶ重要な資本概念と考えられる「社会関係資本」にも注目し、それらと福利厚生との関係性の検証を行った。

　結果的には、これらの福利厚生にとっては新たな目標概念ともいえる経営的効果に対しても福利厚生の活用が顕著な影響を及ぼしうることが検証できた。

　これらの目標概念は、人的資本経営の最終目標とされる企業価値の向

上につながるものとの期待もなされており、福利厚生の活用、つまり福利厚生による人的資本投資が最終的な目的達成に寄与できるものとの確信も得られることとなった。

３－２－９．効果の体系…多様な経営的効果と生活効果
・効果の体系…多様な経営的効果

　企業が法定外福利費への支出を通して行われる福利厚生による人材への投資、今日的には人的資本投資とも呼ばれることとなったこの投資行動によって、ここまでの一連の検証でも示したように様々な効果をもたらされることが明らかとなった。その効果は多様であり、多次元のものとなる。

　現在までの内外での数多くの先行研究において検証、言及されたと考えられるもの、また今回、新たに検証を行ったものを全て体系的に整理したものが図表３－36となる。

　大きくは三次元での効果がもたらされると考えられる。

　それは第一に企業経営に直接的に貢献する「経営効果」、次に人的資本経営によって強調された人的資本形成、そして本書で注目した社会関係資本も合わせた資本の形成に貢献する「資本効果」、さらにそれら二種の効果が創出される根源にある従業員個人、家計における「生活効果」である。

　体系的には、この三次元に対して、さらに下位構造としての詳細な分類がなされることになるが、ここでは個々には言及しない。おそらくこれからも、さらに多くの効果が発見され、新たな分類、類型化などもなされることになるだろう。

　福利厚生によって、これらの多様な効果体系が産み出される背景には、第１章で述べた制度・施策の多様性、創意性、自由度といった福利厚生独自の特性があることは言うまでもない。加えて、福利厚生制度を導入し、運営する提供主体についても企業だけでなく、労働組合、健康保険組合、年金組織、業界団体、外部事業者など多彩な主体が参画している点の影響も大きい。その主体性に伴って求める効果が変わってくる

からである。

さらに、効果の多様性をもたらしている大きな要因として、制度・施策を利用することで、一次的に何らかの効用、利益を得る従業員とその家計、生活という受益者でのニーズ、あるいは直面するリスクが変化し、多様なものとなってきたからとも考えられる。提供主体がそうした新たなニーズ、リスクへの対応を試行するなかで、また新たな効果が表れてくる。一つの新たな施策が、従業員のどのような意識や感情、態度、行動として現れるかは予測できないのである。

図表3－36　福利厚生制度の経営的効果の体系

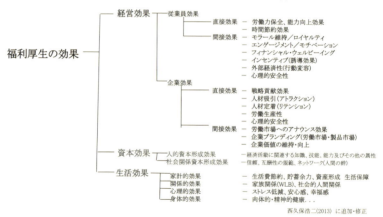

西久保浩二(2013)に追加・修正

・効果の波及性…個から組織へ、そして市場へ

こうしたダイナミックな構造や関係性が福利厚生なるものが存在する時空間であるとするならば、おそらく、これからも福利厚生からもたらされる効果は拡がっていくことになるものと考えられる。図表3－37に示すとおり福利厚生からもたらされる効果は互いに繋がっており、波及的に拡がる拡散的な構造にある。一次的な利用者である従業員での「生活効果」が、定着、貢献、エンゲージメントなどの「従業員効果」となり、さらに、心理的安全性や社会関係資本の形成などの「関係効果」を形成し、これらの効果が多重的に表れる過程で、企業業績、さらには市

場へのアピール効果、企業のブランディング効果となっていくことになる。

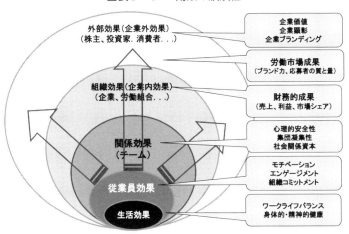

図表3−37　効果の波及性

ただし、この福利厚生の効果の多様性は厄介なものでもある。定型的な制度・施策の導入だけで自動的に得られるものではないからである。主体者、例えば、企業にとっては明確な狙い、つまり戦略的な意図をもってその経営的効果の獲得を目的化し、そのための制度開発、導入、運用を行うことが求められる。

第4章

戦略的福利厚生の実現のために

4－1．近未来の福利厚生…進化の方向性

　さて、福利厚生の視点から、ここまでコロナ禍の衝撃、そして人的資本経営という新たな潮流という二つの大きな、そしていずれも変革を求める環境変化の意味と適応への可能性について考えてきた。また、それらの適応のための原動力となる福利厚生の有効性、すなわち、経営的効果に関する最新の検証も行ってきた。ここでは、改めて二つの環境変化への適応過程において目指すべき方向性、より能動的な適応としての進化の方向性について考えたいと思う。

　筆者は、西久保（2004）、西久保（2013）において、高度成長期に形作られたわが国の伝統的な福利厚生のあり方を、異なる三つの機能、目的を有する多重的な構造体に進化すべきと考えてきた。本書でも既に、多目的性、多様な経営的効果、多様な参画主体、多種多様な制度・施策群など福利厚生の本来的に持つ様々な「多様性」について言及してきた。

　この多様性は福利厚生の様々な経営課題への適応力、問題解決力という点では大きな「強み」となる。しかし、一方で全体を有用な一つのシステムとして制御することの困難さをもたらしている。

　そこで、目的、果たすべき機能、ターゲットとすべき受益者などが明確に異なる三つのシステムとして分解して捉えることが必要と考えるに至った。以下にその詳細について解説するが、この三つのシステムは性格が異なる独立的なものとなるべきだが、互いに有機的に、そして相乗的に結合できる。また、その統合体が企業経営のなかで不可欠な存在となることができる近未来の福利厚生の姿とすべきと考えている

4－2．多重的な構造体への進化

　まず、第一に目的とすべき方向性とは人的資本経営の実現、グローバル競争下での企業の競争優位を目指して強化すべき付加価値生産性の向上を担う「創造性支援システム」の構築である。

　これが旧来での「福祉システム」としての福利厚生に替わるものとし

て西久保（2004）、西久保（2013）より示してきた方向性である。福利厚生が企業経営において、その生存と成長に直接的に貢献するシステムである。

確かな「人材の確保（採用と定着）」により企業経営が求める人材基盤、人的資本を確保する。そして、そこからの持続的な価値創造を刺激し、支援し、醸成する役割を担う。結果、担い手たる企業の生存と成長に対して明確な貢献を果たし、その成果として持続的な競争優位性を高める仕組みとして確立する方向である。

西久保（2004）において「創造性支援」と初めて名付けたが、今、まさに人的資本経営を成功に導くための「価値創造力」が注目されるなかで、この方向性の強化が明確に期待されていると確信するものである。長期的な視点から人的資本による価値創造とは何か、を追求すべきである。

「人が働く」なかで新しい価値を持続的に踏み出してゆくために必要な、そして有効な企業からの支援を一つのシステムとして統合することが重要となる。

人材、人的資本の価値創造の原点とは、質・量ともに必要十分な人材基盤が確保され、そこで、人間である個々の従業員が心身ともに健康であり、職務に専念できる環境が提供され、そして自身の創意、能力、そしてチーム力が存分に発揮できる状態をつくることに尽きるわけである。その状態はエンゲージメントであり、心理的安全性と言い換えてもよい。

福利厚生には両立支援、自己啓発、社内コミュニケーション、健康支援、生活設計支援などを通じて、それぞれの個々の従業員のもつ不安、課題、問題の解消、解決に直接的に助力できる。そして、的確な助力、支援によって負債感、信頼感、従業員同士の一体感などが形成され、良好なエンゲージメント、心理的安全性などを介して新たな価値が産み出される。つまり、価値創造の現場として、自社の商品・サービスが開発、製造、販売がなされていくのである。

第二は「相互扶助・自助システム」としての方向性である。

今回、本書では、先にファイナンシャル・ウェルビーイングに関する検討と検証を行ったわけだが、このテーマの実現のためにも基盤的なシステムとなるものが「相互扶助・自助システム」である。

現在の自社従業員たちは生活者として、少子高齢化、グローバル化、そしてコロナ禍のような様々なリスク環境のなかでの長期的に安心できる生活設計を構築しようと苦悩している。老後2,000万円問題などはその象徴的な事象である。彼らの様々な生活上の課題や問題に対して、企業は傍観すべきではない。企業が求める労働力の容器たる人間、生活者としての問題を放置すれば、必ず労働力の劣化が生じることになるからである。

また、同じ企業、同じ職場にて業務に就く者たちが、相互に助け合い、その場を効率的な自助努力の場とできる事は、彼らにとって実に有難い支援となる。企業に依存するだけの生活設計の時代は終わり、従業員が自助、相互扶助をベースに自立的な生活設計を実現することを志向する時代となっている。コロナ禍のなかで、自己啓発への意欲が高まったことや、投資的な資産形成に前向きな態度を見せ始めたことなどはその志向の証左である。

また、本書での分析にもあったように従業員の経済不安を軽減することは、エンゲージメントの向上に直結することが明らかである。つまり、この「相互扶助・自助システム」が有効に機能することが「創造性支援システム」の土壌ともなって大いに寄与することになる。

この「相互扶助・自助システム」がその機能を果たし、活性化されることで、本書で取り上げた貴重な社会関係資本の形成が促進される可能性も高い。従業員同士、従業員と経営層、この良好な人間関係のなかでの「ネットワーク」「信頼感」「互酬性規範」によって、相互扶助であり、自助が確立した人間同士の関係組織基盤となる。日本型の従業員間での強い紐帯に根差した強い人的資本経営の実現にも資することとなろう。

第三の方向性は、「社会適合システム」と名付けた方向である。

企業の持続的な生存と成長を図る上で、社会に存在する多くのステークホルダーとの間で良好な関係性を築き、それを維持することの意義、必要性は日に日に高まっている。

企業と社会との間に長期的に良好な関係性を築くために一定の役割を福利厚生は担う可能性をもっている。近年、SDGs、CSR（企業の社会的責任）、ダイバーシティ、ファミリー・フレンドリー、次世代育成、など既にいくつかのキーワードが提示されているように、社会は企業に対して、社会的課題や問題点への積極的な関与と貢献を強く求めてきている。

同時に、これに応えてゆくことでSRI（社会的責任投資）などを通じて市場での企業評価を高めるメカニズムも確立されている。こうした状況下で、わが国における労働面でのCSRは、先行する地球環境面での対応に比べてまだまだ遅れている。

本書では、ジャパネットホールディングス社の「びずめし」を事例として紹介したが、あの給食システムは単なる社員食堂の拡張版ではない。コロナ禍で商売が苦境に陥っていた地元飲食業にとって大きな支援であり、地方での"繋がり"、"助け合い"を体現するものであった。もちろん、寄付の仕組みも付帯されており、まさに社会適合、企業の社会的責任を果たそうとするものであった。

福利厚生はその領域の広さから、実は社会との接点も多い。接点形成が容易であるといってもよい。社員食堂を地域開放する企業もある。スポーツイベントを地域と共催する企業もある。あるいは地域の祭事に積極参加することも多い。衣・食・住・遊・学・健康などの福利厚生の守備範囲とは、社会生活そのものなのである。福利厚生を多くのステークホルダーに開かれたオープン・システムとすることで、自然な形での社会適合を実現することになるわけである。

今回、注目した市場からの人的資本経営の実現という要請も、言うまでもなく社会への適合の一環に他ならない。投資家という重要なステークホルダーに対し企業価値の持続的な拡大につながる人材戦略が実行さ

れているのか、その開示を求めざるを得なくなったわけである。「創造性支援システム」で実現しようとする持続的な企業価値向上に取り組むプロセスを明確に開示することで社会的な評価を得ることになる。

　福利厚生は多種多様の制度・施策による従業員への支援を介して、様々な社会適合を可能とするのである。これを明確に意識することが必要ではないだろうか。

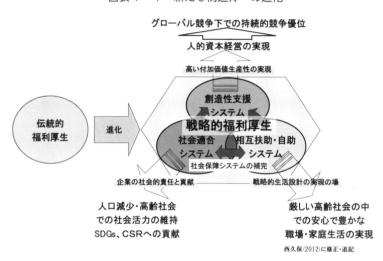

図表４－１　新たな構造体への進化

西久保(2012)に修正・追記

　以上、三つのシステムは全体としての福利厚生システム中の包含されるサブ・システムとして機能するものであるが、これらは目的、価値基準、最適な運営手法が異なるものとなるため、分離的された計画や管理も必要となると考えられる。しかし、一方で互いにその機能を高めることのできる相乗的な関係も有している。優れた「社会適合システム」や「相互扶助・自助システム」は外部の優秀な人材に対する吸引力となるであろうし、それが「創造性支援システム」と相まって企業に強力な人的資源、人的資本を獲得できる機会をもたらすこととなる。

　また、「創造性支援システム」によって快適で刺激的な職場が実現され、従業員が活躍の機会、自己実現の機会を得ることができたとすれば

エンゲージメントを高めつつ、社会的公器としての役割を果たすことにもなる。

　福利厚生制度は基本的に一企業内の労使の意思によって、独自に構築されるシステムである。つまり、各社が自社のビジネスモデルや労働環境、従業員特性やニーズを反映させながら最適化させることによって、企業にとっての経営的効果と従業員の評価のいずれもが最大化されることになる。この最適化のプロセスにおいては労使が知恵を出し合い、十分な議論を尽くすことが不可欠となる。その結果として各社が個性のある制度を構築してゆくことが望ましい。ここで提示した三つの方向性は、今後、各社の基本的な柱として考慮されるべきものと位置づけられるだろう。

　三つのシステムの融合体が持続性をもった強い人的資本経営を実現することとなろう。

4－3．多様な働き方を受容するオープンシステムへ

　もう一つの進化の方向性として考えるべきは、今後予想される働き方、雇用環境の変化への適応のための進化である。

　コロナ禍のインパクトはこの変革の必要性に気づく良き刺激となった。予期せぬテレワークの急拡大が、旧来の福利厚生の多くを無力化した。いわゆる「ハコもの（施設付帯型施策）」などが機能不全となった。社員食堂、娯楽・運動施設、社員集合型活動（レクリエーション、スポーツ、健康）などが典型例である。独身寮すら、帰郷してのテレワークが許され、空室化するケースもあった。

　これを一過性の緊急事態とみるか、今後予想される働き方、雇用環境の多様化の予兆とみるか。判断はわかれるであろうが、テレワークの継続・定着化だけではなく、今後、数多くの雇用環境変化が本格化する。基幹化した非正規層での同一労働同一処遇問題、ジョブ型採用の拡大、フリーランス活用、入管法改正に伴う外国人雇用の変化などが、伝統的な福利厚生に、それらの変化への適応力を求めてくる。

　その変革の方向性を一言で表現するとすれば「クローズド・システム

からオープン・システムへ」である。これまでの福利厚生は基本的に「自社・正社員」に利用が限定された閉鎖的なシステムであった。しかし今後は自社を取り巻く多様なステークホルダーに開かれたものへと進化すべきと考える。このステークホルダーは、非正規社員、副業・兼業者、フリーランス、近隣住民、地域社会などである。既に地域に社員食堂や娯楽施設、保育施設などを開放する企業が表れている、また、先述ジャパネットホールディングス社の「びずめし」などは地域飲食店とのネットワーク化により、不公平感の解消だけに留まらず、大きな地域貢献となっている。

　このオープン・システム化には物理的サービスな提供の仕組みとして、全国に空間的に散らばるテレワーカーに対応できるネット活用を前提としたオープンアクセス方式への進化も必要である。先述のYahoo! JAPAN社の「どこでもオフィス（テレワーク制度）」は、好例である。こうした新たな働き方や多くのステークホルダーに適応すべく、重点化する目的の変更、提供方式のオープン化を柔軟に展開する必要がある。

　このシステムは先の三つの機能レイヤーが有機的に結合した三層構造の形態をとりながら外部へと門戸を開いていくこととなる。

　この新たな広かれたシステムは多様な働き方への高い受容性によって採用力や定着性を高める。同時にワーケーションなど自由な働き方にも適応できることから、従業員に多様な越境学習の機会を提供し、異質な知、多様な知との接点を増大させる。これらの恩恵は日本企業が求めてやまない創造力、イノベーション力の獲得に貢献するはずである。

　福利厚生は、組織と個人、仕事と生活という、ともすれば葛藤をもたらす二つの異次元の世界の良好な接点を形成し、相乗効果をもたらす関係を持続させることができるのである。

4-4. わが社の戦略的福利厚生の実現のために

4-4-1. P=A・R・Cモデル（労働生産性積算モデル）とは
・多様な経営的効果をいかに労働生産性向上に活かすのか。

P=A・R・Cモデル（労働生産性積算モデル）

さて、様々な経営的効果、そしてそうした効果の背景となる福利厚生の特性、独自性について解説したわけだが、それらは総論であり、一般論である。

次の課題は個々の企業が"わが社"の福利厚生をいかに戦略的なものとするか、という現実的な対応が残されている。ここではそうした各社レベルでの実践的対応について述べていきたいと思う。

ここでまず、前提として理解しなければならない点がある。

それは、「福利厚生制度」という制度は、一義的には存在しない、という点である。賃金制度、退職給付制度などは、当然、明確な一制度として存在し、社内規定として明文化、マニュアル化されているであろうが、福利厚生は様相が異なる。

福利厚生制度は多種多様な具体的な制度・施策のなかで、自社にとって必要、有用と判断したものが「選択」されてパッケージングされ「わが社の福利厚生制度」を構築しなければならない。また、それは常時、予算配分の変更、制度・施策の出し入れ、新規導入と廃止を行うことができる動態的な存在としての対応も求められる。

実は、このときの選択と重点化が、戦略的福利厚生の実現のために最も重要となる。

大手の金融機関の福利厚生制度などを比べてみていると、名称は違うが内容的に寸分違わず同一編成となっている。これは、長い年月をかけて"横並び"を続けてきた結果である。大企業で、財政的にも余裕があるためとは思われるが、個々の制度導入の際に行員のニーズ、企業としての解決すべき課題の優先度を確認したわけではなかろう。「他行がやるなら、うちも…」という"横並び"発想である。これは、例えば、採用力などにおいて比較劣位を回避したい、という考え方が根底にあると

考えられるが、筆者にはある種の手抜き行為に見えるのである。

　また、業績好調な企業、中小企業にあっては、「あれも、これも」次々と矢継ぎ早に制度・施策を導入されるケースもある。比較的、社歴の若いベンチャー企業などでよくみられるケースだが、これも筆者は"もったいない"対応では?、とみている。早く大企業並みの水準（制度編成）にしたい、追いつきたい、という思いは理解できるのだか、やはり、もったいない。もっと戦略的な対応ができるはずである。

　では、「横並び」も「あれも、これも」もダメだとするなら、どのような発想、考え方で個々の企業は多種多様な制度・施策群の中から、選択すればよいのだろうか。

　「選択」と「重点化」のための筆者の考え方を示したいと思う。

　ここでは制度・施策の選択基準として、今、人的資本経営が叫ばれる中で、最も注目される付加価値生産性、労働生産性に着目する。つまり、選択基準、取捨選択の"ものさし"とする。何を基準として選択するか、しないか、重点化での軽重基準をまず明確にすることが重要である。

　この労働生産性を拡大解釈し、分解してみると図表4－2となる。

　自社の労働生産性を向上させ、それを長く維持するためには、基本的に三つの変数を考える必要がある。それは以下の

　　　　「①　人材の吸引（採用力：Attraction）」

　　　　「②　人材の保持（定着性：Retention）」

　　　　「③　労働効率の向上（貢献：Contribution）」

という三変数である。①は自社の業務に高い適性を有する人材を労働市場から惹きつける、吸引する力である。「働きたい会社だ」と評価させる力となる。②は吸引し、採用できた人材を必要とする期間、保持する（定着させる）力」である。そして③は、人材が定着しているだけではなく、「会社に貢献したい、できる」状態を確立させる力である。

　そして、この三つの変数の積算値、すなわち「吸引×定着×貢献」が、労働生産性を向上させ、それを維持することとなる。P＝A×R×Cという考え方である（図表4－2）。

第4章　戦略的福利厚生の実現のために　●　225

図表4－2　労働生産性向上のための福利厚生の活用法

$$P = A \cdot R \cdot C \text{(ARCモデル)}$$

Labor Productivity =
Attraction(魅了する、引き付ける) × Retenton(定着させる) × Contribution(貢献させる)

労働生産性(付加価値生産性)の向上・維持

＝　優秀な人材、適性の高い人材の獲得（①吸引）

　　← 　採用力↑ ≒ 外部労働市場における評価↑

×　人材の長期的保持（定着②）

　　← 　離職抑制力↑ ≒ 組織への早期適応促進

　　　　　　　　　 ≒ 内部労働市場における評価↑

　　　　　　　　　 ≒ 離職リスクの低減・排除

×　人材の労働効率の向上と維持（貢献③）

　　← 　従業員エンゲージメントの向上

　　← 　人材価値↑ ≒ 付加価値生産性への向上

　　← 　就業環境・条件↑ ≒ 働きやすさ(労働力効率的費消)

　　← 　生活環境・条件↑ ≒ 安心な暮らし(労働力再生)

多様な経営的効果 ← 多種多様な制度・施策

　第2章で述べたように筆者は今の「人的資本経営論」には欠落している点があると考える。それは、人的資本への投資、開示も、まずは投資の対象となる人的資本（人材）が質・量ともに確保できてこその話で、それが実現できていなければ投資も、開示も空論でしかなくなってしまう。これも既述のとおり、人的資本の特性を踏まえることを忘れてはいけない。人的資本は他の資本、物的資本、金融資本などは決定的に異なる「流動性」という厄介な特性を有している。物的資本、金融資本などは企業がその所有権、使用権を法的に容易に確保できるが、人的資本は不可能なのである。そして効果的な投資がなされるほど、個々の人的資本（＝人材）は、確実にEmployability（転職力）を高めて流出するリスクが高まるというジレンマに直面せざるを得ない。

　したがって、結論的にはジレンマを回避しなから労働生産性の向上・維持を実現するためにまず着手すべきは「人材確保」≒「採用＋定着」であり、その実現が先決問題となる。P＝A×R×C（ARCモデル）とい

う考え方は、短期的な「投資－リターン」に終わることなく、その持続性まで勘案したモデルである。

　そして、福利厚生は、このARCモデルにおける三変数のいずれの変数に対しても大きな効力を有している。

　図表4－2の三変数の下に具体的な課題を例示として表記している。例えば、「定着②」のための具体的課題を三点ほど例示している。新入社員など若手社員の早期適応促進、そして既存社員（内部労働市場）からの好評価、さらには物理的に離職を発生させるリスクの低減・排除である。近年、介護との両立などの物理的な離職リスクが高まっていることなどが好例である。

　これらの具体的な課題解決策として、最も有効な福利厚生の制度・施策を「選択し、注力」するのである。これら諸課題は実はすべての企業に同等に共有されているわけではない。例えば、「採用はできるが、定着しない」であったり、「採用も、定着もほどほどできているが、エンゲージメントが低く、労働効率が低い」といった具合に各社、状況は異なる。それは同業種・同規模・同地域の企業であっても、課題の軽重、深刻度は異なっている。故に、自社にとって喫緊の課題、最重要な課題は何かを診断し、見極め、そしてその課題に福利厚生の制度・施策の選択の焦点を合わせ、集中的に投資する。これが重点化の論理である。「横並び」や「あれも、これも」の発想で、何の重点化もなされなければ課題解決を遅らせ、より高い労働生産性の実現が遅れてしまう。

　福利厚生は"福祉ではなく投資"という考え方を先に述べたが、福祉ならバラまきでもいいが、投資ならば厳密に投資対リターンを極大化するロジックは不可欠となる。しかも、この重点化は恒久的なものではない。課題が解決すれば、次の課題に重点化のポイントを機動的に変えていく。また、競争他社との相対劣位な状態と判断すれば、追加投資も当然必要となる。

　まずは、この自社の課題診断に基づいた重点化を行うことが、自社に最適化した制度編成、予算配分に近づくことになる。これが優れた戦略性を実現する第一歩である。

第4章　戦略的福利厚生の実現のために　　227

三つの変数のうちの優先度の高い変数が特定され、さらにその中の課題が何かも明らかとなれば、その課題解決の処方箋として多種多様な福利厚生制度・施策の中から、最適なものを選択することになる。既存の制度・施策ならブラッシュアップして、予算配分を増やせばよい。制度がまだ導入されていなければ開発・導入することになる。

　このときに重要な点は、どのような経営的効果を期待するか、という観点である。この見極めが重要である。先の図表3-37で経営的効果の体系図を示したとおり、経営的効果も多種多彩となっている。求める経営的効果が何かを明確に意識することである。例えば、「住宅施策」の現物給付であっても、独身寮は「採用力」に直結するが、家族用社宅は「採用力」にはあまり響かず、「定着性」に有効な施策となる。あるいは、「定着性」についての入社間もない若年層の「定着性」にはレクリエーション施策、スポーツ施策などが有効だが、中高年層ならば、間違いなく先のファイナンシャル・ウェルビーイングをもたらす資産形成支援施策となる。

　このように課題が明確となったならば、その解決に必要となる経営的効果を最も発揮できる制度・施策を選択して、上手くマッチングさせることが重要である。もちろん、一つの制度・施策が複数の経営的効果をもたらすことが通常なのだが、そこは"餅は餅屋"であって、各制度・施策の得意な経営的効果がある。これを見極めていただきたい。そのことで、「課題―経営的効果-制度・施策」の三者でのベスト・マッチングが実現されることになる。これが効率的で、効果的な福利厚生による人材投資、人的資本投資となる。

　以下、マッチングの具体例について三変数の順に従って述べることとする。

4-4-2. 採用力の強化（①吸引：Attraction）

　まずは、第一の変数となる「採用力（吸引）」への福利厚生施策のマッチングである。

　自社が必要としている優秀な人材、自社業務に適性の高い人材の獲得

のために、福利厚生をどう活かすのか。この採用力を高めるには外部労働市場における評価を高めることがまず重要課題となる。それを大手自動車メーカーではターゲットとなる若年層に向けて最新の独身寮を建設することで実現した。

　地方都市に大規模な主力製造工場を有する同社は、そこでのクルマづくりに勤務する優秀な工業系・機械系高校の卒業生を長年、求めてきた。しかし、近隣地域に同業上位の大手ライバル企業も大規模工場を有し、同様の人材募集に注力していた。上位企業であり、ブランド力的にも優れたライバル企業に採用力で後塵を拝するようになっていた。その時期に、上記の最新設備の独身寮建設を決断した。この最新整備とは「個室」「インターネット回線（使い放題）」「ユニット・バス（風呂）」の三点セットである。もちろん、従来からも独身寮はあった。しかし、先輩社員との同居型もあり、インターネット回線は無く、お風呂も共同風呂であった。日々、クルマづくりに汗を流し、頑張った今どきの若い工員達にとって、これらの古い独身寮は決して快適なものでなく、評判は芳しくなかった。豊かな時代に育った彼らが求める居住品質は高いのである。これに気づいた担当者が苦労して予算確保し建設まで辿り着けた。そして十数億という資金も要したが、この投資、すなわち若い世代の工員が求める独身寮を得たことで、一気に採用力を回復し、ライバル企業を凌駕することができた。筆者は同設計の都内の寮を見学させていただいたが、お洒落なデザインであり、毎日、格安の朝食メニュー（100円）まで提供されており、肉体的負荷が大きいとされるクルマづくりに励む彼らを支えようとする姿勢が伝わってきた。同社にとってこの福利厚生は有効な投資となった。「新卒採用力の低下」という課題に対して、対象となる人材層が「魅力」と認知する「最新の独身寮」という制度・施策が見事にマッチングできた事例といえよう。

４−４−３．定着性の向上のために（②定着：Retention）

　第二の変数は「定着」である。いかに自発的な離職を抑制できるか、という課題である。

離職抑制には3つの課題がある。まずは、若年層を中心とする「組織への早期適応促進」である。次は、既存の従業員層での「評価の向上」で、最後は物理的、実態的な「離職リスクの低減・排除」となる。福利厚生のマッチング例をみていこう。

　まず、「組織への早期適応促進」については、ある中堅IT系企業では、自社ビルの一階フロアが従来、接客コーナーであったものを「カフェ」に改装した。飲食、軽食ができる、いわば第二の社員食堂となる。なぜ、大切な接客空間に替えてカフェに改装したのか、それは、入社間もない若手社員が終業後にカフェ前を通過する際に同僚・先輩社員・上司、仲間たちが「一杯、やってけよ」と声をかけるためである。そこで短時間であろうが、会社の仲間たちと飲食、会話を共にする機会ができる。この機会が、なかなか会社に馴染めない若い社員にとって「組織への心理的適応（P-E fit）」を大いに促すことになった。

　既存社員の「評価の向上」は簡単に言えば、会社に好意や恩義、利得感を持っているか、という感情形成である。

　米国に注目したい企業がある。それは、ネット通販企業の「Zappos（ザッポス／Zappos.com）」である。ラスベガスに本拠をおくザッポス（Zappos.com）は、米国において、それまで困難といわれた靴製品のネットを使ったダイレクト通販という市場を初めて創造した革新的な企業である。1999年の創業から10年足らずで年商10億ドルを突破している。

　同社の「Zappos Wishez Program」と名付けられた福利厚生制度がある。非常にユニークなコミュニケーション施策であり、コア・バリューという企業理念を体現し、強化、維持するためのプログラムとされる。これは、同社の従業員同士の友情や親愛の情を育むための施策である。従業員が自分の願いごと（Wishez）を社内サイトに投稿する、すると、それを閲覧した従業員（CEOなど役員も含む）の中で、「ヨシ！、では自分がその願いを叶えてあげよう」と決断すると、会社が全面的に支援して、それを実現させるというものである。このプログラムへの参加は任意で、全ての従業員に開かれている。これまで数多くケー

スが動画などでも紹介されているが、「自宅の家具を新しくしたい」と投稿した従業員に、全ての家具がプレゼントされたり、CEOから、なかなか手に入らないコンサートチケットをプレゼントされたり、など、文字どおり、願いを叶えられた従業員が、「WOW！」と発する。従業員同士の絆を深めることがこのプログラムの目的であり、これもコア・バリューという企業理念、企業文化を醸成、強化するための典型的な施策と位置づけられている。流動性の高い米国にあっても、同社は様々な福利厚生によって高い定着性を誇っている。従業員同士、経営者と従業員が好意や恩義といった感情で結びついている。このように快適な職場からの離脱を躊躇するのは当然であろう。高い転職リスクを認知することになる。

　定着力の最後は「離職リスクの低減・排除」である。これは勤務を続けたいと願っていても否応なく離職せざるを得ない状況を改善する対応を意味する。例えば、今後、懸念されているのが介護離職である。職場での十分な支援がなければ、40〜50代の中核社員を突然、失う危険性が高い。この介護離職の重要な特徴として「衝動的離職」がある。これは特に女性社員に多く発生するが、老親が要介護状態に陥ると、介護認定も取らぬ間に衝動的に離職してしまうケースが多い。筆者らが調査した結果では「どうせ会社からは支援してもらえないだろう」「両立は無理だ」といった悲観的、短絡的判断で離職する。公的な介護保険や介護休暇・休職制度の内容、自社の支援制度も調べずに辞めてしまうのである。女性正社員にヒアリングした際に「出産・育児の際に応援してくれた両親が介護となれば、恩返ししなければ」という、親孝行の心理が強く働くようである。出産・育児を乗り越えた貴重な中堅女性社員を失う損失は大きい。

　この対策には「先回り」した介護支援制度の整備とその内容の社内周知を徹底的にやることが有効となる。筆者の調査ではNEC、大成建設、丸紅といった企業が有効な解後支援を実現しているが、担当者が口を揃えて発するのが「先回り」であった。介護事案の発生前に社員が「わが社なら両立できる」と確信させることが重要なのである。福利厚生には

第4章　戦略的福利厚生の実現のために　● 　*231*

多様な両立支援策がある。早め早めの導入をお勧めする。

４－４－４．貢献意欲、貢献力を高める（③貢献：Contribution）

　さて、次は第三の変数、「貢献」である。採用に成功し、一定の定着性が見込めるとなれば、次はその社員のポテンシャルを最大限引き出すことで、いよいよ労働生産性向上の実現となる。この課題、つまり、人材の労働効率の向上と維持に対しても「人材価値の維持・向上」「就業環境・条件の改善」「生活環境・条件の改善」といった具体的課題があると考えられる。

　最初の「人材価値の維持・向上」であれば、まずは健康維持であり、さらに自己啓発による知識・スキルの更新、向上、リスキリングが有効である。

　次の「就業環境・条件の改善」も労働生産性を左右する問題である。快適に集中できる環境は生産性に直結する。ならば、禁煙・分煙策の徹底、マッサージ・ルーム、昼寝スペースなどを用意して心身共にリフレッシュ、更には社員食堂などのフリースペース化でコミュニケーション活性化といった対応もある。さらに、貢献できる状態の維持のためには社員個人の「生活環境・条件の改善」にまで企業は関与する必要がある。"Happy worker is a productive worker" という労働研究界の古い諺にあるとおり、良好な私生活があってこそ、健全な労働力が提供されるわけである。この点は福利厚生得意の守備範囲である。例えば、老後の生活が不安にならぬように現役期、社内での自助努力に基づいた資産形成支援を積極展開すればいい。マネープラン、ライフプランに関するセミナーなども有効である。持株会、ストックオプションなどはさらに直接的な効果がある。安心して業務に集中させるためにも、彼らの生活不安の解消に助力すべきであろう。

　さて、このようにP ＝ A・R・Cというモデル式を順次、見てくると、トータルとして労働生産性の向上を実現するために、多種多様な福利厚生が、それぞれの変数、課題に対する有効な処方箋として機能すること

を理解いただいたのではなかろうか。ただし、筆者はこれら全てに注力せよ、と申しているわけではない。前回述べたとおり、自社にとっての弱点ともいえる課題がどこなのかを見極めたうえで、動態的に、そこに集中した福利厚生投資を行うべきと考える。それが、より戦略的な福利厚生の活用となっていく。

引用・参考文献

Abegglen, James C.（1958）"The Japanese Factory. Aspects of its Social Organization", The Free Press, 占部都美 監訳『日本の経営』ダイヤモンド社（1958）

Abegglen, James C.（2004）『日本の経営＜新訳版＞』山岡洋一訳、日本経済新聞社

Atkinson, J. W.（1964）"An introduction to motivation", Princeton : Van Nostrand

Bamberger P. & Fiegenbaum A.（1996）"The Role of Strategic Reference Points in Explaining the Nature and Consequences of Human Resource Strategy", *Academy of Management Review,* Vol. 21, pp.926-958.

Barney, Jay B.（1991）"Firm Resources and Sustained Competitive Advantage", *Journal of Management,* 17（1）: pp.99-120.

Barney, Jay B.（1997）"Gaining and Sustaining Competitive Advantage", Addison-Wesley Publishing,. Chapter 5.

Barney, Jay B.（2001）"Is Sustained Competitive Advantage Still possible in the New Economy ?" DIAMOND Harvard Business Review

Becker, B. E., Huselid, M. A., Pickus, P. S. & Spratt, M. F.,（1996）"Crisis and Opportunity: The Two Faces of Human Resource Management in the 1990s and Beyond", Paper presented at the Corporate Effectiveness and Human Resource Practices Conference

Beer M., B. Spector, P. R. Lawrence and R. E. Walton,（1984）"Managing Human Assets", The Free Press（邦訳『ハーバードで教える人材戦略』日本生産性本部, 1990年）

Boudreau, J. W. & Berger, C. J. Decision（1985）"Theoretic Utility Analysis Applied to Employee Separations and Acquisitions", *Journal of Applied Psychology,* Vol. 70, pp.581-612.

Brzezinski, Mary Jo（1993）"Employee Benefit Plans: A Glossary of Terms", Intenational Foundation

Cappelli, Peter（1999）"The New Deal at Work: Managing the Market-driven Workforce", Harvard Business School Press, Boston, Mass.（若山由美訳（2001）『雇用の未来』日本経済新聞社）

Conner, K. R., A Historical（1991）"Comparison of Resource-Based

Theory and Five Schools of Thought within Industrial Organization Economics: Do We Have a New Theory of the Firms?", *Journal of Management, Vol. 17,* pp.121-154.

EBRI（1995）"EBRI Databook on Employee Benefits" An EBRI-ERF Publication

EBRI生命保険文化研究所訳（1989）「アメリカ企業福祉のすべて」千倉書房

Edmonson, Amy（1999）"Psychological Safety and Learning Behavior in Work Teams". *Administrative Science Quarterly,* Vol. 44, No. 2（Jun., 1999）, pp. 350-383.

Eisenberger, R. et al.（1986）"Perceived Organizational Support". *Journal of Applied Psychology* 71（3）: pp.500-507.

Financial Reporting Council（FRC）（2020）"Workforce-related corporate reporting: Where to next?"

Fitzenz J.（1997）"The Truth about Best Practices", Human Resource Management, Vol. 36 No. 1,

Goble, F. G.（1972）「マズローの心理学」小口忠彦監訳. pp.59-84 産業能率大学出版部

Greenberg, M. S., & Shapiro, S. P.（1971）"Indebtedness: An adverse aspect of asking for and receiving help", *Sociometry,* 34, pp.290-301.

Griffes, Ernest J. E.（1990）"EMPLOYEE BENEFITS PROGRAMS" BUSINESS ONE IRWIN

Herzberg, F.（1966）"Work and The Nature of Man" Cleveland and New York: The World Publishers（フレデリック・ハーズバーグ、『仕事と人間性 動機づけ─衛生理論の新展開』北野利信訳、東洋経済新報社、1981年）。

Huselid M. A.（1994）"Documenting HR's Effect on Company Performance", *HR Magazine,* January, pp.79-85.

Huselid, M. A.（1995）"The Impact of Human Resource Management Practices on Turnover, Productivity, and Corporate Financial Performance", *Academy of Management Journal,* Vol. 38, pp.635-672.

"Japanese Association of Industrial/Organizational", *Psychology Journal,* 2018, Vol. 32, No. 1, pp.55-78.

Lazear, Edward P.（1998）"Personnel Economics for Managers" John Wiley & Sons, Inc New York（日本語訳『人事と組織の経済学』日本経済新

聞社 pp.425-426)

Locke, E. A. & Latham, G. P.（1990）"A theory of goal setting and task performance", Englewood Cliffs, NJ: Prentice-Hall.

Mathieu, J. E. & Zajac, D. M.（1990）"A review and metaanalysis of the antecedents, correlates and consequences of organizational commitment"

McGregor, D., "The Human Side of Enterprise", McGraw-Hill, 1960.（邦訳『新版・企業の人間的側面』産業能率短期大学出版部、1970年）

OECD 国際成人力調査 PIAAC（第2回調査）（2022）「Programme for the International Assessment of Adult Competencies 調査結果の概要」文部科学省生涯学習政策局政策課 国立教育政策研究所

Osterman, P., "How Common is Workplace Transformation and How can We Explain Who Adopts It?: Results from a National Survey", *Industrial and Labor Relation Review,* Vol. 47. 1994, pp. 173-188.

Perry-Smith, Jill E. and Blum, Terry C.（2000）"Work-Family Resource Bundles and Perceived Organizational Performance", *Academy of Management Journal,* Vol. 43, No. 6, pp. 1107-1117.

Peteraf, M. A.（1993）"The Cornerstones of Competitive Advantage: A Resource-Based View", Strategic *Management Journal,* Vol. 14, pp. 179-191.

Peters T. J. and Waterman, R. H., Jr., In Search of Excellence, Harper and Row, (1982).（邦訳『エクセレント・カンパニー：超優良企業の条件』、1983年）

Pfeffer, Jeffrey（1998）"The human equation: building profits by putting people first", Harvard Business School Press, Boston（佐藤洋一監訳［1998］『人材を生かす企業—経営者はなぜ社員を大事にしないのか？』トッパン）

Piacentini, Joseph S. and Cerino, Timothy J.（1990）"EBRI DATABOOK on Employee Benefits", An EBRI-ERF Publication

Porter M. E.（1980）"Competitive Strategy: techniques for analyzing industries and competitors", Free Press,（邦訳『競争の戦略』ダイヤモンド社、1982年）

Sasaki N., Inoue A., Asaoka H., Sekiya Y., Nishi D., Tsutsumi A., Imamura, K.（2022）"The Survey Measure of Psychological Safety and Its Association with Mental Health and Job Performance: A Validation Study and Cross-Sectional Analysis", *International journal of environmental research and public health.* 2022;19（16）.

Schaufeli, Wilmar B. and Bakker, Arnold B. (2004) "Job Demands, Job Resources, and Their Relationship with Burnout and Engagement: A Multi-sample Study", *Journal of Organizational Behavior,* 25, 3, pp. 293-315.

Schaufeli, Wilmar B., et al. (2002) "The Measurement of Engagement and Burnout: A Two Sample Confirmatory Factor Analytic Approach", *Journal of Happiness Studies,* 3, 1 pp.71-92.

Schaufeli, Wilmar B., Bakker, Arnold B. and Salanova, Marisa. (2006) "The Measurement of Work Engagement with A Short Questionnaire: A Cross-national Study", *Educational and Psychological Measurement,* 66, 4 pp.701-716.

Schaufeli, Wilmar B., Shimazu, Akihito and Taris, Toon W. (2009) "Being Driven to Work Excessively Hard: The Evaluation of A Two-factor Measure of Workaholism in the Netherlands and Japan", *Cross-Cultural Research,* 43, 4 pp.320-348.

Shimazu A., Schaufeli W. B., Kosugi S., et al (2008) "Work engagement in Japan: Validation of the Japanese version of Utrecht Work Engagement Scale", *Appl Psychol-Int Rev* 57 : pp.510-523.

Solow, R. (1999) "Notes on Social Capital and Economic Performance. In Dasgupta, P., Serageldin, I. (Eds), Social Capital. A Multifaceted perspective", Washington: The World Bank

Steiner, I. D. (1972) "Group Process and Productivity", NewYork: Academic Press.

Thornhill, A., Lewis, P., and Saunders, M. (1996) "The role of employee communication in achieving to Labor Welfare Policy and Practice ～ Past, Present and Future～", ROUTLEDGE-New York

Ulrich, D. (1991) "Using Human Resources for Competitive Advantage" in Kilmann, R., I. Kilmann and Associates eds., Making Organizations Competitive, San Francisco, CA: Jossey-Bass, pp. 129-155.

Walton, R. E. "From Control to Commitment in the Workplace", *Harvard Business Review,* Mar-Apr, 1985, pp. 77-84.

Wernerfelt, B. (1984), "A Resource-Based View of the Firm", *Strategic Management Journal,* 5: pp. 171-180.

Wernerfelt, B. & McMahan, G. C., "What is an Attractive Industry?", *Management Science,* Vol. 32, 1986, pp. 1223-1230.

237

Wiener, Y. (1982) "Commitment in organization: A normative view", *Academy of Management Review*, 7, pp.418-428.

荒木田由美子 (2016) 「日本版Presenteeism尺度の開発」第63巻第13号「厚生の指標」2016年11月, pp.6-12

池田心豪 (2014) 「介護疲労と休暇取得」『日本労働研究雑誌』No.643, pp.41-48

石田英夫 (1995) 「米国の選択的福利厚生制度」『日本労働研究雑誌』No.429, pp.2-13 日本労働研究機構

伊藤健市 (2000) 「企業福祉の再編成とカフェテリアプラン」『新・日本的経営と労務管理 (原田實他編著)』ミネルヴァ書房

稲田尚子 (2015) 「尺度翻訳に関する基本指針」行動療法研究、41, pp.117-125

猪木武徳 (1995) 「企業内福利厚生の国際比較へ向けて」『日本の雇用システムと労働市場』, pp.101-124 日本経済新聞社

今城志保・藤村直子 (2019) 「職場の心理的安全性が個人に及ぼす効果を検証する—心理的に安全な環境は誰に資するのか」経営行動科学学会第22回年次大会

岩出博 (2001) 「戦略的人的資源理論の発展と人事労務管理地位の向上」日本労務学会誌 第3巻第2号, pp.2-12

岩出博 (2003) 『戦略的人的資源管理論の実相』泉分堂

内野達郎、J. C. アベグレン (1988) 「転機に立つ日本型企業経営」中央経済社

浦川邦夫 (2018) 「格差は主観的なウェルビーイングに影響を与えるのか」日本労働研究雑誌 No.690/January

占部都美 (1978) 「日本的経営を考える」中央経済社

大木栄一 (2003) 「教育訓練投資行動の特質と規定要因」『日本労働雑誌』No.514, pp.4-14

太田肇 (1994) 「日本企業と個人 統合のパラダイム転換」白桃書房

大塚泰正 (2017) 「働く人にとってのモチベーションの意義—ワーク・エンゲイジメントとワーカホリズムを中心に」日本労働研究雑誌 No. 684/July

岡田寛史 (2000) 「経営戦略の展開と人的資源管理」『人的資源管理論 (島弘編著)』, pp.185-214 ミネルヴァ書房

岡田義晴 (1982) 「変革期の福利厚生とその理論」労務研究所

岡本康雄 (1982) 「日本企業における福利厚生の趨勢的特質と各国企業の付

加給付」, pp.46-78 経済学論集

小野公一（1993）『職務満足感と生活満足感』白桃書房

小野公一（2017）「職場におけるソーシャル・キャピタルについての探索的研究　ソーシャル・キャピタルとその関連要因に対する職種や地位の影響」日本心理学会第81回大会発表論文集

小野公一（2018）「職場におけるソーシャル・キャピタルとその効果に関する実証的研究」亜細亜大学経営論集 第54巻第1号

加藤俊彦、青島矢一（2000）「競争戦略論（1）」『一橋ビジネスレビュー』2000年 SSUM-AUT 48巻1-2合併号, pp.102-114

可児俊信（2011）福利厚生アウトソーシングの理論と活用」労務研究所

可児俊信（2018）「実践！ 福利厚生改革～戦略的アプローチと採用・定着成功事例」日本法令

可児俊信（2018）「福利厚生アウトソーシングの理論と活用」労務研究所

可児俊信（2019）「新しい! 日本の福利厚生―基礎知識から企画・運用まで」労務研究所

河本淳孝（2008）「わが国の福利厚生費の現状と推移」『生活福祉研究』2008年4月号　明治安田生活福祉研究所

河本淳孝（2008）「企業福祉の変容と生命保険会社の対応―雇用調整と団体保険―」保険学会関東部会報告2008年9月および保険学雑誌2008年12月

桐木逸朗（1994）「共済会運営の理論と実務」, pp.14-21 経営書院

桐木逸朗（1998）「新しい供給システムの可能性」『変化する企業福祉システム』, pp.141-196 第一書林

金融庁（2023）「2023事務年度金融行政方針について」

金融経済教育推進会議（2023）「金融リテラシー・マップ『最低限身に付けるべき金融（お金のリテラシー知識・判断力)』」（2023年6月改訂版）

久保真人（2007）「バーンアウト（燃え尽き症候群）ヒューマンサービス職のストレス」日本労働研究雑誌　No. 558/January

久保真人・田尾雅夫（1992）「バーンアウトの測定」心理学評論Vol.35. No.3, pp.361-376

日下部朋久（2023）フィナンシャル・ウェルビーイングと金融教育～人的資本経営に求められる対応～三菱UFJ年金情報 2023年6月号　MUFG資産形成研究所

経済産業省（2014）「持続的成長への競争力とインセンティブ～企業と投資家の望ましい関係構築～」プロジェクト（伊藤レポート）

経済産業省（2020）「持続的な企業価値の向上と人的資本に関する研究会報告書 〜人材版伊藤レポート〜」

経済産業省（2022）「人的資本経営の実現に向けた検討会報告書〜人材版伊藤レポート2.0〜」

厚生労働省（2019）「平成30年版 労働経済の分析―働き方の多様化に応じた人材育成の在り方について―」

厚生労働省（2020）「令和元年版 労働経済の分析 ―人手不足の下での『働き方』をめぐる課題について―」

国際標準化機構（ISO）（2018）「ISO30414（人的資本の情報開示のガイドライン）」

国分さやか（2021）「職場における心理的安全性の要因についての考察」立教ビジネスデザイン研究, 18, pp.65-75

坂爪洋美（2002）「ファミリー・フレンドリー施策と組織のパフォーマンス」『日本労働研究雑誌』No.503/June, pp.29-42

佐口卓（1972）「企業福祉（現代社会保障叢書)」至誠堂

産労総合研究所（2010）「企業福祉の戦略的展開」人事実務 No.1076

櫻木晃裕（2006）「職務満足概念の構造と機能」豊橋創造大学紀要 第10号 No. 10, pp.37–47

篠原恒（1979）「企業福祉の本質と機能」現代社会保障叢書2 企業福祉 第一章（佐口卓編著), pp.23-41

柴田高（2006）「日本的経営研究におけるアベグレン的解釈の影響と限界」『東京経大学会誌』経営学 No.252, pp.3-16

島津明人（2010）「ワーク・エンゲイジメントに注目した自助と互助」Jpn J Gen Hosp Psychiatry（JGHP）Vol. 22, No.1, pp.20-26

島津明人（2010）職業性ストレスとワーク・エンゲイジメント ストレス科学研究 25, pp.1-6

島津明人・江口尚（2012）「ワーク・エンゲイジメントに関する研究の現状と今後の展望」産業医学レビュー 25 (2), pp.79-97

島津明人（2015）「ワーク・エンゲイジメントに注目した個人と組織の活性化」『日本職業・災害医学会会誌』63 (4), pp.205-209

島津明人（2015）「産業保健と経営との協働に向けて：ワーク・エンゲイジメントの視点から」産業・組織心理学研究 2015年、第28巻、第2号, pp.103-110

清永遼太郎（2024）「今、注目されているファイナンシャル ウェルビーイ

ングへの取り組みについて」三井住友信託銀行

シャウフェリ、ウィルマー B.・ダイクストラ、ピーターナル（2012）『ワーク・エンゲイジメント入門』星和書店

園田洋一（2008）「変化が求められている企業福祉」週刊社会保障、2008.3（2471）, pp.44-49 法研

園田洋一（2009）「企業のリスクマネジメントと企業内福祉」労働経済春秋 2009.11（2009. 秋.Vol.2）, pp.21-26 労働調査会

園田洋一（2010）「Labor Welfare in Japan: Social Change and Enterprise Unionism」『Union Contributions』

園田洋一（2010）「企業福祉の社会化」週刊社会保障 2010.4（2575）, pp.42-47 法研（査読なし）

園田洋一（2022）「福利厚生の経年変化を明らかにする統計データの重要性〜日本経団連「福利厚生費調査」の終了に思う〜」労働と経済 第1680号

田尾雅夫（1995）「会社人間の心性」『日本労働研究雑誌』No.422, pp.2-10 日本労働研究機構

田尾雅夫（1997）「『会社人間』の研究―組織コミットメントの理論と実際」初版 京都大学学術出版会

武石恵美子（2006）「企業からみた両立支援策の意義―両立支援策の効果研究に関する―考察」『日本労働研究雑誌』No.553, pp.19-33

橘木俊詔（2001）「福祉における企業の役割」『日米比較 企業行動と労働市場』, pp.231-247 日本経済新聞社

橘木俊詔（2005）「企業福祉の終焉」中央公論新社

土屋守章（1979）「企業と社会 いわゆる日本的経営との関わり」『企業と社会』, pp.261-293 東京大学出版会

角田豊（1974）「労働者福祉」至誠堂

東京証券取引所「コーポレートガバナンス・コード（2021年6月版）」

内閣府（2020）「新型コロナウイルス感染症の影響下における生活意識・行動の変化に関する調査」

内閣府（2020）「第2回 新型コロナウイルス感染症の影響下における生活意識・行動の変化に関する調査」

内閣府（非財務情報可視化研究会）（2022）「人的資本可視化指針」

長井毅（2000）「日本の法定福利費の将来推計」『企業保障と社会保障』、東京大学出版会, pp.35-51

長井毅・永野博之（2003）「法定福利費と個人負担の将来推計」JILI-Forum

No.12, pp.45-55　（財）生命保険文化センター

中村和彦（2010）「コミュニケーション不足が招く『協働性』と『生産性』の低下—人と組織の潜在能力を引き出すビジネス・コミュニケーションを創るために」OMINI-MANAGEMENT（日本経営協会経営情報誌）、2010年2月号, pp.2-7

中村和彦、塩見康史他（2010）「職場における協働の創生：その理論と実践」南山大学人間関係研究　第9号, pp.1-34

西久保浩二（2000）「法定福利費負担と企業行動—近年のわが国企業のリストラ行動と事業主負担の関連性—」『企業保障と社会保障』東京大学出版会

西久保浩二（2003）「福利厚生展望　廃止、カフェテリアプラン、それとも」『変革の視点　人事部の選択』労務行政研究所, pp.176-185

西久保浩二（2004）「戦略的福利厚生　経営的効果とその戦略的貢献性の検証」社会経済生産性本部

西久保浩二（2004）「フリンジベネフィットと組織コミットメント形成との因果関係　〜存続的か、情緒的か」組織学会　研究大会（東京大学）報告論集

西久保浩二（2006）「WLBの形成要因と従業員態度に及ぼす影響」日本労務学会第36回全国大会論文集, pp.281-288

西久保浩二（2007）「ワーク・ライフ・バランス測定尺度の拡張及び従業員態度への影響　2つの方向性と三次元」日本労務学会第37回全国大会論文集, pp.241-248

西久保浩二（2008）「ワーク・ライフ・バランスの自覚的評価尺度の開発および従業員の態度形成への影響」日本労務学会第38回全国大会論文集, pp.281-288

西久保浩二（2008）「進化する福利厚生—新しい使命とは何か」労務研究所

西久保浩二（2009）「ワーク・ライフ・バランスと福利厚生」『第39回全国大会研究報告論集』pp.231-238 日本労務学会

西久保浩二（2009）「企業内福利厚生と社会保障」『社会保障と経済（共著）』, pp.117-141 東京大学出版会

西久保浩二（2009）「法定福利費の上昇がもたらすもの」週刊社会保障 No.2526, pp.54-57　法研

西久保浩二（2010）「Current Situation and Future Direction of Employee Benefits（単著）」2010年1月『Japan Labor Review』vol.7 Number1 Winter 2010, pp.4-27

西久保浩二（2010）「経済停滞期の福利厚生戦略」2010年3月　産労総合研

究所『人事実務』, pp.4-13

西久保浩二（2010）「社内コミュニケーションの活性化をねらう戦略的福利厚生の展開（共著）」産労総合研究所編　経営書院『福利厚生／社内行事シンドブック』, pp.10-25

西久保浩二（2010）「職場の組織風土が従業員の自覚的ワーク・ライフ・バランス評価に及ぼす影響―IT企業を事例とする定量分析―（単著）」『第40回全国大会研究報告論集』, pp.198-206 日本労務学会

西久保浩二（2010）「福祉システムにおける企業福祉」2010年7月　週刊社会保障 July vol.64 No.2587, pp.42-46

西久保浩二（2011）「カフェテリア・プラン――わが国の実態と今後の課題」日本労働研究雑誌　No. 609／April, pp.46-49 日本労働研究・研修機構

西久保浩二（2011-2012)「新時代の福利厚生（連載)」『人事実務』産労総合研究所

西久保浩二（2012）「本格的な介護支援に踏み出そうとする日本企業」週刊社会保障 No.2701, pp.44-49　法研

西久保浩二（2013）「戦略的福利厚生　人材投資としての福利厚生、その本質と管理」日本生産性本部

西久保浩二（2015）「介護クライシス　日本企業は人材喪失リスクにいかに備えるか」旬報社

西久保浩二（2016）「迫る介護クライシス　企業は実効性ある支援システムを」OMNI MANAGEMENT25号, pp.2-7 日本経営協会

西久保浩二（2017）「中小企業の今後の福利厚生のあり方　-求められる戦略的福利厚生-」社会保険労務士総合研究機構

西久保浩二（2017）「働き方改革がもたらす多様性と受容性」週刊社会保障2925号“論壇", pp.34-40　法研

西久保浩二（2017）「日本企業に迫る介護との両立問題―人材喪失をもたらす要因分析とその支援のあり方―」社会イノベーション研究、第12巻第1号, pp.165-188

西久保浩二（2018）「働き方改革と企業内福利厚生の新たな役割」週刊社会保障2978号, pp.60-64　法研

西久保浩二（2019）「資産形成と福利厚生　職域での自助努力による老後準備の可能性」週刊社会保障“論壇”3146号, pp.48-53　法研

西久保浩二（2021）「Afterコロナ時代の企業内福利厚生」週刊社会保障3207号“論壇", pp.48-53　法研

西久保浩二（2021）「Withコロナ時代、どう変わる、どう変える？　組織・職場・福利厚生」産労総合研究所

西久保浩二（2022）「わが国の福利厚生の導入と利用の実態とその諸要因、そして有効性の検証―『企業における福利厚生施策の実態に関する調査』（2017）二次分析―」労働政策研究・研修機構　JILPT資料シリーズ　No.247

西久保浩二（2023）「人的資本経営時代の福利厚生」週刊社会保障3031号"論壇", pp.48-53　法研

西久保浩二（2024）「ファイナンシャル・ウェルビーイング、福利厚生の新たな課題」週刊社会保障3270号"論壇", pp.44-49　法研

西久保浩二（2024）「今、注目されるファイナンシャル・ウェルビーイング～福利厚生はFWBに貢献できるのか」ウェルナレ・イーウェル社HP

西久保浩二（2024）「働く者たちにとっての愉快、楽しさを追求しよう」2024年人事の課題, pp.176-178　産労総合研究所

ニッセイ基礎研究所（2020）「『特別調査 第7回　新型コロナによる暮らしの変化に関する調査』調査結果」

日本経営者団体連盟（1973-2019）「福利厚生費調査」

日本経営者団体連盟（1995）「新時代の日本的経営」日本経営者団体連盟

日本生産性本部（2020）「第1回 働く人の意識調査　新型コロナウイルス感染症が組織で働く人の意識に及ぼす影響を調査」

日本労働研究・研修機構（2021）「新型コロナウイルス感染症の感染拡大下における労働者の働き方の実態に関する調査」

根本孝（1988）「類似した福祉制度」『外資系企業の人的資源管理』, pp.123-125 創成社

野中・竹内（1996）「知識創造企業」東洋経済新報社

野村拓也（2022）「金融ウェルビーイングの基盤としての金融教育～英中銀の報告書から得られるわが国への示唆～」リサーチ・フォーカス No.2022-017 日本総研

芳賀・高野他（2017）「大学生活における主観的ソーシャル・キャピタル尺度の開発」教育心理学研究 65号, pp.77-90

間宏（1989）「日本的経営の系譜」文眞堂

橋場俊展（2022）「我が国の従業員エンゲージメントに関する一試論 ―批判的見解を含む示唆的所論を手がかりに―」名城論叢, pp.111-135

深町珠由（2014）「PIAAC から読み解く近年の職業能力評価の動向」日本労働研究雑誌　No. 650/September

福地一雄（2003）「福祉経営と創造的人材戦略」 日本労務学会 第33回全国大会（日本大学）研究報告論集, pp.347-362

福原敏恭（2023）「職場を利用したファイナンシャル・ウェルビーイング向上策（FWP）」（日本銀行）

福本恭子（2011）「戦前に於ける労働者の食事―工場の食事（社員食堂）と福利厚生の関係―」大阪市立大学経営学会『経営研究』第62巻第3号, pp.125-141

藤田至孝（1984）「生涯総合福祉プラン」産業労働調査所

藤田至孝（1985）「生涯総合福祉プランその理論と設計 21世紀の労使関係（改訂新版）」経営書院

藤田至孝・塩野谷祐一（1997）『企業内福祉と社会保障』東京大学出版会

藤田至孝（2003）「職域福利」労働政策研究・研修機構

藤本哲史（1998）「アメリカにおける企業の家族支援制度の展開」『日本労働研究雑誌』No.459, pp.63-72 日本労働研究機構

フレデリック W. テイラー（2009）「科学的管理法：The Principles of Scientific Management（有賀 裕子訳）」ダイヤモンド社

マイナビ（2018）「 学生就職モニター調査」

マイナビ（2019）「大学生広報活動開始前の活動調査」

マルセル・モース（2014）「贈与論（森山工（訳）」岩波文庫

松川滋（1977）「福利厚生費支出と労働者の定着率との関係について」『経済研究』Vol.29 No.2, pp.135-139

松本真作（1999）『雇用管理業務支援のための尺度・チェックリストの開発』日本労働研究開発機構

丸尾直美、桐木逸朗、西原利昭（1984）「日本型企業福祉」三峰書房

丸山淳市、藤桂（2022）「職場ユーモアが創造性の発揮に及ぼす影響 ―心理的安全性の役割に着目して―」

三浦武盈（1991）「企業福祉論」 森山書店

宮入小夜子（2022）「『心理的安全性』は職場の安全行動を促進するのか〜安全の活動の促進要因および活性化指標の検討〜」開智国際大学紀要 第21号, pp.161-167

向江亮（2018）「ワーク・エンゲイジメント向上の実践的取組に向けた知見の整理と今後の展望」産業・組織心理学研究 第32巻1号, pp. 55-78

武藤幸司「プレゼンティーズム その意義と研究のすすめ」（2019）、星和書店

村上隆晃（2023）「国民のファイナンシャル・ウェルビーイング向上に向けて（前編・後編）〜実際の年収増以上に経済的ゆとり感引き上げが効果的〜」第一生命経済研究所

村上隆晃（2024）「ウェルビーイング実感の四半期調査に見るファイナンシャル・ウェルビーイングと賃上げの重要性」第一生命経済研究所

守島基博（1996）「戦略的人的資源管理論のフロンティア」慶應経営論集第13巻第3号, pp.103-119

森田慎二郎（2007）「日本工場法成立期における福利厚生」保健福祉学研究第5号, pp.42-59　東北文化学園大学

森田慎二郎（2010）「教育訓練と福利厚生の交錯（単著）」明治大学大学院経営学研究科平沼研究室第1巻第2号, pp.46-49, 2010年3月

柳屋孝安（2011）「わが国におけるカフェテリアプランの実態と労働法上の諸問題」法と政治61巻4号（2011年1月）関西学院大学

ラズロ・ボック（2015）「ワーク・ルールズ!（Work Rules !）」（鬼澤忍・矢羽野薫訳）東洋経済新報社

リクルートワークス研究所（2017）「組織の成果や学びにつながる心理的安全性のあり方」リクルートマネジメントソリューションズ

労働政策研究・研修機構（2020）「企業における福利厚生施策の実態に関する調査　-企業/従業員アンケート調査結果-」

労務研究所（2012）「福利厚生の今後をどう考えるか—2011年第5回アンケート結果報告書」労務研究所編

ロバート・D. パットナム（2006）「孤独なボウリング: 米国コミュニティの崩壊と再生」柏書房

＜著者略歴＞

西久保浩二（ニシクボコウジ）
山梨大学　名誉教授
福利厚生戦略研究所　代表

経　歴
1958年　大阪府生まれ
1982年　神戸大学経済学部卒業後、大手生命保険生命に入社
1990年　同社退社後、（財）生命保険文化センターへ生活研究部研究室に勤務し、主席研究員を勤める
1993年　研究所勤務の傍ら、筑波大学大学院経営政策科学研究科経営システム科学専攻修士課程修了
2001年　筑波大学大学院経営政策科学研究科企業科学専攻博士課程単位取得
　　　　東京大学社会科学研究所客員助教授、獨協大学講師、成城大学講師等を経て、2007年より、山梨大学教授に就任。2024年退官
2024年　名誉教授　称号授与
2024年　政策研究大学院大学　客員研究員、日本大学商学部商学研究所　研究員　就任
2024年　福利厚生戦略研究所　設立

公職等
「国家公務員の福利厚生のあり方に関する研究会（総務省）」座長
「国家公務員の宿舎のあり方に関する検討委員会（財務省）」委員
「ＰＲＥ戦略会議委員（財務省）」委員」
「日本労務学会　学術賞審査委員会」委員
「ワーキングケアラーに関する研究会」委員　内閣府経済社会総合研究所（〜現在）
「甲府市　中小企業・小規模企業振興推進委員会」委員長（〜現在）
「福利厚生優秀認証表彰委員会（民間）」審査委員長（〜現在）

近年の主な著書・論文
『わが国の福利厚生の導入と利用の実態とその諸要因、そして有効性の検証（単著）』労働政策研究・研修機構　2022年
『中小企業の今後の福利厚生のあり方　求められる戦略的福利厚生―（単著）』社会保険労務士総合研究機構　2017年
『介護クライシス　日本企業は人材喪失リスクにいかに備えるか（単著）』旬報社　2015年
『戦略的福利厚生の新展開―人材投資としての福利厚生、その本質と管理―（単著）』日本生産性本部　生産性労働情報センター　2013年
『進化する福利厚生―新しい使命とは何（単著）か』労務研究所　2008年
『戦略的福利厚生　経営的効果とその戦略貢献性の検証』（単著）（日本労務学会　学会賞（学術賞））社会経済生産性本部（現：日本生産性本部）2004年
『進化する福利厚生―新しい使命とは何か（単著）』労務研究所　2008年
「企業内福利厚生と社会保障」『社会保障と経済（共著）』東京大学出版会　2009年
『日本型福利厚生の再構築（単著）』社会経済生産性本部（現：日本生産性本部）1998年

他多数

戦略的福利厚生の進化
～コロナ禍の衝撃、そして人的資本経営への途～

2024年9月12日　発行　　　ISBN978-4-88372-615-8 C2034
定価　3,300円
（本体価格3,000円＋税10％）

編　集　公益財団法人 日本生産性本部
発　行　生産性労働情報センター

〒102-8643 東京都千代田区平河町2-13-12
Tel　：03（3511）4007直通
Fax　：03（3511）4073直通
https://www.jpc-net.jp/lic/

印刷・製本　／　第一資料印刷株式会社